近代中国乡村建设研究丛书

王先明　主编

区域实践

时代诉求
与近代中国乡村建设

魏本权　主编

社会科学文献出版社

SOCIAL SCIENCES ACADEMIC PRESS (CHINA)

本丛书为 2017 年度国家社会科学基金重大项目"近代中国乡村建设资料编年整理与研究（1901—1949）"（编号：17ZDA198）的阶段性成果之一

本书同时得到临沂大学沂蒙文化特色学科与中国史学科团队科研启动经费资助

（项目编号：40621042）

目　录

革命与建设：20 世纪中国的时代命题与历史主线 ················ 王先明 / 1

辛亥前后的"破坏与建设"策议 ···························· 董丛林 / 8

从辛亥鼎革到中共革命："革命与建设"的主从认识及其演进

··· 李金铮 / 16

重评民国乡村建设中的"政教合一" ··················· 曹天忠 / 27

从乡村改造到乡村建设

　——中共乡村建设的逻辑演进及其在陕甘宁边区的具体实践

·· 杨　东　华英歌 / 57

沂蒙抗日根据地的村政改造 ··························· 苑朋欣 / 72

赣省乡建的历史演进及其困境分析

　——聚焦于国民政府全国经济委员会 ········· 王先明　史玉渤 / 92

地方性再生产的时空逻辑

　——基于北碚乡村建设的理论分析 ··········· 宣朝庆　王茹薪 / 106

本土知识人与乡村建设运动

　——华西实验区乡村工作者群体考察 ··············· 谢　健 / 125

乡镇政权与基层社会治理

　——以南京国民政府时期璧山县为中心 ············· 谢　健 / 145

双途并举：民国时期华北乡村的人才建设 ··············· 安　宝 / 161

近代山西"村政建设"运动与乡村社会变迁 ············· 张启耀 / 177

由城入乡：20 世纪 30 年代青岛的乡村建设 ··············· 王兆刚 / 188

1

民国大学与县政建设

　　——以燕京大学汶上实验区为个案的考察 ……………… 王　雪／201

"国家与社会"视野下的近代农村合作运动 ……………… 刘纪荣／214

个人困境与公共论题：乡村移民城市犯罪的社会分析

　　（1928—1937） ……………………………………… 柳　敏／232

20 世纪二三十年代的租佃制度与农业互助合作 ……………… 魏本权／247

革命与建设：20 世纪中国的
时代命题与历史主线

王先明[*]

从革命到建设既是一个客观演进的历史进程，也是一个承载着厚重思想内涵的时代命题。从历史的深度和时代的高度去总结、提炼这一命题所蕴含的历史价值及其思想启示，对于我们今天的社会实践和理论建设都不无意义。

一　时代命题的提出

20 世纪 30 年代前后，随着北伐告成，中国建设协会成立并创设《中国建设》杂志，以"传吾党建设之主义"，[①] 由此一时风行天下的革命思潮转而竞相兴起了建设思潮。孙中山先生特别提示，革命成功，建设方兴。革命与建设是不可分割的统一的历史进程。孙中山思想由革命向建设的历史性转变以及其建设思想的体系化，当以 1919 年《建国方略》的完成为标志。1924 年，孙中山创作的《国家建设》著述，比前三书[②]为独大。这意味着，20 年代之际，孙中山的建设思想体系已经基本完成：首先，他提出了"革命时代"与"建设时代"；其次，孙中山认为建设事业具有长期性和复杂性特点；最后，建设事业繁复万端，而地方自治建设为其根本。[③] 就思

---

[*]　王先明（1957— ），山西屯留人，历史学博士，南开大学历史学院教授、博士生导师，主要从事近代中国乡村史研究。

① 中国建设协会：《发刊词》，《中国建设》第 1 卷第 1 号，1930 年 1 月 1 日，第 1 页。
② 即《建国方略》之《心理建设》《物质建设》《社会建设》。
③ 孙中山：《在上海报界公会欢迎会的演说》（1912 年 10 月 12 日），《孙中山全集》第 2 卷，中华书局，1982，第 495 页；《在沪举办茶话会上的演说》（1916 年 7 月 17 日），《孙中山全集》第 3 卷，中华书局，1984，第 325—331 页。

想内涵而言，《建国方略》基本上以社会建设、物质建设与心理建设三大部分搭建了他建设思想的基本框架，其思想要义为：一是以"民权"建设为核心的内容构成其社会建设的主体。四大民权，即选举官吏之权、罢免官吏之权、创制法案之权、复决法案之权。二是以民生为目标，是其建设思想的时代特征。建设的首要在民生。首先是世界各国的潮流；其次，以民生为目标的建设模式，是超越西方资本主义发展的新选择。民生就是人民的生活——社会的生存、国民的生计、群众的生命。未来新中国建设的目标是解决民生问题：生产、分配。三是对于"民生主义"内涵的阐释和发展，是孙中山一生中超越意识形态局限的内在动力。

显然，在孙中山思想理论体系中，革命与建设是一个完整的历史进程。这一进程包含"破坏"与"建设"两大阶段，即革命分为两个阶段或者表现为两种方式——"破坏之革命"与"建设之革命"。这是一个完整的思想体系，而且在本质上不容分离。建设既是革命的目标，建设之完成又是革命成功的标志。《总理遗嘱》中特别强调的就是"务须依照余所著《建国方略》《建国大纲》"实现"尚未完成"之革命。[1] "即建设告竣之时，而革命收功之日也"，[2] 正完整地体现并揭示了革命与建设一而二、二而一的统一性。

"革命"与"建设"是共生共存于整个近代中国历史进程中的命题。在各种思想和社会改造方案竞相争锋的态势中，乡村建设思想自成体系，也影响深远。1938 年梁漱溟向毛泽东提出了"中国的前途将如何？中华民族会灭亡吗？"的问题，也提出了如何建设一个新中国的问题。改良主义的道路和阶级革命道路的选择，构成双方论争的焦点。由此而触及的时代性命题却具有超越眼前利益和短期时势的意义与价值。

近代以来，无论社会思潮的趋向，还是实践运行的历程，其实都经历了从革命到建设的历史性转变，尽管这一转变的历史轨迹和时序演化，因政党和权力主体之不同而有不同的呈现方式和理论诠释。"革命"与"建设"是共生共存于整个近代中国历史进程之中的命题，而且就客观历史顽强而执着的指向性（目标性）而言，建设最终构成了时代的主导方向。其

---

[1] 《总理遗嘱》，《山西建设公报》第 1 期，1929 年 1 月，扉页。
[2] 《孙中山全集》第 7 卷，中华书局，1985，第 63 页。

中，社会建设作为乡村建设的主导方向或时代内容，已经被广泛认同。作为"中间道路"的代表性人物，梁漱溟认为"乡村建设，实非建设乡村，而意在整个中国社会之建设"。①梁漱溟揭橥的旗帜，对于众多从事各种乡村实验、乡村教育、乡村运动的团体和个人而言，具有了一种方向性意义。

20 世纪 30 年代的乡村建设思想，事实上是近代以来更是民国以来"建设"发展路向的一个历史性反拨。它预示并体现着两大历史性转折。一是从革命到建设的历史性转折。建设与革命应该是统一的历史进程，而且建设是革命的必然归宿。革命目标的最终达成期待于建设之完成。梁漱溟提出"中国必将'从进步达到平等，以建设完成革命'"，②也是对孙中山"建设告竣时，革命成功日"思想的深度阐释。二是从"都市建设"到"乡村建设"的历史性转折。洋务运动兴起，近代中国机器工业肇始于同光，建设于清季。就制度层面上的现代性建设而言，从清末新政也已发端了。新中国建设当从方向上逆转，"苟欲建设近代国家亦必有其根本趋赴之道，曰：建设乡村"。③

梁漱溟与毛泽东在延安的思想论辩，其实触及一个无法回避的时代命题：从革命到建设的历史性转折。梁漱溟《乡村建设理论提纲》对此命题有过思考。他提出，乡村建设与中国革命并不矛盾，而是一个统一的历史进程。其手段近于社会改良，而其使命则在于完成中国革命。但是，对于当时的中共而言，这是一个留待未来解决却不容回避的时代命题。

二 中共走向建设的历史转折

1948 年 9 月 8 日至 13 日召开的中共中央政治局会议（史称"九月会议"）上，集中讨论了关于新中国建设的问题，从思想认识上为走向建设的历史转折预做准备。1949 年 3 月 5 日，中国共产党于河北平山县西柏坡村召开了七届二中全会。从历史发展的进程来看，它标志着一个时代性转折

---

① 梁漱溟：《乡村建设理论》，上海人民出版社，2006，第 19 页。
② 《乡村建设理论提纲初编》，中国文化书院学术委员会编《梁漱溟全集》第 5 卷，山东人民出版社，1992，第 1041 页。
③ 清居：《给乡村运动者之第二封讯》，《乡村建设》第 2 卷第 3 期，1932 年 8 月 21 日，第 42、37 页。

的开始：其一，它开启了从革命转向建设的历史进程。革命胜利后，建设事业成为主导选择，为此毛泽东提出，战斗队转化为工作队，中心任务应该转向建设这一个中心。其二，党的工作重心开始由乡村转向城市。从此进入了由城市领导乡村的时期。党的工作重心由乡村移到了城市，为第七届中央委员会第二次全体会议上报告的主题，任务是学会管理城市和建设城市。其三，新中国建设的方向是使中国从农业国转变为工业国。

毛泽东自信地宣告："我们不但善于破坏一个旧世界，我们还将善于建设一个新世界。"[①] 周恩来、刘少奇等领导人均围绕走向建设的时代任务提出了新的要求。在七届二中全会上，中共领导层在思想认识上已经形成了由革命走向建设的基本共识。工业建设必然落归于城市建设，城市建设依托并服务于工业建设，是新中国建设初期的基本方针。国家建设的中心在工业，重点在城市，乡村建设或农业建设总体上处于附属或服务于建设中心或重点的地位。

1953 年，以实施发展国民经济第一个五年计划为中心的大规模经济建设持续展开，时代中心任务的转变已是势所必然。1956 年党的八大召开，建设注定成为一个新的时代主题。其一，它提出了全面开展社会主义建设的任务，明确提出用 15 年建立一个基本上完整的工业体系，用 50 年到 100 年建成一个富强的社会主义工业化国家。其二，党和政府的工作转移到以建设为中心。这次会议议程突出以建设为主题。毛泽东说会议重点是两个："一个是社会主义改造，一个是经济建设。"[②] 但这两个重点中主要的还是在建设。其三，它为新中国建设的战略目标——"四化"，勾勒出了最基本的蓝图——现代化的工业、现代化的农业、现代化的交通运输业和现代化的国防。

从革命转向建设，既是百年来中国人民共同的期盼，也是近代社会历史的必然归宿。这在中共八大前后，毛泽东及党的领导层的认识基本是一致的。这一历史性转折标志着，首先，以建设为中心，区分了两个不同的历史时代。毛泽东明确指出："过去干的一件事叫革命，现在干的叫建设。"[③] 关于这一问题，毛泽东在《在南京、上海党员干部会议上讲话的提纲》中指出："现

---

① 《毛泽东选集》第 4 卷，人民出版社，1991，第 1439 页。
② 《毛泽东年谱（1949—1976）》第 2 卷，中央文献出版社，2013，第 606 页。
③ 《毛泽东年谱（1949—1976）》第 4 卷，中央文献出版社，2013，第 68 页。

在处在转变时期：由阶级斗争到向自然界斗争，由革命到建设。"并且向全党提出："我们必须学文化（科学、技术），学建设。"① 他特别强调说："过去干的一件事叫革命，现在干的叫建设，是新的事，没有经验。"② 他认为自己从革命向建设的真正转向，是在 1958 年。他说："我们真正认真搞经济工作，是从去年八月才开始的。我就是一个。去年八月前，主要不是搞建设，而是搞革命。"③ 以此明示革命与建设分属于两个时代。其次，建设是一个新的时代任务，学习和探索的任务更为迫切。《中国共产党第八次全国代表大会开幕词》提出："我们面前的工作是很艰苦的，我们经验是很不够的。"④ 邓小平告诫党的干部，搞建设"我们全党还是小学生，我们的本领差得很"，"如果不好好学习，不总结经验，我们也会在建设问题上栽跟头"。⑤ 毛泽东也特别指出，弄不好我们会在建设问题上栽跟头。

八大会议是一个显著标志，它意味着革命时代胜利结束与全面建设时代开始的历史转向。毛泽东进一步阐述了建设与革命的历史关联："革命是为建设扫清道路。"⑥ 革命目的不在于建立一个政府、一个新的生产关系，而在于发展生产。以建设为主题的时代转换也是一个艰难而复杂的历史进程。然而，八大以后，在实现由革命向建设的时代性转折中，所经历的曲折和要栽的跟头远远超出了曾经的预计，尤其是毛泽东本人思想的转变。

1957 年下半年开始，毛泽东重新思考革命与建设关系，并逐步提出和强化"不断革命"思想。仅所有制上的社会主义革命，是不够的，要政治战线上和思想战线上的彻底的社会主义革命；中国社会的主要矛盾依然是社会主义和资本主义两条道路的矛盾。以建设为中心的思想或者按毛泽东自己所说"主要搞建设"的认识，开始有所变化。此后，党的最高领导层基本上都开始强调"继续革命"的思想。建设已不能成为时代中心。新的任

---

① 《在南京、上海党员干部会议上讲话的提纲》（1957 年 3 月 19 日），《毛泽东文集》第 7 卷，人民出版社，1999，第 289—290 页。
② 《经济建设是科学，要老老实实学习》（1959 年 6 月 11 日），《毛泽东文集》第 8 卷，人民出版社，1999，第 72 页。
③ 《经济建设是科学，要老老实实学习》（1959 年 6 月 11 日），《毛泽东文集》第 8 卷，第 72 页。
④ 中共中央文献研究室编《建国以来重要文献选编》第 9 册，中央文献出版社，1994，第 36 页。
⑤ 《邓小平文选》第 1 卷，人民出版社，1994，第 261—263 页。
⑥ 《毛泽东文集》第 7 卷，第 182 页。

务是必须在政治战线和思想战线上继续进行社会主义革命。

20 世纪 60 年代后，整个局势的演进更执着地趋向于"革命"，以建设为主题的思想逐步地趋于弱化。《红旗》杂志编辑部推出的《列宁主义万岁——纪念列宁诞生九十周年》专论，断言现代修正主义特征是致力于他们国内的建设任务，抹杀阶级斗争。1960 年 1 月 1 日《人民日报》社论中，开始将革命话语置于建设主题之前。在 1965 年的元旦社论中，革命话语已经充斥通篇文字："我们的一切工作，都要以阶级斗争为纲，以社会主义革命为纲。革命是历史的火车头，民主革命时期如此，社会主义革命和社会主义建设时期也是如此。"从此，"不断革命"的思想和持续不绝的"运动式革命"，消解了以建设为中心的时代命题。

三 新时期：以建设为中心时代命题的确立

"非建设不足以图存，非发展工业不足以固本"，[①] 是近代以来中国历史发展的基本指向。中共八大政治报告中的社会主义建设的内容，更是代表了中国共产党对这一历史发展方向的新诠释。

然而，如前所述，20 世纪 60 年代后当"不断革命"的理论在一波又一波"运动式革命"进程中持续升温，"以经济建设为中心"的路线被"以阶级斗争为纲"的运动中断。"文革"结束后，1978 年 12 月十一届三中全会的召开，历史性转折又重新开始："以经济建设为中心"。邓小平所说的，80 年代核心是现代化建设；"一心一意地搞四个现代化建设"，就成为"我们党在现阶段的政治路线"。[②]

尽管思想理论界有过多次争论、交锋，政治层面上也有过多次波动和变化，但以建设为中心的时代主题却贯串始终。新时期的建设内涵与时俱进，发生了历史性变动。一是快速工业化、城市化、现代化接续发展。2002年，中国的国内生产总值跃上 10 万亿元的新台阶，经济总量位居世界第六；工业增加值为 45935 亿元，占 GDP 的比重达到 44.9% 。拥有 13 亿人口同

---

① 李尔康：《二十三年中央工业试验所化学组工作之回顾》，《工业中心》第 4 卷第 1 期，1935 年 1 月，第 6 页。

② 《邓小平文选》第 2 卷，人民出版社，1994，第 276 页。

时进入工业化进程的历史演进。《中国工业化进程报告》对中国的工业化水平所做的评价指出，2005 年中国工业化水平综合指数达到 50。这一指数是评价一个国家工业化水平的指标，指数小于 33 时表示一个国家工业化处于初期，大于等于 33 而小于 66 时表示工业化处于中期，66—100 则表示工业化处于后期了，而当这个指数大于 100，则表示已进入后工业化阶段。中国在 2015—2018 年完成工业化，最晚将在 2021 年完成工业化进程。二是 2005 年提出了建设社会主义新农村的重大历史任务，经济建设、政治建设、文化建设、社会建设和生态文明建设五位一体，中国现代化建设开始实施城乡协同的一体化的发展战略。"小康不小康，关键看老乡"，① 我们的现代化建设，必须解决农村短板问题。

近代以来，中国经历了史无前例的巨变，也有多次选择和多向发展的机遇。20 世纪伊始，革命即迅速构成了时代主题；二三十年代之际，建设命题开始渐次呈现。此后革命与建设命题交错递进，在思想理论的探索与论争中，在社会主体力量的不断选择中，从更持久的意义上影响和规定了历史运行的基本方向。近代中国的历史实践表明，革命与建设并不是对立的历史，也非冲突的思想体系，实质上是二而一、一而二的统一的历史进程，是统一的时代命题。从近现代历史发展的长程上看，建设的历史长于革命的历史，建设内涵远大于革命内涵；从历史进程的统一性而言，革命与建设是不可分割的统一的过程，无论是孙中山提出的"建设告竣时，革命成功日"的思想，还是梁漱溟的以建设而完成革命的主张，或者如毛泽东所言"过去干的一件事叫革命，现在干的叫建设"的论述，都表明革命与建设是一个统一而不可分离的时代主题。而我们的近现代史学术研究，多年来却只是聚焦于革命史主题而相对疏离了建设史主题。在新时代中国史学的学科体系、学术体系和话语体系建构进程中，如何拓展和深化近代中国建设史论题，是我们必须反思和亟待解决的重要问题。

（原刊《史学月刊》2021 年第 2 期）

---

① 《习近平关于全面建成小康社会论述摘编》，中央文献出版社，2016，第 21 页。

辛亥前后的"破坏与建设"策议

董丛林[*]

"破坏"与"建设"两个词，虽说自古就有与现在通常义项略同的用法，如"破坏"，在"摧毁""破除"意义上，汉代《史记·匈奴列传》中即有匈奴"行破坏"，宋朝沈作喆《寓简》卷1中就有"破坏成法"之说；而"建设"，在"建立""陈设布置"意义上，始成于先秦的《墨子·尚同中》里即有"建设国都"，《礼记·祭义》中则有"建设朝事"之用。① 但是，这两个词起码到晚清，在对应性使用上仍少有，直到资产阶级革命发端之后，才呈渐多迹象，而至民国初年，则愈形发展甚至成为具有争议的一个重要问题。本文拟对此简做述论，所述在中国共产党成立之前。

一 辛亥之前"破坏与建设"舆论的初兴

兴中会成立是资产阶级革命滥觞的标志。《檀香山兴中会盟书》中揭示，该会纲领为"驱除鞑虏，恢复中国，创立合众政府"，② 此中虽无"革命"与"建设"字眼，但显然包含着"破""立"之义。其后孙中山及革命党人阐发的革命理论，实际即以革命统领下的"破""立"为中心展开。并且，不乏直接而典型的关于"破坏与建设"的论说。

邹容在1903年所作《革命军》中，明确作有专门论说："有野蛮之革

---

* 董丛林（1952— ），河北盐山人，历史学博士，河北师范大学历史文化学院教授，主要从事晚清政治史、文化史研究。

① 参见《汉语大辞典》，汉语大辞典出版社，1997，中卷第4508页、上卷第1123页。

② 《檀香山兴中会盟书》（1894年11月24日），《孙中山全集》第1卷，中华书局，1981，第20页。

命,有文明之革命。野蛮之革命,有破坏无建设,横暴恣狙,适足以造成恐怖之时代……为国民增祸乱;文明之革命,有破坏有建设,为建设而破坏,为国民购自由平等独立自主之一切权力,为国民增幸福。"① 这是将"文明之革命"与"野蛮之革命"严格区分开来,以对应其所行的"破坏"有无"建设"和对国民的悬殊利害,宣明他们所行革命,乃"文明之革命"。随后又进而论说:"欲大建设必先破坏,欲大破坏必先建设,此千古不易之定论。吾侪今日所行之革命,为建设而破坏之革命也。虽然,欲行破坏必先有以建设之。"② 为推翻清王朝建立民主共和制度而竭力呼号的《革命军》,问世后深受欢迎,销量达百万册之多,成为鼓吹革命的响亮号角。而其中的"破坏与建设",则成为当时对此问题要言不烦的典型论说,阐明其所行"破坏与建设"两者紧相关联、不可分割的辩证关系,是《革命军》也是当时革命言论中相对具有理论深度的环节之一。

由江苏留日学生同乡会在东京创办的革命刊物《江苏》,于创刊当年(1903 年)的第 5、6 期上,连载汉驹的文章《新政府之建设》。其持论"欲开共和政体,先必破专制政体;欲立新政府,必先倒旧政府",而"非我先有共和政体之精神,何能破专制政体?非我先有新政府之模范,何能倒旧政府?故吾扬共和政体之精神,即为破坏专制政体之先声;我树新政府之模范,即为倾倒旧政府之根基"③。又提出建设新政府的三大"定义":"一、政府必由全国国民所组织,而以全国国民为政府之实体;一、政府必为全国国民之机关,而以全国公共事务为政府之职掌;一、政府必以全国国民为范围,而专谋全社会幸福为目的。"说照之而行,"此建设政府问题之所由解决也"④。显然,当时还没有推翻清王朝,而新政府建设的拟议和蓝图,已经在革命者的头脑中酝酿,成为推翻清王朝的先声,这也是他们建立在"破立结合"基础上的构想。

当然,在清王朝还没有被推翻的条件下,"革命的破坏"在革命党人的言论和行动上无疑都是首要的,这时的社会经济"建设"只是在他们的拟想当中,基本上还没有实施的条件。他们固然需要对此预先考虑和筹划,

---

① 《革命军》,周勇主编《邹容集》,重庆出版社,2011,第 114 页。
② 《革命军》,周勇主编《邹容集》,第 115 页。
③ 汉驹:《新政府之建设》,《江苏》第 5 期,1903 年,第 22 页。
④ 汉驹:《新政府之建设(续)》,《江苏》第 6 期,1903 年,第 31—32 页。

但限于条件也仅仅是初步设想而已。而此时他们头脑中的"建设"，主要还是侧重在政权建设方面，此乃其"破立结合"的当务之急，与新政权下的社会经济建设是有明显阶段性区别的。这也是革命派当时关于"破坏与建设"论说的一个突出特点。

与之相比，改良派则因为并不主张非推翻清王朝不可，认为在"立宪"而保留"圣明"皇帝的前提下亦可实现社会改造。他们在辛亥之前的言论中，虽说"建设"也并不特别多用，但实际上，其社会改造主要是说"建设"意义上的事情。特别是康有为在流亡海外后于1904年或1905年写成的《物质救国论》中，持论中国"误于自由革命之说"，而"救急之方在兴物质"，诸如"自开工厂"之类。① 当然，这时改良派内部观点也并不统一，像康有为弟子、昔日维新同道的梁启超，对康氏主旨上是宣扬"建设"的《物质救国论》就不能认可，他"以为自由、革命、立宪足以为国"，而对康氏之说"深不然之，阁置久不印刻"。② 迟数年后，康氏该书才得以出版。无论如何，康氏当时是执意坚持其"新说"的，这反映出他在维新失败而流亡海外后思想上的明显变化，更表现出与革命派的明显差别。

总之，辛亥之前，严格意义上是武昌首义之前，"破坏与建设"舆论兴动的旗手是革命党人，是他们作有"破立结合"的理论阐释。当然，其这时在实践上无疑是侧重于"破"的。

二 武昌首义和辛亥之后的由"立"到"破"

武昌首义胜利之后，正是革命党人和一切进步人士备感欣慰而又急切划筹"建设"的时刻。因为清王朝最终覆灭的大势已定，建立和建设新政权，亟要成为现实。还在辛亥年中，由武昌首义产生的湖北军政府，就颁布了一系列带有"破立结合"色彩的章法，特别是《鄂州约法》，作为初步具有宪法性质的文件，规定了人民的基本权利，以及都督由人民公举和其所具有的权限，典型地反映了革命后从根本上的破旧立新。而随着孙中山

---

① 《物质救国论》（选录），汤志钧编《康有为政论集》上册，中华书局，1981，第570、574、579页。

② 蒋贵麟主编《康南海先生遗著汇刊（十五）·物质救国论》，台北：宏业书局，1987，第9页。

自海外归来，和同人共同筹划建立起中华民国临时政府，由他出任临时大总统。在其"就职宣言"中，就明确把"建设之事，更不容缓"作为"以组织临时政府之责相属"的因由，说"民国新建，外交内政，百绪繁生"，而"吾人惟保此革命之精神，一往而莫之能阻。必使中华民国之基础确定于大地"。① 满是立新的豪情壮志！

其实，随着武昌首义的报捷，诸多派别都有否定清王朝而拥护和建设新政权的表示，形成一个空前广泛的舆论"统一战线"。譬如，改良派中的激进者，也空前兴奋地谋划民国建设。像梁启超，在"辛亥九月"就写成万余言的文章《新中国建设问题》，开篇"叙言"中即说："十来年之中国，若支破屋于淖泽之上"，"武汉事起，举国云集响应"，"今者破坏之功，已逾半矣，至今以往，时势所要求者，乃在新中国建设之大业"。② 这是作者基于武昌首义成功，对"破坏"特别是"建设"问题的应急思考。当然，从其正文中所筹划"建设"的具体内容来说，主要还是就"单一国体与联邦国体""虚君共和政体与民主共和政体"的问题来考虑，而从其所表明的态度看，在前一问题上，是持"首在得一强固统一之中央政府"，而在后一问题上，是觉得"共和制"和"虚君共和制"皆不能行，陷于悬疑无解，对此"决定一国建设之大问题"，是"求全国民之慎思审择而已"。③ 这与革命派的"共和制"意向大显差距。

而思想繁杂、品流不一的"国粹派"，其本身就属革命派一翼，而这时该派的主导人邓实则办起《民国报》，其"辛亥十月初一日"所出第 1 号上，有汉民（胡汉民）题写"祝词"，朴庵（胡朴安）则在该报第 1、2、3号上连载《建设共和政府之研究》的长文，说"武昌革命一呼，不旬日而全国响应……吾辈对现今时势，所急宜研究者，非革命之问题乃建设之问题也"，并强调当务之急是建设"真正共和政府"，喊出"大风起兮云飞扬，雄狮一吼兮震四方，驱除异种兮立中央"的心声！④

而中华民国建立后，和苟延残喘的清王朝有一个为时不长的"交叉

① 《临时大总统宣言书》（1912 年 1 月 1 日），《孙中山全集》第 2 卷，中华书局，1982，第 1—3 页。
② 《新中国建设问题》（1911 年），《梁启超全集》第 4 册，北京出版社，1999，第 2433 页。
③ 《新中国建设问题》（1911 年），《梁启超全集》第 4 册，第 2433、2437、2443 页。
④ 朴庵：《建设共和政府之研究》，《民国报》第 1 号，1911 年。

期"，但这也是"南""北"力量的关键决胜期，结果是由袁世凯取代清廷并且获掌民国政柄。显然这是革命党人的失败，但又是基于错综复杂的种种条件。在这种情况下，孙中山也曾无奈地"醉心"于"实业建设"。1912年10月，他在《中国之铁路计划与民生主义》一文中，说"余信袁世凯系一有力量之人物，能制驭现局，建设巩固之政府"，而"在今后十年之内，敷设二十万里之铁路，乃为完全可能之事"。① 早在同年8月的《国民党宣言》中，所谓"比及破坏告终，建设之事不敢放置"，"舍其旧而新是谋，以从事于民国建设之事"，"使建设之事纲举而目张"云云，② 便可视为该群体终"破坏"而谋"实业"这一思想方针的反映。

当然，所谓"良政治之建设"，也是这时一些革命党人所特别热衷的。如宋教仁于1913年3月牺牲前夕，在《代草国民党之大政见》中说，今"不良之政府虽倒，而良政治之建设则未尝有也"，"吾人今日所负责任"，是"努力从事于良政治之建设"，"爰举关于建设之大纲，以谋良政治之实现"。③ 但他这是基于"吾党此届选举已占优胜"的条件，所做"和平建设"的幻想而已。

血的教训使革命党人觉醒，遂有"二次革命"发生。失败后孙中山到日本于1914年7月成立"中华革命党"，宣布"本党以扫除专制政治、建设完全民国为目的"，④ 坚持进行反袁斗争。而袁世凯则愈发加紧复辟帝制，一味倒行逆施，遂刺激讨袁的"护国运动"阵线结成。出任"救国军"总司令的蔡锷于1916年1月发布《告全国同胞书》，在誓词中特有"同仁职责，惟在讨袁"，"举凡建设之事，当让贤能"的宣告。⑤ 在举国讨伐的狂涛巨澜之中，袁世凯最后皇帝梦碎，于这年6月呜呼哀哉。不过，接下来又是军阀割据的乱局。

在这一阶段中，清廷倒台后舆论曾一度是以"建设"（即"立"）为凸显，而从"二次革命"到"护国运动"，重振以"讨袁""倒袁"为中心的

---

① 《中国之铁路计划与民生主义》（1912年10月10日），《孙中山全集》第2卷，第488—489页。

② 《附：国民党宣言》（1912年8月13日），《孙中山全集》第2卷，第398—399页。

③ 《代草国民党之大政见》，陈旭麓主编《宋教仁集》下册，中华书局，1981，第488页。

④ 《中华革命党总章》（1914年7月8日），《孙中山全集》第3卷，中华书局，1984，第97页。

⑤ 《告全国同胞书》（1916年1月），毛注青等编《蔡锷集》，湖南人民出版社，1983，第406页。

"破坏"之声，显示进步国人重心由幻想"立"转"破"的历程。

三 五四前后"破坏与建设"舆论的勃兴

到五四运动前后，"破坏与建设"的舆论勃兴，达到一个空前热烈的局面。这是由于辛亥党人历经斗争并尝试总结多年间的经验教训，也是由于新思潮传播的影响。

孙中山的《建国方略》在 1917—1919 年业已告成，这部长达 20 余万言的合成性著述中亦有涉及"破坏与建设"的理论环节，主要是在革命统领之下以"革命之破坏"和"革命之建设"为中心来论说的，并指出"革命之建设"与"寻常建设"的不同。[①] 因笔者对此已有专论，这里不再细说。但需要提及，孙中山在篇内具体筹谋的实业计划即"物质建设"，事实上亦带有"寻常建设"的色彩。这在当时不免流于空想，但从国家"建设"的预筹意义上说，又显出他的远见卓识。

1919 年 8 月，孙中山还领导创办了《建设》杂志，由其刊名即可看出办刊的主旨。出刊的第 1 号上，孙中山在《发刊词》中说，民国成立八年以来，中国的国际地位和国内状况并未改善，这是因为"革命破坏之后而不能建设也。所以不能者，以不能知其道也。吾党同志有见于此，故发刊《建设》杂志，以鼓吹建设之思潮，展明建设之原理，冀广传吾党建设之主义，成为国民之常识，使人人知建设为今日之需要，使人人知建设为易行之事功，由是万众一心以赴之，而建设一世界最富强最快乐之国家"，"此《建设》杂志之目的也"。[②] 这反映出他们在军阀专制之下探索"建设"救国的努力，从中透出对现实不良政治的否定，但也不免有其在无奈和迷惘中"画饼充饥"的意味。

值得注意，此际还出现了就"破坏与建设"问题往返论争的场次。譬如，《新潮》杂志于 1919 年第 1 卷第 2 号上，发表孟真（傅斯年）题为《破坏》的评论，是针对上海《时事新报》前不久所发的一篇短论。那篇短论中说，有一班人"并不是将新文艺，新道德，新思想，多多益善的输入

---

① 《建国方略》，《孙中山全集》第 6 卷，中华书局，1985，第 207 页。

② 孙中山：《发刊词》，《建设》第 1 号，1919 年，前置页。

进来，却在那里专门想打破旧文艺，旧道德，旧思想，终日里做了许多驳难痛骂的文章"，"这个样子，与那新陈代谢的道理，颇不相合。譬如一个瓶，藏满了旧空气，如要改为新空气，虽是终日拿这个瓶来摇动，那旧空气依然出不去的"，所以我们今天需要新东西"就该尽量充分的把他（它）输入"。孟真则反驳说，新的与旧的"同时占据同一空间，不把一种除去，别一种如何进来？"并针对对方打的比喻驳道："假使是个浑水满了的瓶子，只得先把浑水倾去，清水才能钻进来。"在他看来，在中国倡新"实在有异常的困难"，一方面从创造新的着手，另一方面"破坏旧有的主义，这是势必处此的办法"。① 该文发表后，《时事新报》2月6日又发表《破坏与建设，是一不是二》的文章，而2月23日出版的《每周评论》上，则发表署名"世纪"（陈大齐，字百年）的《破坏与建设》一文，就《时事新报》的新发之文再行辩驳，针对其持论的"破坏与建设是一桩事情的两方面，不是两桩事情各各独立的"（故言"是一不是二"），有谓：那么"主张输入新道德、新思想、新文艺，从一方面看起来，虽然是建设，从别方面看起来，自然也是破坏；别人主张破坏旧道德、旧思想、旧文艺，从一方面看起来，虽然是破坏，从别方面看起来，不也是建设吗？这样讲起来，两造实在是志同道合的，为什么《时事新报》的记者要排斥别人不遗余力呢？"② 如此说来，双方似无实质性分歧，论争主要是在强调破坏旧的还是引进新的，而这两者正是"破""立"结合的相反相成啊！双方如此强调，似乎都有偏颇之嫌，实际上或更因当时派别分野（尽管当时《时事新报》亦非守旧）。

关于"破坏与建设"的讨论持续不断。《民国日报·觉悟》1920年11月16日发表鲁纯仁《破坏与建设》的评论，从"破坏与建设底意义""破坏与建设底关系""怎样破坏""怎样建设""现在有无再破坏之必要"等多方面进行扼要论析，认为破坏的"性质是毁灭"，建设的"性质是创造"，两者"相反而相成"；"不破坏，不能建设，要有大破坏，才有大建设"；"破坏的目的，是为建设人类自由、平等、和平、相爱的社会"；"经过彻底破坏之后，建设社会主义的国家"；由中国的现实政治状况看，"是要建设

---

① 孟真：《破坏》，《新潮》第1卷第2号，1919年，第349页。
② 世纪：《破坏与建设》，《每周评论》第10号，1919年2月23日，第4版。

的,但建设之先,还有破坏的必要",并且喊出"破坏神圣!建设神圣!"的心声。需要注意,其明确提到"建设社会主义的国家",当时"社会主义"思潮已在中国兴动,但在对"社会主义"的认识上偏颇多有,差异也大,不过鲁纯仁所提"社会主义",未必不是其当时朦胧"理想"的真实寄寓。

在五四前后,新文化、新思潮活跃,特别是马克思主义日益在中国传播,初具共产主义思想的知识分子队伍在形成、壮大,而李大钊、陈独秀等可谓独具风骚,引领潮头。及至中国共产党成立,领导中国人民进行艰苦卓绝的革命和建设,揭开了新的历史篇章。

(原刊《史学月刊》2021 年第 2 期)

从辛亥鼎革到中共革命："革命与建设"的主从认识及其演进

李金铮[*]

　　"革命"与"建设"既是一对名词，也是一对概念。一般说来，名词和概念的产生是落后于历史现象的，但其产生之后又反过来影响历史发展的进程。而且，其内涵也可能随着历史的演化而发生变动，并影响人们对历史上与此相关现象的理解。"革命"和"建设"内涵的变化，就使如何界定革命史和建设史变得比较复杂化。

　　就中国历史而言，"建设"的含义争议较少。该词古已有之，表示设置、创立之意。近代以来，又有政权、党派自上而下规划发展之意，如经济建设、政治建设、社会建设、文化建设等。尽管在革命时期也可进行建设，但更多指和平时期的建设，其核心为经济建设。

　　如果说"建设"几为社会常态，而"革命"就多为惊天狂飙，不同历史时期、不同的人对此的理解是差别较大的。古代有所谓"汤武革命"，意味着改朝换代就是革命了。进入近代，到了梁启超那里，在汤武革命的基础上，增加了经济革命、社会革命和文化革命，几乎一切皆有革命。孙中山则将汤武革命视为"帝王革命"，而他领导的"今之革命，为人民革命……此种革命主义，即三民主义"。① 毛泽东认为历代农民起义都是革命，从秦朝的陈胜、吴广、项羽、刘邦，到元朝的朱元璋、明朝的李自成，直至清朝的太平天国，"总计大小数百次的起义，都是农民的反抗运动，都是

　　＊　李金铮（1965—　），河北献县人，历史学博士，南开大学历史学院暨中国社会史研究中心教授，主要从事中国近代社会经济史、经济思想史、革命史研究。

　　①　孙中山：《精神与物质相辅为用——在桂林对滇赣粤军的演说》（1921 年 12 月 10 日），孟庆鹏编《孙中山文集》（下），团结出版社，1997，第 508 页。

16

农民的革命战争”。如果只说“民族革命斗争”，“从一八四〇年的鸦片战争算起，已经有了整整一百年的历史了；从一九一一年的辛亥革命算起，也有了三十年的历史了”。① 新中国成立之初，他还从社会性质的巨变认为中国历史上有三次大的革命：第一次为奴隶主推翻原始共产主义社会；第二次为春秋战国时期封建地主革奴隶主的命；第三次为资产阶级革封建地主阶级的命，即辛亥革命。② 梁漱溟也认为，革命指社会的改造，像资本主义社会代封建社会或社会主义社会代资本主义社会。中国自秦汉以后，一治一乱，改朝换代数十次，不见有革命，辛亥革命才是中国封建解体后唯一之革命。③ 可见，迄今尚无众所认可的革命史。然而，革命总有其根本特征，这就是颠覆性、破坏性、替代性，而现代革命最基本的表现形式为激烈的政治革命、社会革命以及政权更替。依此衡量百年中国历史，大多会认可辛亥革命为严格意义上的现代革命之始，其后的国民革命、中共革命也都属于现代革命。在这一革命过程中，国共两党是最为关键的革命主体。

由对“革命”与“建设”两个概念的简单梳理不难看出，二者的含义不仅各有其独立性，而且有一定的对立性，似乎是互不兼容的。以往无论是学界还是普通民众，恐怕大多也持此惯常看法。然而，揆诸从辛亥鼎革到中共革命的历史，无论是时人（包括革命领袖、政权要员和各界人士）的认识还是实践，革命与建设并不全是对立的，而是以革命为主、建设在革命之中相互纠葛的过程。在少数人的弄潮之下，无数人被裹挟到这一历史的激流中，无可选择，无处可逃。

从辛亥鼎革到中共革命，不到四十年的时间，但由于一直处于政治巨变之中，可以划分为明显的四个阶段。

第一阶段，1911 年辛亥革命至 1927 年国民革命军北伐。

这一阶段的革命以孙中山为主导。辛亥革命虽以 1911 年为标志，但孙

---

① 《中国革命和中国共产党》（1939 年 12 月），《毛泽东选集》第 2 卷，人民出版社，1991，第 625、632 页。

② 《关于辛亥革命的评价》（1954 年 9 月 14 日），《毛泽东文集》第 6 卷，人民出版社，1999，第 344—345 页。

③ 《中国文化要义》，中国文化书院学术委员会编《梁漱溟全集》第 3 卷，山东人民出版社，2005，第 219—224 页。

中山革命的起点始于 1894 年成立兴中会。他一面力主革命，推翻清朝，但同时要建立一个有别于旧王朝的新政权。1897 年他提出，不"打倒目前极其腐败的统治而建立一个贤良政府，由地道的中国人来建立起纯洁的政治，那么，实现任何改进就完全不可能的"。1905 年更提出"驱除鞑虏，恢复中华，创立民国，平均地权"的口号。① 这里的破与立之间，其实就是革命与建设的宏大联系。孙中山还特别强调建设的必要性，"革命的事情是万不得已才用，不可频频伤国民的元气。我们实行民族革命、政治革命的时候，须同时想法子改良社会经济组织，防止后来的社会革命"，"革命的目的是为众生谋幸福"，清朝政体"如破屋漏舟，必难补治，必当破除而从新建设"。② 以上表明，在辛亥革命爆发之前孙中山就已经奠定了关于革命与建设关系的基调，既有二者先后相继的意识，也有齐头并进的意识，表述似有矛盾，实际上是以前者为主的。

其实，近代以来清政府并非全无作为，从洋务运动到清末新政都曾进行过现代化建设的努力，一定程度上促进了资本主义经济的发展。然而，其现代化建设之举恰恰成了自己的掘墓人，清廷已无法阻挡辛亥革命的爆发，无法挽救其自身的崩溃了。

1912 年 1 月，中华民国成立，孙中山就任临时大总统。但仅两月余，就让给了袁世凯。所以如此，原因颇多，但如孙中山所言，一因"尽瘁社会事业。吾国种族革命、政治革命俱已成功，惟社会革命尚未着手。故社会事业，在今日非常重要"。③ 也即他认为革命告竣，应集中精力投入社会建设，这一思想与当时社会各界的舆论是一致的。

不能不说北洋政府也是重视建设的，经济部门的领导者大多受过现代高等教育乃至欧美留学教育，颁布了一些有利于经济发展的政策措施，产生了一定效果。但在政治上，由于袁世凯军阀专制愈演愈烈，孙中山连续发动反袁的二次革命、护国战争，袁世凯死后，又发动讨伐段祺瑞的护法

---

① 孙中山：《中国之现状与未来》（1897 年 3 月 1 日），孟庆鹏编《孙中山文集》（上），团结出版社，1997，第 285 页；孙中山：《旅欧中国留学生盟书及联系暗号》（1905 年春），孟庆鹏编《孙中山文集》（下），第 680 页。
② 孙中山：《民族的、国民的、社会的国家》（1906 年 12 月 2 日）、《革命是神圣事业，天赋人权》（1910 年 2 月 28 日），孟庆鹏编《孙中山文集》（上），第 5、7、10 页。
③ 孙中山：《官吏应为国民公仆》（1912 年 4 月 10 日），孟庆鹏编《孙中山文集》（上），第 332 页。

战争,并在广州建立军政府。不过,孙中山直至去世前,始终没有停止对革命与建设关系的思考,1917—1919 年著成的《建国方略》,标志着其建设思想达到成熟,而且成为中国革命时期最为系统而深刻的建设思想。此时,他对革命与建设的关系仍保留了辛亥革命前的先后相继意识,将革命时期分为军政时期、训政时期和宪政时期三个阶段,分别对应破坏时期、过渡时期和建设完成时期,但比以前更加强调革命与建设的并肩而进。《建国方略》中有一段非常有名的话:

> 何谓革命之建设?革命之建设者,非常之建设也,亦速成之建设也。夫建设固有寻常者,即随社会趋势之自然,因势利导而为之,此异乎革命之建设者也。革命有非常之破坏,如帝统为之斩绝,专制为之推翻;有此非常之破坏,则不可无非常之建设。是革命之破坏与革命之建设必相辅而行,犹人之两足、鸟之双翼也。①

不是将革命与建设截然对立,而是指出破坏与建设为革命的一体两面,既有革命的破坏,也有革命的建设,革命的建设又分为非常的建设和寻常的建设,这是孙中山的新的认识。据此他认为辛亥革命之后,破坏的革命成功,建设的革命失败了,建设事业"简直一件也没有",所以革命仍然是失败的。"革命要一直下去,到成功然后止。"实现三民主义,建设新世界的新中国,是防止以后不再革命的基础。②

遗憾的是,孙中山一生为革命奔忙,对"建设"更多的是思考,而无具体实践的机会。即便后来有广东根据地,也主要停留在政策、计划之中。不过其关于革命与建设的思想遗产对于国民党乃至共产党都产生了重要影响。

在辛亥革命至国民革命军北伐期间,中国共产党于 1921 年成立。1922 年,中共受孙中山联俄联共的影响,开始与国民党进行合作。中共有自己独立的革命主张,但鉴于当时力量的弱小,还不能单独革命,加之与国民

---

① 孙中山:《建国方略(1917—1919)》,孟庆鹏编《孙中山文集》(下),第 573 页。
② 孙中山:《大总统是全国人民的公仆》(1921 年 12 月 7 日),孟庆鹏编《孙中山文集》(上),第 374、378—379 页;孙中山:《建国方略(1917—1919)》,孟庆鹏编《孙中山文集》(下),第 602 页。

党有共同的敌人，转而采取了合作策略，在推翻北洋军阀统治的革命中，主要是起了配合国民党的作用。对于革命与建设的关系，还没有做专门的思考，主要限于"建立劳农专政的政治，铲除私有财产制度，渐次达到一个共产主义的社会"的宏观叙述。[1]

第二阶段，1927年至1937年第一次国共内战时期。

随着国民革命结束和国民政府的建立，国共由合作（或矛盾中的合作）转向对抗，国共之间展开巩固权力和夺取权力的斗争。尽管两党在反帝反封建上常有共同的表述，但在激烈的斗争中，都称自己为革命而对方为反革命。其实在第一阶段就已有了革命与反革命的舆论分野，但一般为革命者将革命对象称为反革命，而现在则是曾经的革命合作者之间互称对立面为反革命了。与孙中山时代不同的是，国共两党或为执政党或为局部执政党，都有了经济建设的舞台，革命与建设的关系不仅是思想上的，也有了实践上的意义。

在国民党及其政府一方，对于建设的必要性大致有两种不同的表达。最多见者自称承继了孙中山的主张，认为北伐革命成功了，应该进入建设阶段。1928年蒋介石指出："现在北伐总算是告一段落，今后就要将国家建设起来。"[2] 1931年他又指出："在巩固统一，与完成建设之二大原则下，图存救亡，政府与国民实有同等之职责，而不能别其孰为重轻……故确认统一与建设之需要为一事，辨明统一与建设必由何道以求得之，又为一事。"[3] 其他国民党军政要员和各界人士也有类似主张，如孙科指出，国民革命经过了数年间的大破坏工作，"时至今日似乎应该是开始建设的时光了……革命只是手段，只是过程，建设方是要求，方是目的……革命与建设打成一片的媒介物曰民生主义"。[4]

如果说以上所谈是北伐成功之后必须建设，而另一种主张则是革命还没有成功，应继续进行"革命的破坏"，为革命的建设开辟道路。蒋介石曾

① 《中国共产党第二次全国代表大会宣言》（1922年7月），中央档案馆编《中共中央文件选集》第1册，中共中央党校出版社，1989，第115页。

② 《中国建设之途径》（1928年7月18日），秦孝仪主编《总统蒋公思想言论总集》卷10，台北：中国国民党党史会，1984，第322页。

③ 《努力完成训政大业》（1931年5月11日），秦孝仪主编《总统蒋公思想言论总集》卷10，第464页。

④ 孙科：《革命建设与民生主义》，《铁道公报》第5期，1929年4月，第158—162页。

说北伐革命成功了，但又多次表示革命尚未成功。如 1934 年指出，吾国革命"迄今尚未成功"，国民革命第一期的工作已告一段落，以后为第二期国民革命，革命事业进入更为艰巨的阶段。① 1936 年他又表示："现在我们革命尚未成功，总理和一般同志同学所遗留下来的革命事业，还没有做了……务必赶上来负起第二期国民革命的使命。"② 在此认识之下，所谓"革命的破坏"又有两个方面：一是扫除官僚腐败，改革陈旧积习。持此主张者也称继承了孙中山的思想，国民党中央政治会议委员邵力子认为，北伐军事告终，但破坏工作尚未完成，官僚腐败、风俗恶习、鸦片流毒以及"心理"专制等都是影响建设的障碍，必须以破坏的精神消除阻力，否则建设就不易推行，革命就会失败。③ 国民政府全国经济委员会委员谭熙鸿也指出，"应该下革命的决心，用革命的精神，打破各种困难，来挽救国家的危险"，尤其须以革命的手段，扫除腐败的积习。④ 另外一个方面，则是要"扑灭"共产党革命。

在建设实践上，国民政府颁布了不少经济法规，取得一定成效，但距离期望值仍甚遥远。

与国民党相反，共产党认为国民党背叛革命，"立即转向反革命路上"，⑤ 自己成为唯一的革命党。1927 年 10 月中共中央指出："民众只有在中国共产党的旗帜之下，自己武装起来夺取政权，完成辛亥所开始的革命。"⑥ 1928 年又指出，国民党说革命成功、建设开始的话都是欺骗民众的，推翻国民党政权、建立工农兵贫民自己的政权才是真正的出路。⑦ 不过关于革命与建设的关系，中共仍少有专门的阐述。如果说有所涉猎，仍主要是

① 《新生活运动发凡》（1934 年 2 月 17 日）、《十年来革命经过之回顾中国革命有成功无失败》（1934 年 6 月 16 日），秦孝仪主编《总统蒋公思想言论总集》卷 12，第 69、238 页。

② 《革命建国之基》（1936 年 6 月 16 日），秦孝仪主编《总统蒋公思想言论总集》卷 14，第 355—356 页。

③ 邵力子：《破坏与建设》，《励志》第 1 期，1928 年，第 27 页。

④ 谭熙鸿：《建设事业与革命精神》，《浙江省建设月刊》第 6 卷第 5 期，1932 年 11 月，第 13—14 页。

⑤ 《中国的红色政权为什么能够存在？》（1928 年 10 月 5 日），《毛泽东选集》第 1 卷，人民出版社，1991，第 47 页。

⑥ 《中国共产党为辛亥革命纪念告民众书》（1927 年 10 月 10 日），《中共中央文件选集》第 3 册，中共中央党校出版社，1989，第 317 页。

⑦ 《中国共产党告全国民众书》（1928 年 11 月 5 日），《中共中央文件选集》第 4 册，中共中央党校出版社，1989，第 433—434 页。

对革命目标或者说建立一个什么样的社会关注较多。如 1928 年中共中央指出，中国革命现在阶段的性质是资产阶级民主革命，中国革命将来发展的道路为非资本主义的前途，亦就是社会主义的前途。① 1935 年毛泽东也指出，中国革命"依然是资产阶级民主主义性质的革命，不是无产阶级社会主义性质的革命……革命的任务是反帝反封建，并不是反资本主义。……在将来，民主主义的革命必然要转变为社会主义的革命"。② 其实，对于现时革命性质和未来社会前景的关系是有一定的纠结的。

随着革命根据地的建立，关于土地革命和经济建设等方面的政策措施也逐步施行。中共对革命与建设的关系，主要表述为建设须服务于战争。如毛泽东所言："现在我们的一切工作，都应当为着革命战争的胜利……为着这一切，就需要进行经济方面的建设工作。"③ 中共中央也指出："我们的经济建设应该服从于革命战争的需要，并且在革命战争的胜利中找到许多困难问题的解决。"④

第三阶段，1937 年至 1945 年全面抗战时期。

日本侵华将国共拉回合作的轨道。两党都将对方既看作合作者，又是竞争者，合作是主流，斗争和摩擦也没有间断过，越到后期越是激烈。关于革命与建设的关系，都基本上延续了过去的思路，只是在革命问题上暂时淡化了革命与反革命的意识。

在国民党及其国统区政府一方，首先仍继续强调自己是革命者，认为抗日战争是一场革命。蒋介石做过多次表述，1938 年指出："这次战争实在是我们国民革命过程中所必经的阶段，我们抗战即是为继续完成我们的国民革命。"⑤ 1940 年又指出："革命虽有几十年，而至今没有成功……如果我们再不努力，还有多少时间容许我们来革命?"⑥ 在《三民主义初级教

---

① 《中国共产党第六次全国代表大会文件》（1928 年 7 月），《中共中央文件选集》第 4 册，第 169—171 页。
② 《论反对日本帝国主义的策略》（1935 年 12 月 27 日），《毛泽东选集》第 1 卷，第 160 页。
③ 《必须注意经济工作》（1933 年 8 月 12 日），《毛泽东选集》第 1 卷，第 119 页。
④ 《关于苏维埃经济建设的决议》（1934 年 1 月），《中共中央文件选集》第 10 册，中共中央党校出版社，1991，第 82 页。
⑤ 《抗战的回顾与前瞻》（1938 年 7 月 9 日），秦孝仪主编《总统蒋公思想言论总集》卷 15，第 353 页。
⑥ 《革命办事应有之基本精神与要件》（1940 年 4 月 15 日），秦孝仪主编《总统蒋公思想言论总集》卷 17，第 254 页。

程·革命建设》中,王沉、董德涵认为,中国的革命,铲除了帝制,推翻清朝,是第一步;消灭军阀,1927 年革命是第二步;抵抗外侮,七七抗战是第三步。[①] 国民党所理解的革命是抗击日本侵略的民族革命。

在民族革命战争中,如何理解革命与建设的关系呢?前引《三民主义初级教程·革命建设》基本上可以作为代表性表述:革命不能等同于流血革命,不是马克思的阶级斗争;拆房子是为了建新房,革命必须包含建设,革命脱离了建设性仅是革命的一半,甚至变为革命的反面;抗战是毁灭侵略者毒菌的巢穴,而建国则是建立三民主义新中国,以创造代替破坏才是真正的革命。[②] 1941 年桂林《党义研究》杂志发表"本刊评论"也指出,革命的破坏是为了建设,只有建设才是革命大道;愈是努力建设,愈接近革命成功,建设的树立即是破坏的消灭。[③] 这一认识与此前几乎没有区别。除此之外,国民党还宣传建设服务于战争的关系。蒋介石就指出:"我们今后要完成抗战使命,得到最后胜利,不只在军事的胜负,而是以政治经济的建设工作如何,来决定我们抗战的前途。所以从今天起,我们同仁更应该从积极方面使精神物质都集中充实,政治经济和社会一切建设都能迅速发展。"[④] 事实上,国民政府在战时经济纲领的制定、经济行政机构的调整、经济法令的颁布等方面均对支持抗战起了一定的作用。

中共抗日根据地的扩展速度很快,远非苏区时期可比。关于革命以及革命与建设关系的论述比以前有所增加。首先,共产党也把抗日战争视为一场革命。毛泽东 1937 年指出:"中国的抗战是百年来未有的,它的性质是革命的。"[⑤] 1938 年又指出:"现在的抗日战争,是中国革命的一个新阶段,而且是最伟大、最活跃、最生动的一个新阶段。"[⑥] 其次,对现阶段革

---

① 王沉、董德涵:《三民主义初级教程·革命建设》,《战地》第 7 卷第 8 期,1941 年 3 月,第 13 页。

② 王沉、董德涵:《三民主义初级教程·革命建设》,《战地》第 7 卷第 8 期,1941 年 3 月,第 12—13 页。

③ 《建设与破坏》,《党义研究》第 5 期,1941 年 12 月,第 1 页。

④ 《集中力量推进政治经济建设》(1940 年 4 月 1 日),秦孝仪主编《总统蒋公思想言论总集》卷 17,第 221 页。

⑤ 《目前的时局和方针》(1937 年 11 月 1 日),《毛泽东文集》第 2 卷,人民出版社,1993,第 63 页。

⑥ 《青年运动的方向》(1939 年 5 月 4 日),《毛泽东选集》第 2 卷,人民出版社,1991,第 567 页。

命性质和未来社会前景的关系也大体延续了以前的思路，但有了新的概括。1938年，毛泽东指出，"我们现在干的是资产阶级性的民主主义的革命"，"还不应该破坏一般资产阶级的私有财产制，要破坏的是帝国主义和封建主义"，"建立一个人民民主的共和国……就是革命的三民主义的共和国"，但"中国将来一定要发展到社会主义去"。[①] 1939年、1940年进一步指出，现时中国的革命已不是旧式的一般的资产阶级民主主义的革命，而是新式的特殊的资产阶级民主主义的革命，是新民主主义的革命，"是为了终结殖民地、半殖民地、半封建社会和建立社会主义社会之间的一个过渡的阶段"；共产党人的目的，在于建设一个中华民族的新社会和新国家，这就是新民主主义共和国，是真正革命的新三民主义共和国。[②] 新民主主义革命和新民主主义共和国成为中共革命性质和革命目标的经典表述。

对于具体的建设，共产党依然将此作为服务革命战争的基础。1941年，毛泽东指出："经济建设一项乃是其他各项的中心，有了穿吃住用，什么都活跃了，都好办了。"[③] 1944年又指出，"不搞经济，仗也没有办法打"；政治、军事是第一的，但经济是基础。"一方面为着革命与战争事业的物质供给上的需要，一方面为着人民的需要，都必须从事经济建设的工作，不应该也不可能等候把全部敌人打平后才去进行建设工作。"[④] 事实上，根据地在减租减息、农村经济建设等方面都取得了一定的成就。

第四阶段，1945年至1949年国共决战时期。

日本投降，国共由合作转入新一轮互称"反革命"的决战。关于革命与建设的关系，国民党及其政府几乎乏善可陈，共产党进入展望未来的阶段。

国民党仍称自己是革命的，并到了革命的最后阶段。1946年，蒋介石指出：本党革命最后的敌人是中国共产党，到这个革命最后的阶段，要和敌人做殊死的战斗。打破"反革命"的组织，摧毁"反革命"的势力，来

[①] 《青年运动的方向》，《毛泽东选集》第2卷，第562—563页。

[②] 《中国革命和中国共产党》（1939年12月）、《新民主主义论》（1940年1月），《毛泽东选集》第2卷，第647、663—709页。

[③] 《关于总结财经工作经验给谢觉哉的信》（1941年8月22日），《毛泽东文集》第2卷，第370页。

[④] 《关于陕甘宁边区的文化教育问题》（1944年3月22日）、《必须做好经济建设工作》（1944年4月3日），《毛泽东文集》第3卷，人民出版社，1996，第107—109、125页。

达到实行三民主义的目的。① 到 1949 年 6 月，他承认国民党革命失败了，回顾了"民国成立以后，到今年民国三十八年为止，在这一段时间中，我们革命运动失败的经过"。② 对于革命与建设的关系，已很少见到蒋介石的言论。其他国民党要员偶有论及，但和以前变化不大，如国民党中央常委邓文仪指出，破坏是手段，建设是目的，革命的破坏与革命的建设工作须同时推进；革命的最后破坏工作，是消灭中共武装主力；革命大破坏亟待结束，革命大建设亟待开始，最终实现三民主义，建设新中国。③ 国民党候补中央执行委员叶青也指出，革命由破坏始建设终，破坏与建设不能绝对分开，破坏为前半段，建设为后半段，前期破坏多于建设，后期建设多于破坏；武力革命是旧时代的革命，已经过去，现在中国已到革命的建设阶段。④

尽管国民党仍然强调民生主义的经济建设，但实际上随着军事失败，已陷入全面崩溃危机之中。

如果说国民党自称革命到了最后阶段，而共产党则认为革命的高潮即将到来。1947 年，毛泽东说由共产党领导的全国规模的革命高潮可能很快到来，由此拉开了国共决战的态势。⑤ 对于革命与建设的关系，共产党仍较多地描画未来的国家和社会蓝图，简单说就是建立新民主主义国家、新民主主义社会，并最终实现社会主义国家的目标。正如 1947 年毛泽东指出的，日本帝国主义被打倒后，要完成政治上、经济上、文化上的新民主主义的改革，"实现国家的统一和独立，由农业国变成工业国"。⑥ 1949 年又指出："在革命胜利以后……使中国稳步地由农业国转变为工业国，把中国建设成一个伟大的社会主义国家。"⑦ 当然，在新民主主义社会和社会主义社会之

① 《如何消灭我们最后的敌人》（1946 年 7 月 18 日），秦孝仪主编《总统蒋公思想言论总集》卷 21，第 352—359 页。

② 《本党革命的经过与成败的因果关系》（1949 年 6 月 26 日），秦孝仪主编《总统蒋公思想言论总集》卷 23，第 1 页。

③ 邓文仪：《大破坏与大建设》，《建国青年》第 4 卷第 4 期，1947 年 2 月，第 3—5 页。

④ 任卓宣：《革命的破坏与建设》，《新路线》第 15 期，1949 年 4 月，第 2—3 页。

⑤ 《对中国革命新高潮的说明》（1947 年 2 月 1 日），《毛泽东文集》第 4 卷，人民出版社，1996，第 219 页。

⑥ 《目前形势和我们的任务》（1947 年 12 月 25 日），《毛泽东选集》第 4 卷，人民出版社，1991，第 1245 页。

⑦ 《在中国共产党第七届中央委员会第二次全体会议上的报告》（1949 年 3 月 5 日），《毛泽东选集》第 4 卷，第 1437 页。

间仍充满着张力。

建设为革命战争服务的思想依然持续。1948 年，毛泽东指出，必用一切努力恢复和发展老解放区的工业生产和农业生产，"才能够保证打倒国民党反动统治"。[①] 1949 年他也指出，必须使农业生产和工业生产比 1948 年确实提高一步，以保障对前线的支援工作。[②] 随着解放区的迅速扩大，各方面建设的任务越来越重了。

1949 年 10 月中华人民共和国的成立，宣告了战争时期中国革命史的结束，也降下了整个中国近代史的帷幕。然而，革命与建设的命题并未随之而去。毛泽东说："过去的工作只不过是像万里长征走完了第一步……严重的经济建设任务摆在我们面前。"[③] 大考已至，历史考验了新中国。

（原刊《史学月刊》2021 年第 2 期）

[①] 《中共中央关于九月会议的通知》（1948 年 10 月 10 日），《毛泽东选集》第 4 卷，第 1348 页。

[②] 《目前形势和党在一九四九年的任务》（1949 年 1 月 8 日），《毛泽东文集》第 5 卷，人民出版社，1996，第 233 页。

[③] 《论人民民主专政——纪念中国共产党二十八周年》（1949 年 6 月 30 日），《毛泽东选集》第 4 卷，第 1480 页。

重评民国乡村建设中的"政教合一"[*]

曹天忠[**]

引　言

　　民国时期的乡村建设运动，不仅涉及近代中国革命与建设历史主题的最终解决，而且是自秦汉以来的中央权威如何下沉到基层社会的关键纽襻之一。从既有的研究成果看，基本取向是强调乡村建设各方的对立，以及相关专业分科治学的各取所需碎化、片面状态，这与乡建代表人物之一的章元善所说的"化零为整"的进展趋势大相径庭。[①] 事实上，关于乡村建设，在民间采用的是以教育为主的自治方法，路径为"自下（民间、社会）而上（官方、政治）"；在官方则力求以政治为手段，路径是"自上而下"。而桥接、解决"上"与"下"彼此对立、冲突的纽带，是"政教合一"。通过民间教育与官方政治的"软硬兼施"、双管齐下，降低了建设成本，提高了建设效率，在性质上也开始了从民间向官方的转化。因此，"政教合一"是把握乡村建设运动整体变化和性质重新认知的关键。[②]

　　需要指出的是，这里所说的"政""教"合一，不是人们熟知的"政

---

　　[*]　本文为国家社会科学基金后期资助项目"政教合一与民国乡村社会"（18FZS054）代表性成果。

　　[**]　曹天忠（1964—），广西博白人，中山大学历史学系教授、博士生导师，兼任澳门科技大学博士生导师，主要从事中国近现代史、近现代教育与社会变迁、近现代大岭南区域史、中国历史文献学研究。

　　①　章元善：《农村运动之今日》，《独立评论》第 128 号，1934 年 11 月 25 日。

　　②　郑大华较早注意到这个问题，认为乡村建设中政教合一分为邹平、定县两大类型。然而，他没有将其提到全域来认识，也没有对三大类型之间的关系细化分析并揭示与乡村建设终局的关系。参见郑大华《关于民国乡村建设运动的几个问题》，《史学月刊》2006 年第 2 期。

治"与"宗教"的关系，而是指"政治"与"教育"——传统中国的教化以及现代外来学校教育的关系。不仅"政""教"各自本身的内涵丰富（"政"包括各级政府行政机关、政党、派系；"教"则包括教化的社会教育以及各层次学校教育，尤其是乡村学校教育和乡村社会教育），而且"政"与"教"的关系也较为复杂。在乡建实施运作中，两者的结合大致有十种方式。[①] 就主要区别来说，因各为本位出现了"统制""特殊""普通""左翼"等四大类型，但彼此间又存在纠葛、消长的关系。1937 年 3 月，专门研究乡村建设中"政教合一"的张鉴虞，曾经将各种模式进一步合并归纳为两派，一是以梁漱溟、金慕陶为首的"特殊的政教合一派"（以下简称"特殊派"），二是以高践四、殷子固、邢广益为代表的"普通的政教合一派"（以下简称"普通派"）；并且认为，前者"着重教化的作用"，后者"真义在政治与教育合并合作"，"着重政治力量"，两派"不特是不同，而且是对立的，彼此都在说长道短"。[②] 但是，这种"特殊派"与"普通派"的说法，遗漏了南京国民党中央政府"统制的政教合一派"（以下简称"统制派"）、中国共产党在延安等地实行的"左翼的政教合一派"（"左翼派"，限于篇幅，另文介绍），更没有说明统制、特殊、普通三大派之间究竟存在何种关系和纠葛，乡村建设最终的结局是什么，以及与新县制是何种关系，因而在方法上多将国家与社会、中央与地方两大理论维度分开运用。鉴于这涉及乡村建设运动的性质重新判断以及成败评价问题，对理解政治与教育纠结关系以及实施振兴乡村战略也有参考价值，因而有必要做专门、深入的研究。

一 被忽略的"统制的政教合一"

欲明了乡村建设中"统制的政教合一"的理论内容，首先应提到一个

---

① 例如，邹平"真正的政教合一"、江宁"政教合用"、昆山等地"政教合并"、无锡"政教合作"、广西"人事上的政教合一"、青岛"政治教育化"、定县"政教计划合一"、洛阳"教育政治化"以及张伯谨的"政策、目的上的政教合一"等，参见曹天忠《政教合一与民国乡村建设运动》，桑兵、关晓红主编《"教"与"育"的古今中外》，上海人民出版社，2019，第 290 页。

② 张鉴虞：《教育改造声中政教合一运动的研究（上）》，《四川教育》第 3 期，1937 年，第 4 页。

被遗忘的重要人物，即乡建理论家茹春浦。① 他早年属于"村治派"，20世纪30年代长期担任邹平乡村建设研究院的导师，并撰写了《中国乡村问题之分析与解决方案》（上、中编），其中上编又名《民族复兴之路》，已行世；② 后逐渐脱离村治派反对政治介入乡建的观点，极力主张以中央集权政治统制乡建，成为国民党黄埔系"复兴社"大学教授、鼓吹法西斯主义的代表性人物之一。③ 他的有关政治与乡建关系的言说，在很大程度上代表了"统制的政教合一"理论。

其一，乡建运动要政治化。1933年11月，茹春浦针对"村治派"批评现实政治是对乡建的一种破坏的观点，认为"政治原来就是把经过教育和社会的力量，试验过有效的方法的一个大量的适用的一个名词。我们不能因为现实的政治关系，抹杀了政治的本质"。④ 面对各地各派乡村建设分别站在教育、自卫、政治的立场，指责对方破坏乡建的现状，他主张，"应当赶紧的集中一种最大的力量，把乡村整个的组织起来，好叫增加组织能力的各种方法，能够在有系统的指挥之下，合理的去运用。这种最大的力量，自然是要拿政治的力量去引起全社会力量的政治力量化"。⑤ 即以政治作为乡建的中心组织的最大力量，促使乡建运动政治化。

其二，乡建运动须统一化。1934年3月，茹春浦批评各自为政的乡建对国家统一的危害："现在的乡村运动是太复杂了，大自由了，几乎是成了一种离开国家支支节节的活动。他不仅是和政治家处对立的形势，抵消了双方的力量，甚至于是各种不同目的宗旨乃至主义地域种种关系的对立的状态。这种状态要是任其自由发展，那简直是要把国家拆散了。""乡村运

---

① 徐有威教授注意到了茹氏与当时国民党统制经济理论的关系，可惜没有与乡村建设结合起来，参见徐有威、武剑华《30年代国民党统制经济与中国农村近代化之理论探索——以〈前途〉杂志为例》，徐方平、郭劲松主编《现代化视野下的孙中山研究》，崇文书局，2005，第609—611、613页。
② 茹春浦编《中国乡村问题之分析与解决方案》上编，震东印书馆，1934，第16页。中编未见刊行，但主要内容应是此后作者在《前途》《政论周刊》发表文章的结集。
③ 《前途》杂志是复兴社的主要喉舌，由该社骨干分子、大学教授刘炳藜主编，茹春浦、孙伯骞、倪文亚、张云伏等共襄其事。参见萧作霖《"复兴社"述略》，庞镜塘等《蒋家天下陈家党》，香港：中原出版社，1989，第157—158页。
④ 茹春浦：《乡村运动的总动员与政治关系》，《前途》第2卷第2期，1934年2月1日，第6页。
⑤ 茹春浦编《中国乡村问题之分析与解决方案》上编，第16页。

动就是从乡村里造成国家的基础，因为他是造成国家的基础运动，所以他应当是有全国统一的运动。同时也就是非拿政治的力量去支配他，他是很难统一的。"① 视乡建运动为国家统一运动的基础组成部分。

其三，乡建运动要统制化。茹春浦主张，"把乡村运动放在国家政治总计划之下，同时集中人材、经济和政治的力量，去把一切社会式、教育式、自由团体式、自治式的，乃至半政治式的各种乡村运动团体统一起来，作一个整个的运动"。② 1934 年 12 月，他就乡村建设统制的内容归纳为三个要点：（1）军事化。参考国防机关的组织和活动办法，设立乡村事业参谋部，视乡村事业为国防计划的一个主要部分；为克服乡建各自为政的困难，要将国民军事训练作为政府统制乡村运动的一个杠杆。（2）指导思想主义化。根据三民主义的政策，由国家确定乡村事业的一切法令，以三民主义作为乡建的指导思想。（3）国家化和政府化。乡村工作人员的训练要由政府直接负责，即使部分由乡村机关训练的人才也要在政府的严格监督下进行。关于乡建的经费，除中央政府专门拨款外，各地乡村团体的其他经费来源，均需政府的调查统计和分配指导。③ 可见，其实质就是对乡村建设的组织机构、政策法令、人员训练、经费管理、各自为政加以强制性的整合，不仅要政治化，甚至军事化和指导思想意识形态化。他自己甚至设定了乡村建设统制的进度表，时间节点在 1935 年上半年。④

其四，乡建统制的主体和领导机关必须是中央政府统一领导的固定机关而非民间团体。茹春浦提出，"希望在最近的期间内能够成立一个以党政为重心的整个乡村运动的大联合的固定机关，把整个的乡村运动的步骤方法，在种种的交互错综、因事因时因地的最大限度之内，齐一起来，统制起来，把乡村运动成为重要的国策，不仅只是一个社会事业"。⑤ 其目的是由政府出面，组建全国性的乡建领导机构，以取代民间各方组成、松散但

---

① 茹春浦：《中华民族只有一个出路》，《前途》第 2 卷第 3 期，1934 年 3 月 1 日，第 11 页。
② 茹春浦：《中华民族只有一个出路》，《前途》第 2 卷第 3 期，1934 年 3 月 1 日，第 11 页。
③ 茹春浦：《乡村运动能不能由政府统制的问题》，《政治评论》第 133 号，1934 年 12 月 20 日，第 69—71 页。
④ 茹春浦：《请大家注意二十四年政治的开展》，《政治评论》第 136 号，1935 年 1 月 10 日，第 177 页。
⑤ 茹春浦：《最近全国乡村工作的趋势与特点》，《政治评论》第 149 号，1935 年 4 月 11 日，第 661 页。

影响颇大的全国乡村工作会议。

其五，乡建运动统制的本质是法西斯主义。作为"复兴社"大学教授和理论家，茹春浦表面上并未明确他的乡建运动统制的本质，但骨子里为法西斯独裁制度张目却是不言而喻。（1）从统一、统制与领袖关系上看，要统一就必须统制，要统制就必须服从领袖。1935年1月，他在法西斯刊物《前途》上发文，认为"在国家的形式上要统一，在政治的实质上要统制，在统制的活动上要领袖化。这是最近世界的政治学理，乃至一般的政治事象的结晶。……我想现在的中国稍有知识的人，都应当以拥护国家永久的统一，促成政治上的统制力量，和服从政治上的最高领袖，作为对于当前的政治要求唯一的信条。这个信条确定了，我们当下应当发出的口号就是：'服从领袖，要求统制，实现真正的统一'"，[①] 从学理与中国现实政治需要论证了中国要统一、统制的根本是要服从最高领袖。（2）最高领袖并非要民主选举。1935年2月，在由《独立评论》引发的民主与独裁论战进行得热火朝天之际，他出版了《独裁、民主与领袖制度》一书。该书有两个要点值得注意：一是认为民主与独裁并不冲突。书中"肯要之点，在于依据政治理论，说明在'权''能'及'政权''治权'分合的关系中，独裁与民主，并非绝对的冲突"，[②] 即领袖与民众是一种互相服从的关系，主张最高领袖制。二是在独裁与民主的论战中，赞同陈访先的观点，不点名地批评主张民主、反对独裁的胡适等学者。陈访先在《知识分子的两个极端》一文中，批评自由知识分子"不顾国家民族的需要，只顾爱惜个人的名誉，一味批评领袖，这又何尝不是自私？"文章的主旨在于"呼吁这些名流学者不要只顾着个人名声，而不顾国家人民的需要，应该明白表态拥护中国当前最需要的领袖——蒋中正"。而且，陈访先本人乃"中央俱乐部"（Central Club，简称CC）派/系"青白团"的次级机构——国民党忠实同志会河北分会的干事长，与CC系有着相当密切的关系。[③] 对于持法西斯主义观的陈访先的这些话，茹氏在书中自序的结语中说："他所说的也就是

---

① 茹春浦：《对于中国现阶段政治现象的认识与希望》，《前途》第3卷第1期，1935年1月16日，第21—22页。

② 茹春浦：《独裁、民主与领袖制度》，春秋南纸书店，1935，韩检肃序。

③ 冯启宏：《法西斯主义与中国三〇年代政治》，台北：政治大学历史系，1998，第264页。

我所想说的。"① 因而可知，其主张乡建实施统制的本质是独裁的法西斯主义的思想。

无论是时人还是今人，之所以都忽略了乡村建设运动中这种有实无名的法西斯主义统制的政教合一的存在，原因有二：第一，20世纪30年代的中国，在三民主义的掩盖下，并没有公开标榜实行法西斯主义，国民党政府蒋介石集团推行的是隐性的法西斯主义。据参与内幕者的回忆和解释，"复兴社"的主要刊物如《前途》，一直不公开标榜实行法西斯主义，只是愈来愈多地介绍法西斯的理论和德意法西斯统治的各种情况。"这是因为，当时我们毕竟还不敢公然承认我们主张实行法西斯主义，还是觉得抱着三民主义这块招牌较能迷惑视听。……并且，蒋介石虽然在实际上把法西斯主义当作三民主义来实行，但是他在口头上自始至终都不谈'法西斯'这个名词，开口闭口也还是三民主义，因此大家也就都不敢公然使用这个名词了。"② 在这种情况下，作为在乡建领域延伸的统制的政教合一的法西斯主义色彩，无论是时人还是今人都不容易辨别，从而造成茹春浦所说的法西斯统制的政教合一难以被人知晓。第二，茹春浦本人在主观上有意回避。虽然他有关乡建的文章多数发表在《乡村建设》《民间》《教育与民众》这三大乡村建设期刊上，并有专著刊行，但其统制的政教合一思想在上述著作、文章中比较隐晦，而主要发表在鼓吹和宣传法西斯主义的"复兴社"掌控的《前途》③ 以及"CC"分子把持的《政治评论》等刊物上，或者体现在他的《独裁、民主与领袖制度》一书中。之所以这样，是因为他当时供职在邹平乡村建设研究院，而这种统制的政教合一观点素为该院负责人梁漱溟所排拒和反对。

1937年5月，CC系大将张厉生手下的张伯谨在《我的政教合一观》一文中，对政教合一的各种模式进行新的概括和分类。（1）将已有的近十种政教合一简化归纳为"人事上的政教合一""机关上的政教合一"两大类。

---

① 茹春浦：《独裁、民主与领袖制度》，作者自序。

② 萧作霖：《"复兴社"述略》，庞镜塘等：《蒋家天下陈家党》，第157页。

③ 徐有威认为，该杂志是较"复兴社"更加核心的组织——"力行社"的权威和喉舌。参见徐有威《1930年代力行社眼中的意大利法西斯主义——以〈前途〉杂志为例》，中国社会科学院近代史研究所民国史研究室、四川师范大学历史文化学院编《一九三〇年代的中国》上卷，社会科学文献出版社，2006，第148页。

他认为,"教育政治化或用政治力量推行教育,和政治教育化或用教育的方法来推行政治,只可说是方法的变换,谈不到真正的政教合一",从而将这种一度颇有影响的政教合一模式,也就是张鉴虞所提出的"普通的政教合一"剔除在外。所谓"人事上的政教合一",是将政教合并为一个机关,并且由一个人主持,以广西一人兼三长(村长、校长、民团团长)的"三位一体"最为典型。而"机关上的政教合一",属于合作的做法,将许多不同的机关联合起来,组成一个新的机关,仍各行其所行,并不由一人主持,以邹平最为出名。作者还检讨了这两种模式的优劣,如"机关上的政教合一"的优点,在于各种专门人才之下而谋互相协调进行的,不致犯政教合并的毛病,但它最大的缺点是局限于一个县范围的乡村建设,范围过于狭小。(2)提出"政策上、主张上、计划上、目的上的政教合一"新模式,①其实就是茹春浦"统制的政教合一"的另一种叫法。这里的"教",指各种不同层次和类型的学校教育,而非仅仅是乡村教育;"政"是整个的全国的政治,而不是某一地方的政治。其核心意义之一在于,通过这种政教合一促进国家的统一。可见,在张伯谨看来,乡村建设的政教合一实际上只有"人事""机关""政策"三大类型,否认"普通的政教合一"的存在。前两者属于新桂系李宗仁、白崇禧等把持的广西一省或邹平一县地方范畴,而他主张的政教合一,从宏观的角度超越了狭隘、地方的乡村建设范畴,强调了国家、中央对地方的统一,具有鲜明的中央统制色彩。这也说明,他的乡建政教合一模式,不仅包括了民间的乡村教育与地方政权结合,而且涵盖了中央政权与地方政权统一与分裂对垒的内容。

由此可见,茹春浦学理上所说的南京中央政府统制地方的政教合一,其实就是张伯谨的"政策上"的政教合一,因而也包括了已为南京中央所控制的 CC 系在江宁、兰溪进行的实验县的政教合一和政学系在湖北、江西、福建等地进行的"管教养卫四位一体"的实验。该派强调教育从属于政治,特别是中央政府权威政治。在 20 世纪 30 年代中前期,"统制"是一个流行语,含义多元,不一定都具有法西斯的因素;在《前途》杂志上发表论文的作者,也不见得一定是法西斯理论的持有者。但是,乡村建设中统制的政教合一,强调乡建要政治化、国家化、统一化、中央集权化、独

---

① 张伯谨:《我的政教合一观》,《教育改造》第 1 卷第 3 期,1937 年。

裁化，指导思想上是隐性的法西斯主义化的三民主义，无论在理论观点还是地方实验上，都特别强调思想统制以及中央对地方的集权，因而本质上大体可以说是有实无名的法西斯主义。

二 "特殊派"与"统制派"的竞争

以国家政治为本位的"统制派"在理论上力主中央国家对乡建统管和领导，内容与政策上在南京政府控制区如江、浙、鄂、闽等长江中下游地区进行实验，并力图推向全国。这对首先发明"乡村建设"概念、以社会为本位、试图执乡建运动牛耳的以梁漱溟为首的"特殊派"，造成不小的压力。双方主观上不可避免地会发生碰撞与冲突，客观上则形成一种互相消解的关系。

（一）"特殊派"的"政教合一"内涵

"特殊派"以梁漱溟为主，也包括金慕陶、梁氏的学生及其追随者。对于梁漱溟乡建中"特殊的政教合一"的具体内涵，无论是时人还是今人，多少有些误解误读。梁漱溟认为，"政教之教""绝非宗教之教，乃是对大众勉励告诫的事"。又说，"我们所谓政教合一，是本着更高向上的意思，由贤智者出主意，众人来听从。我们所谓教育，是隐然有所指，非只是指知识技能的教育而已，是指整个的生命、整个的人格说的，因此而知，教育更重要"。不但在有形的、客观的知识技能方面，"多数人不如少数专家"，而且在人格生命来说，"贤者指示众人如何才对"，远比众人高明，众人只能服从，不能批评。① 因此，梁氏"特殊的政教合一"有两种含义：（1）教不是指宗教，而是指教化，包括"教"化作"育"的道德和通常所说的现代学校教育。前者是指人的生命和人格而言，后者指现代教育文化、科学知识的掌握。无形的"教"化作"育"与有形的教育相比，或者说，主观的少数贤人掌握的东西较之客观的众人掌握的东西，更为重要和高明。因此，众人必须听从和悦服先知先觉者的引导。这一点与少数服从多数的现代民主原则是不同的，倒是与真理有时掌握在少数人的手中接近。从这

---

① 梁漱溟：《政教合一》，《乡村建设》第 4 卷第 22 期，1935 年 4 月 1 日，第 5—6 页。

个意义上说，梁漱溟所谓"民治主义的特点是取决于多数及应用平衡的原则，与政教合一，正相冲突"这一颇为费解的话，^① 当可以得到确切的理解。（2）政与教二者关系的重心在教而不在政，政即教，教即政，政教一体，教包含了政。时人所谓"政者正也，政化就是教化的意思；教者上所施，下所效也。在这里，这三者显然就是政治、教育、风化三种释义的内含，相互具有密切的关联和作用，非常重要"。^②

由上可以看出，梁漱溟主张的是中国古代儒家的政教合一观。由于其人特立独行，体验解释，行文晦涩，加之在演讲过程中，听讲者一知半解的记录，人们难以准确领会其特殊的政教合一。为澄清他人的误解，他的学生或追随者陈一、李竞西等人做了进一步的阐扬和解释。

其一，关于政教一体化的真谛。陈一批评将"政"与"教"拆分来理解政教合一的观点，认为只有从特殊的"政教合一"即政教一体的角度，才能求解政教合一。如果是将"政"与"教"二字拆开，包括如政教合于一个机关或者权力集于一个人身上，或者从孙中山"政治是管理众人的事"的定义出发，认为教育也是管理众人的事等这些说法，都不是真正的政教合一。只有在"政教合一"四字之下来解释"政"与"教"的含义，方可知"'政'，为求人民自己得幸福之维持，与谋人民幸福之扩充的政治。'教'是'教化'"。因此，政教合一的真正意义是："政治与教育在一个单位区域内，抱着一定的计划，相辅而行，是教化的路子，共谋人民之幸福的发展，与人生之改善及向上，而达建设（尤其乡村建设）之目的。"^③ 显然，作为梁漱溟的学生，陈一实际上是从政教一体的角度发挥和强调其师"政教合一"观点的合理性和正当性。不过，后来陈一的观点又有所变化。

其二，对"特殊的政教合一"实施运作的解释。梁漱溟政教合一的实践制度是乡学村学，但它们的运作与政教合一是什么关系，特别是在地方自治中有何创新意义，人们未必清楚。1935年4月，李竞西在《自治、官治、学治》一文中对此做了很好的阐释："地方自治的根本意义，是要地方人民组织起来过一种团体生活"；"学治的意思并非以学来治，是叫大家来

① 梁漱溟：《政教合一》，《乡村建设》第4卷第22期，1935年4月1日，第9页。
② 成人：《政教化相互的关联及其意义》，《汗血》第15期，1933年，第14页。
③ 陈一：《政教合一问题的检讨》，《江苏月报》第4卷第5—6期，1935年12月1日，第27页。

学自治"。中国老百姓在知识、能力上没有办法自治，中华民族长期以来也没有团体生活的习惯，因而叫他们自治，是徒劳的。最好的也是唯一的办法，"只有自觉的知识分子，能自治的知识分子，走到真正的民间去，辅导他们，指引他们，使他们由自觉而自动，由学治以自治"。而训练自治的"最好的方法就是把行政教育化，教育行政化；把行政当做教育来办。比如，一乡一区之内，行政机关也就是教育机关，一切措置设施都应大体上得到多数人的同意，而又须本地人去执行。我们提出问题，教他们做，但决不可替他们做。使他们慢慢的做、慢慢的学，天天在办政治，天天在受教育，教与政不分，政与教合一，自治的基础就可以从这种学治上培养出来"。① 可见，所谓学治并非时人误解的以学来治或"师统政治"，而是让知识先觉者指导民众来学习自治，与其像从前那样简单批评其违背唯物主义群众观点，毋宁说是从当时中国百分之八十都是文盲的历史实际出发加以引导的结果；而学治的最终目的，是自治而非官治。这说明两方面的问题：一是因为官治虽然有提高行政效率的好处，但是会使散漫无力的"中国社会更机械，更被动，更不会有自己起来管理自己的一天"，从而可以加深对梁漱溟排斥国家政治权力干涉乡建、反对官治介入的理解；二是学治是处于官治与自治过渡之间的一个阶段，或者说是自治与官治之外的第三种形式。为了强调这种准自治的创新类型，山东省县政实验区实施者干脆称之为"政教合一的学治体系"。② 因而，此前学术界认为乡建作为地方自治中的一个阶段，只有官治与自治的对立的两种形式，恐怕不全面。

由于"特殊派"反对官治或行政权力对乡建的介入，与"统制派"无论在言论还是行动方面互相指责，各持异议，彼此之间形成一种主观上紧张、客观上消解的关系。

（二）"特殊派"与"统制派"在言论上的对立

从"特殊派"而言，一是自觉与法西斯独裁的政教合一划界。20世纪30年代初，法西斯独裁统治在世界甚嚣尘上，在中国也有人跃跃欲试。对

---

① 李竞西：《自治、官治、学治》，《华年》第4卷第15期，1935年，第287—288页。
② 山东省县政建设实验区长官公署编订《山东省县政建设实验区实施进程纪要》，1935，第18—19页。

此，梁漱溟做出两个明确区分：从生命力上，有常态与变态、临时与永久之别；从国家政治与个人自由关系上，以国家政治是否来干涉个人的行为为断。1935年4月1日，梁漱溟在《欧洲独裁制之趋势与我们人治的多数政治》·文中认为："欧洲近代独裁制是与我们所期望的制度不同。我们所说是人类政治的常轨，是永久的，他们则是临时的，一时之现象。"① 与此同时，他又在《政教合一》一文中指出："政教合一这个问题很不容易谈，我现在主张政教合一，但不主张用国家权力来干涉个人思想行为。"② 从而在理论上试图将"特殊"与"统制"的政教合一区别开来。二是在整个乡建中的根本区别。1935年，梁漱溟发表《乡村运动中的三大问题》一文，"三大问题"即工业与农业建设哪个在先，政治与教育方法哪个更有效，总与分哪个建设的力量大。③ 其中，后两大问题与政教合一直接相关。这两大问题又可以细化成乡建的本位或性质、乡建的路向、乡建的方法三大方面。从中可以看出，"特殊"与"统制"的政教合一两者之间的根本对立和不同。

一是从本位或性质来说，乡建是政府国家行为还是社会实验运动？梁漱溟认为"乡村建设必须是一社会运动，而必不可全靠政治力量来作"；即使社会运动与国家行政因素存在，也要"有宾主之分"。意思是说，乡建要以社会运动为"主"，以国家行政为"宾"。这里主与宾，也可以用分与总来表述。梁氏认为："所谓总，大概是政府或国家，用统一的计划，整个的力量，来推行乡村建设。所谓分，就是指现在，零零碎碎，东一实验区，西一实验区，办法既不一致，事业又很散漫。"他承认，理论上乡建通过"总"——国家统制的办法，较之于"分"——社会实验办法有效；但是，当时中国没有这种可能性，因为统一的民族国家政权未曾建立，未能有效地应对内忧外患以及帝国主义经济侵略。因而，他以此作为反对以国家统制方法来进行乡建的事实依据。从乡建的本位来说，特殊与统制的政教合一有两个不同：第一，前者认为以社会为主、国家为次，后者则刚好相反。第二，在国家统制有没有能担负乡建工作的现实可能性上，梁漱溟

———————————

① 梁漱溟：《欧洲独裁制之趋势与我们人治的多数政治》，《乡村建设》第4卷第22期，1935年4月1日，第4页。

② 梁漱溟：《政教合一》，《乡村建设》第4卷第22期，1935年4月1日，第5页。

③ 梁漱溟：《乡村运动中的三大问题》，《乡村建设》第4卷第27期，1935年5月21日，第4、5—6页。

选择了放弃，另辟蹊径；而茹春浦则主张迎难而上，强调正是因为南京中央政府缺乏权威，所以才要加紧创设和建立。

二是从乡建的进行路向而论，从部分到总体还是整体到部分？统制派的政教合一主张"统制"，由中央控制地方和民间，从中央的总体到民间社会的部分；但是梁漱溟则相反，主张从民间社会部分入手，再到中央国家的整体，认为"乡村运动的意义是在全部，不在局部，不在一个实验区。研究中国问题者应该知道，中国问题不在总上求总，而在分上求总"。具体路径是："将来实验区愈办愈多，不问成败，到最后总有大联合的一天，那时总组织、总系统、总脑筋，就会建立起来。我相信各实验区就是为组织总脑筋的前线一战士。于是中国一切问题就可解决了。"① 乡建的本位性质决定其建设的路向，归根到底是先进行乡村建设以建立民族国家，还是先建立民族国家后进行乡村建设问题的分歧。

三是从乡建的方法来说，以教育为主还是政治为主？梁漱溟认为，乡建的方法在理论上"用政治的力量，当然比教育力量大"，但是就现实来说，由于当时国家没有统一，地方处于分裂割据状态。因而从乡建的现实操作方法来说，"政治不如教育"。原因之一，"政治对乡村破坏力也很大"——它不仅"剥削"乡村，而且"太机械化"，难以有效解决乡村问题。②

作为对立面，"统制派"对"特殊派"的政教合一观点也有诸多批评和指责。这大致可分为理论和事实两个方面。这也正好说明，它对来自"特殊的政教合一"的消解、抵制的一种紧张、恐惧和反制。

一是理论上匿名反驳。面对"特殊派"的消解和反制，"统制派"首先对其否认政治和政府在乡建中的作用的关键论点进行反驳。1934 年 2 月，茹春浦不点名批评他曾经的上级梁漱溟"乡村建设不要政治"的观点："政治一定是破坏乡村运动的东西吗？——这自然是抽象的政治观念，不是某一个政治的事件——说现在的政府不好，就可以说连政治的作用也不需了吗？乡村运动的实际事件，有几件事是离开政治可以作成功的，凡是乡村

---

① 《乡村建设运动中的三大问题》，中国文化书院学术委员会编《梁漱溟全集》第 5 卷，山东人民出版社，2005，第 633 页。
② 《乡村建设运动中的三大问题》，《梁漱溟全集》第 5 卷，第 632 页。

运动作不成功的或其他的原因的失败，都归咎于政治的不好，不去把政治当作是他自己也离不开的问题去研究办法，这是乡村运动团体正当的态度吗？……我不客气的问一句：不在国家政治方针下的乡村建设运动，到底是建设国家过程中的助力还是阻力？"① 茹春浦这一连珠炮式的质问，尽管不点名，但明眼人一看即知道主要是针对梁漱溟的不具名反驳，充满火药味。1935 年 4 月，为了从学理上驳倒梁漱溟，茹氏再次不点名批评其"特殊的政教合一"违反现代的政治学说："原来主张政教合一的，不是有进步的政治学术的人，是憧憬着中国古代政教还没有分工的社会时代的人。他们主观上的政教合一，是为着简单省事形式上的事权统一，是因为他们不能运用近代很复杂的政治理论和方法的原因。他们想把运用近代政治方法的困难减少了，好去实现他们中国乡村社会本位的各种办法。这和最进步的专家政治，把学术的结果直接的用到政治上去，像美国罗斯福总统用大学教授计划政治方案，而且负着解决政治问题的最高责任的意义是有点不同的。"② 以现代进步学理反驳古代所谓保守思想，破旧立新，这是时人关于这个问题论争过程中常用的方法。茹春浦在此反驳梁漱溟采取的正是这一招。

二是事实上具名批评。如果说茹春浦是从理论上进行匿名反驳"特殊派"，那么实地参观过邹平的伍先民等人，则在《前途》杂志上发文着重于事实上指名道姓地批评梁漱溟的做法。（1）继续对政治尤其政府是乡村最大破坏者的观点进行反批评。伍先民指出："梁先生好像把政治认为都是坏的，想以乡村建设工作为一种社会事业，实在是种错误。"退一步讲，就是乡村建设可以当作社会事业，可是"断没有社会事业不受政治影响的。明知破坏乡村的力量是政治，而建设乡村工作却不从大的政治着眼，希望政府不要过问乡村的事，希望乡村的工作能够离开政治领域，这不是缘木而求鱼吗？"恰恰相反，"唯一的条件便是要先使中国的政治走上安定的统一的途上"。这与茹春浦的观点如出一辙。在政治与教育在乡建中的地位何者为主次与先后的问题上，伍氏指出，"在目前中国这样混乱的社会里，应该

---

① 茹春浦：《乡村运动的总动员与政治关系》，《前途》第 2 卷第 2 期，1934 年 2 月 1 日，第 4 页。

② 茹春浦：《最近全国乡村工作的趋势与特点》，《政治评论》第 149 号，1935 年 4 月 11 日，第 665 页。

是先用政治的力量，到社会有了秩序、政治上了轨道后，再注重教育的力量"，进而指责邹平倚重教育而讳言政治，但实际上一切仍然是在利用政治。（2）对"特殊派"政教组织合一的批评。双方虽然都认同"政教合一"一词，但合一有"组织合一"与"方法合一"之分。"统制派"赞成政教方法上合一："在政治中寓以教育的精神，在教育中注以政治的意识，在行政与教育系统上，二者还是两个独立的机关"；反对乡学村学"把政治组织和教育组织拿来合并在一起"的组织合一，并指出其错在"不知政治与教育二者在行使的力量上是各不相同的"，指责乡学村学制度破坏了国家的制度和违背了国家的法令。针对梁漱溟反对提使用选举、罢免、创新、复决四民权的看法，伍先民继续指出："我要问问梁先生是不是要以乡学村学来代替乃至推翻中山先生所主张的四权呢？"至于废除基层行政制度，"我们也以为似乎可以不必，乡村的事只要有方法有人材，同时在大的政治上了轨道以后，便不难做好，决不是在制度上可以求得解决的。邹平这种办法是否能推行全国，是很值得疑问"。① 此外，1936 年，李国维在乡建与地方自治关系问题上反对不要政府介入的自治，进而批评梁漱溟在邹平的做法是"以'师统政治'来代替'官统政治'"。② 需要指出的是，"统制派"对"特殊派"的批评与反击，尽管内容上有理论与事实层面之分，形式上有匿名与具名之异，但有一点相同，就是文章的来源和出处分别为《前途》与《汗血》，这两个杂志在当时被公认为有法西斯主义立场，这就加重其法西斯统制的色彩。

（三）"特殊派"与"统制派"在行动上的抵触

"特殊派"与"统制派"在行动上的抵触可从直接交锋和间接较量两个方面看。

直接的交锋，发生在全国性乡村工作会议上，梁漱溟阻止和反对"统制的政教合一"有关议案的通过，双方有过直接、较为激烈的交锋。

1933 年 7 月，全国第一次乡村工作会议在山东省邹平县举行。与会者

---

① 伍先民：《参观邹平实验县后的感想》，《前途》第 3 卷第 4—5 期，1935 年 5 月 16 日，第 182—183 页。

② 李国维：《县行政组织革新论》，《新县政研究》，汗血月刊社，1936，第 30—32 页。

虽然在实际工作中觉察到"普通的政教合一"的必要，但鉴于北京政府时期政治对教育的干涉，仍心有余悸，态度暧昧，不敢理直气壮地表明自己的观点。因此，会议在讨论政教合一问题时，最终占主导地位的意见仍是乡村运动不该政治化："大部份会员的意见，都以为办农村建设工作是社会事业，毋庸牵涉政治问题。"作为会议的东道主、坚持乡建以社会为本位的邹平乡村建设研究院负责人梁漱溟特别强调："目前办乡村运动，要离开政权愈远愈好，否则一定遇到危险。"① 梁漱溟反对政治，尤其是国家政权介入乡建，这里显然也包括"统制的政教合一"在内。

1935 年 10 月 10 日，第三次乡村工作会议在无锡举行，专门讨论确定乡建的"中心理论"与组织固定团体两大问题。无论是会前还是会上，梁漱溟对"统制派"的主张都加以反对和抵制。关于乡建的中心理论，梁漱溟在大会发言时认为，"中心理论不能强求，应自然趋势，逐渐影响而归一致"。② 因为之前考察过邹平的国民党中央委员李宗黄对该地颇多批评，其中首要一点就是："乡村建设理论之出发点如何，其归宿何在，其理论系主义抑是方法。"③ 这个方法或主义，就是前面所说的"学治主义"或不甚确切的"师统政治"。关于组织乡建的固定团体，梁漱溟也智慧地做了拒绝，认为"乡村工作讨论会为临时集合，自由发起，讨论不采取决议形式，重在意见之交换，似不必有固定之团体组织"。对此，与会者之间虽然"辩论甚为激烈，结果仍以该会性质与普通会议不同，出席人员均从事实际乡村工作，于工作上有问题始来参加讨论，不必组织固定团体或向政府有何建议"。④ 乡建"中心理论"与统一的乡建领导机构的决议在会议上的流产，实际上主要是梁漱溟等为首的"特殊派"以社会团体名义顶住南京中央政府试图介入乡村工作会议的结果。1935 年初，梁漱溟在返回家乡考察广西著名的"三位一体、一人三长"制度时，不顾乡谊，严厉批评。对此，学术界一直感到不好理解，但如果从"特殊派"与"统制派"对垒的角度来

---

① 《乡运会议闭幕（续）》，《大公报》（天津）1933 年 7 月 20 日。

② 《全国乡村工作讨论会第三届年会开会消息》，《民间》第 2 卷第 12 期，1935 年 10 月 25 日，第 25 页。

③ 李宗黄：《考察各地农村后之感想——二十三、九、二十四在中央一四九次纪念周报告》，李宗黄：《考察江宁邹平青岛定县纪实》，正中书局，1935，第 6 页。

④ 《全国乡村工作讨论会第三届年会开会消息》，《民间》第 2 卷第 12 期，1935 年 10 月 25 日，第 25 页。

看，梁氏此番言行实在是再自然不过了。

间接的较量，主要集中在乡学村学制度存废的争夺上。

山东乡建是以梁漱溟"特殊政教合一"为理论基础，因此，山东地方实力派与南京中央政府的斗法，既直接体现了中央与地方实力派的矛盾，也间接反映了乡建领域里"特殊派"与"统制派"在行动上的较量，借此可以重新检讨梁氏等人与南京国民党中央政府的关系，究竟主要是依赖还是对立。

邹平实施的政治与教化合一的运作，必然涉及教育与行政制度的变更。首先，在教育制度方面，据山东教育厅长何思源回忆，梁漱溟更改"中学为县学，高小为乡学，初小为村学，监察委员为学长，村长乡长为常务学董，民众为学众，毕业为结业"等。其次，在行政制度上，又"称县政建设为乡村建设"，遂有独有的山东邹平乡村建设研究院，而不像定县那样，称作"河北定县县政建设研究院"。这是对内政部关于实验县名称规定的公然拒绝。此外，鲁西一区还把当时南京中央政府的"'行政督察专员'改为'试验区行政长官'"，这在国民党政府时代是例外又例外的。① 在南京方面看来，对地方行政制度的变革违背中央法令，破坏行政制度的统一。甘豫源认为，山东这些举措，尤其是乡学村学制度，"破坏行政系统，故作新奇"。② 因此，"统制派"与"特殊派"在制度层面的较量，就聚焦在乡学村学制度的存废上。其中，又主要通过 CC 系指派的以长期担任厅长的何思源为首的山东省教育厅，与梁漱溟为院长的乡村建设研究院的斗法中反映出来。

为了共同抵御南京中央政府对山东的权力渗透，省主席韩复榘与梁漱溟达成特别谅解。邹平"县政府直隶省政府，不向各厅行文，不受各厅指导，上行公文，除极重要者必须呈报外，平日往来文件极少。此种办法，既可使邹平整个实验计划不受多头监督机关之牵制，又可使县府本身减少各厅随便委办事件之麻烦，此在实验县实施之便利上殊为必要。邹平县行之于先，江宁县仿之于后，此在增加实验县行政效率上实深感必要"。③ 同一做法，在模仿的江宁行得通，但在原创的邹平却遭到反对。原因很简单，

---

① 何思源：《梁漱溟先生所办的"乡村建设研究院"》，《光明日报》1952 年 1 月 10 日。
② 甘豫源：《政教合一之如是我闻》，《教育与民众》第 6 卷第 9 期，1935 年 5 月 28 日，第 1651 页。
③ 林树艺：《考察了山东邹平以后》，《政衡》第 1 卷第 10 期，1934 年 10 月 15 日，第 39 页。

因为江宁直接听命于南京政府。因此，这表面上是为了提高行政效率云云，实际上主要还是为了防止南京势力的渗入。为此，韩复榘让梁漱溟"在邹平办一个不受各厅管辖、直接由韩复榘管辖的邹平乡村建设研究院和邹平实验县，把县政权也完全交给了他们。因为当时山东各厅厅长，多半是由南京派来的，韩复榘为了抵制他们，便十分重视这些所谓'社会名流'"。① 这是一种典型的架空南京中央政府的做法。

为了反制这种架空中央的做法，以何思源为首的山东省教育厅采取了两个步骤：第一步，将能体现政治与教化合一精神的乡农学校恢复为民众学校。遭到拒绝后，教育厅又与民政厅联手，规定"乡农学校必须改称民众学校，然后才能备案，领辅助费，及结业生回县试办乡村建设试验区，亦必须由民政厅加委，然后才能有政治上的利便"。没有备案，则没有合法性；而没有合法性，乡农学校的毕业生寸步难行。结果，教育厅如愿以偿，以致乡建研究院负责人抱怨："都觉山东省政府改乡农学校为民众学校是一件可惜的事，因为他们觉得民众学校不能够充分地表现原来的意义。"② 第二步，将"邹平乡村建设研究院"更改为"县政建设研究院"。1936年2月，为了"统一教育系统，实现政教合一起见"，教育厅采取两个更严厉的手段：一是将乡建研究院的研究部与省地方行政人员训练所合并，改为县政建设研究院，训练高级行政及技术人员；二是改组乡建研究院训练部和菏泽分院为乡建师范学校，训练乡农学校下级干部人才。这实际上肢解、取消了独立的乡村建设研究院，以行政专员公署统理县政建设，以统制的政教合一取代特殊的政教合一。1936年12月，由南开、燕京、清华等大学与平教会等合作的华北农村建设协进会，在山东济宁就经济、地方行政、教育卫生等乡村建设问题进行商讨，决定先试办经济调查，并规定其行政系统"附属于第一行政专员公署系统内"。③ 这种教育附属于政治的做法，可以说是以硬性的行政统一了梁漱溟的柔性教化的成果，由邹平进一步扩大到整个济宁专区的一种表现。至此，南京中央政府在山东基本上将梁氏

---

① 杨开道：《我所知道的乡村建设运动》，中国人民政治协商会议全国委员会文史资料委员会编《文史资料存稿选编·教育》，中国文史出版社，2002，第1085页。

② 陈礼江：《邹平山东乡村建设研究院参观记》，《申报月刊》第2卷第5号，1933年5月15日，第81页。

③ 《华北农村建设协进会开会》，《民间》第3卷第15期，1936年12月10日，第21—22页。

那一套"特殊的政教合一"制度挤走。梁漱溟因此愤怒辞职，与何思源结下的矛盾一直延续到 1949 年之后。① 全面抗战爆发，韩复榘因消极抗日伏诛后，1938 年 2 月，南京中央政府任命沈鸿烈为山东省政府主席，"以梁漱溟所办之实验县，毫无成绩，徒扰民及加重民众负担，深为民众所痛恨，遂于二月五日发表施政方针，取消实验区之一切组织"。② 至此，政治与教化合一制完全被政治与教育合一制统一、取代，说明南京政府的"统制派"最终战胜了山东邹平的"特殊派"。

最能说明问题的，也许就是代表"统制派"的江宁、兰溪实验县创设的初衷和动因，竟然是为了针对梁漱溟等人。据当事人回忆，1931 年冬天的一个晚上，时任中央政治学校校长的蒋介石，约教育长陈果夫、校董陈立夫、教务主任罗家伦、法律系主任胡次威等，在蒋家谈设置实验县的事。蒋说道："梁漱溟们搞什么实验县，把地方弄得乱七八糟，与其让他们胡来，还不如由我们自己负起责任，先在江浙两省各办一个实验县，以中央政治学校学生为班底，请两位先生去做县长，专办地方自治，就叫做自治实验县，再来取缔那些实验县、实验乡。"在得到众人的认同后，蒋介石当即指定陈果夫去落实。③ 之后，山东邹平实验县就被取缔了。由此可知，以前学界笼统地说梁漱溟办理乡建依赖或不反对国民党政权是不准确的。在乡村建设时期，梁漱溟与山东地方实力派合作，而与蒋介石及其 CC 系为骨干的南京国民党中央政权对立。后来，梁漱溟以"乡村建设派"身份组建民盟反对国民党政府，与此不无关系。

三 "普通派"对"统制派""特殊派"的调和

"统制派""特殊派""普通派"三者共存于乡建运动过程之中。如果说前两者是对立、紧张、各执一端、各自本位的关系，那么，后者与前两

---

① 《何思源先生文内讲到我的话不合事实》，中国文化书院学术委员会编《梁漱溟全集》第 6 卷，山东人民出版社，1989，第 947—949 页。

② 陈诚：《报告委员长蒋（介石）总长何（应钦）山东村治派活动情形》，《陈诚回忆录——抗日战争·往来函电》，东方出版社，2009，第 440 页。

③ 胡次威：《国民党发动统治时期的"新县制"》，中国人民政治协商会议全国委员会文史资料委员会《文史资料选辑》编辑部编《文史资料选辑》第 29 辑，中国文史出版社，1995，第 197—198 页。

者之间既有区别，也有相同之处，发挥着一种调和执中的作用。

（一）"普通派"的理念及其与"统制派""特殊派"的关系

1. 普通的政教合一与特殊、统制的政教合一之间的异同

在乡建领域中，"普通派"的出现，是为了克服教育独立、政教分离所带来的对建设效果的负面影响。20 世纪 20 年代，为了抵制蛮横的北洋军阀以政治干涉教育，教育界倡导"教育独立"言论。国民革命的推动与九一八事变的刺激，教育界尤其是乡村教育界已经逐渐认识到，离开政治的教育难以担负救国以及乡村建设的大任。1933 年 7 月，在邹平召开的首次全国乡村工作会议上，尽管政教合一的议案没有获得通过，但部分与会者会后认识到，政府与民间单独进行乡建各有局限，二者应该合作，"欲事半功倍，非官民合作，全国民总动员不可也"。① 这里"官"即政府和政治，"民"指民众或乡村教育界代表民间乡建的力量。政教合一真正成为乡建大多数人的共识，是在 1934 年 10 月在定县举行的第二次全国乡村工作讨论会上。与会代表徐宝谦总结道，乡建"利用政治力量，以作有效的推进，此点实为到会者公有之认识"。②

2. "普通派"的代表人物和主要观点

从张鉴虞的看法可知，高践四、殷子固、邢广益是该派主要代表，认为政教合一的真义"在政治与教育合并合作"，"着重政治力量"。然而，仅以人物为代表，且有些代表未必是真正的代表，更没有进一步细化其派别属性。高践四，时任无锡江苏教育学院院长，所在派别通称为乡建中的"民众教育派"。该派代表人物除高氏之外，还有俞庆棠、赵淑愚等。高氏认可的政教合一，即"不拘定政教的形式合一，是民政、建设、农林、教育及地方上各界的联络，真正的合作而不貌合神离"。③ 这里姑且称之为灵活、范围较广大的"政教合作或联络"方式，江苏教育学院北夏实验区即

---

① 梁定蜀、罗理：《参加乡村工作讨论会第一次集会报告》，《农村复兴委员会会报》第 3 号，1933 年 8 月 26 日，第 40 页。
② 徐宝谦：《全国乡建运动现状与问题》，乡村工作讨论会编《乡村建设实验》第 2 集，上海书店，1992，第 492 页。
③ 高践四：《政教合一问题之研究》，《民间》第 2 卷第 1 期，1935 年 5 月 10 日，第 6—7 页。

是这种做法。殷子固认同的"普通的政教合一"，他自称为"政教计划联锁"，即"政治和教育在一个计划之下，互相联锁，共同设施，相辅相助，向前推进，以期达到改进人民生活，实现地方建设之目的"。其理想的实践表现就是晏阳初为首的定县平教会公民服务团政教合一的形式。① 这表明，殷子固反映的是定县平教会的主张。而"平教派"最著名的代表人物绝非殷子固，而是晏阳初、瞿菊农等。邢广益则提出，对待政教合一应有三个态度："先教后政"，"以教为政（政教非混合而是化合，互相渗透）"，"以教治政"。② 这种观点代表的是中国社会教育社与洛阳县政府合作进行的洛阳民众教育实验区。此外，中华职业教育社的黄炎培、江问渔大体也可以归入"普通派"。由此可知，"普通派"包括乡建中通称的定县平教派、民众教育派及其负责的洛阳实验区、职业教育派等，其范围比张鉴虞所说的要宽泛丰富得多，乡建中政教合一问题的繁难和复杂再次得到呈现。

3. "普通派""特殊派""统制派"的基本区别

在"普通派"看来，"政"指政治与行政，多指乡、镇、县、省地方行政；"教"即现代的普通教育，包括学校教育与社会教育。就政与教的关系而言，他们主张教育为主，政治为辅，先教育，后政治。"普通派"与"统制派"不容易区分，差异在于，后者更强调政治，在中央指国家集权统制政治，在地方则是以政治为中心的管、教、养、卫四位一体的制度；至于教育则是现代普通的教育，但被置于政治附属的地位。而"普通派"与"特殊派"的不同主要有三点：一是对政教合一中的"教"字含义理解不同，前者认为是指有形普通的现代教育，后者解释为广义的教育，以无形的教化或道德为主，也包括普通的现代教育。二是理论依据不同，前者主要是西方近代以社会学或政治学为主的社会科学理论，③ 后者依据的是中国古代传统的儒家政教不分论。三是在对政治作用的估计方面，前者比后者要大，后者几乎否定政治的作用，反对政治对乡建的过多干预。梁漱溟就

---

① 殷子固：《谈政教合一》，《教育与民众》第 6 卷第 9 期，1935 年 5 月 28 日，第 1697、1700 页。

② 邢广益：《政教合一与民众教育之出路》，《民众教育》第 4 卷第 4 号，1935 年 7 月，第 12—14 页。

③ 例如，平教会以西方现代行政学为主要理论，参见《何尔康谓政治学是一种艺术》，《民间》第 2 卷第 3 期，1936 年，第 25—26 页。

说过，无论是中国南北政府都是"直接破坏乡村的力量"，因而乡建不能依赖政治和政府，强调其社会本位立场。①

4. "普通派""特殊派""统制派"三者之间的关系

1935 年 10 月 25 日，梁漱溟说："在此刻，长江一带讨论'政教合一'的问题，讨论得非常热闹。这个名词，实不大妥当，可是他们都很喜欢用。究其所谓政教合一者，说的是什么呢？他们就是要：一面借行政上强制的力量办教育，尤其是办民众教育；一面拿教育的方法，教育的工夫，来推行政府所要推行的各项新政。"②梁氏批评的"他们"，不仅是针对以江苏教育学院高践四为首的"普通派"，也包括南京中央政府的"统制派"。换言之，就政治在乡建中的作用而言，"普通派"较为接近"统制派"，区别在于，是强调地方行政还是中央集权政府；而"特殊派"既反对"统制派"，也不同意"普通派"，但就对教育的作用估计而言，"普通派"与"特殊派"有相似之处，从而成为其被时人视作以教育为本位的原因。

（二）"普通派"对"特殊派"与"统制派"关系的调和

"普通派"在"政"方面与"统制派"有交集之处，在"教"方面与"特殊派"有一定的共同语言；又鉴于"特殊派"几乎完全否定政治作用，"统制派"过分强调中央集权和政治在管、教、养、卫统制一体的效用，因而对它们各走以社会（教育）或政治为本位的极端进行主动调和。这大概可分为目的与手段、时间上的先后、乡建工作阶段与路向等不同层面。

1. 对目的与手段的调和

先特殊后统制，或者特殊是目的，统制是手段。其代表地区是以江苏教育学院为主力的中国社会教育社与洛阳县政府合办的洛阳乡建实验区。1934 年 10 月，该区负责人陈大白通过本区的一年实践总结，认为"政教合一"作为工作路线"并不是以政治力量来统制执行乡村建设事业"。因为，政治力是强制的、形式的与下行的，使之既久，易蹈被动、硬性、空虚之流弊。而该区的"政教合一，要使政治学术化，教育社会化，以教育为目

---

① 《乡村建设是什么？》，《梁漱溟全集》第 5 卷，第 377 页。
② 梁漱溟：《我们的两大难处》，《乡村建设》第 6 卷第 14 期，1937 年 4 月 1 日，第 1—2 页。

的，政治为手段，教育力量渗透到乡村底层中；以政治力量为掩护，以补其力之不逮。事业实施之步骤，先以教育方法喻之以理，不成，以精神感化动之以情，又不成，最后方运用政治力量绳之以法，以促成事业之建设"。① 这是一种以教育为目的、政治为手段、先教育后政治的政教合一实验。政治教育化，对政治的作用有一定警惕和保留。

2. 时间先后顺序的调和

先统制，后特殊。其代表为黄炎培、江问渔等职业教育社派。1934年10月，第二次乡村工作会议后，多数参加会议者说："我们办教育，如若不与政治发生关系，如何能使全国民众团结？"从而接受了"政教合一"的观点。但对"统制的政教合一"与"特殊的政教合一"仍有所限定。职教派主要负责人之一的江问渔主张："政治方面要拥护有力量的领袖，肩负起救中华民国的全责，最初是应采用统制政策，最后仍须注重人民自由，此可称为有节制性的民主主义。"② 统制中的自由，强制中的弹性，对二者互相调剂的"有节制性的民主主义"的匠心称呼，典型地反映出"普通派"对其他两派主张的无奈、防范与对二者调和的向往。

3. 发展方向与工作阶段的双重调和

在"普通派"的各种调和中，突出代表是以晏阳初为首的定县平民教育会派的转变。即在发展方向的上政下教与在工作阶段上的先教后政对接这一做法影响最大。在当时所有实验县中，以江宁、兰溪、邹平、菏泽、定县五个最为有名。邹平、菏泽属于"特殊派"，与江宁、兰溪两县为代表的"统制派"明显有别，而定县"则执乎其中"，③ 即在政教合一问题上，对邹平、菏泽以教育为主、政治为辅与江宁、兰溪以政治为主、教育为辅的片面和不足进行互补。用他们自己的话来说，定县的政教合一"不外使二者相辅为用；一方面从上而下，是政治的工作；一方面从下而上，是教育的工作；上下相通相应，一切工作方可自由运行"。④ 至于工作阶段上的调和，是指定县实验阶段以私人或社会团体为主，接近"特殊的政教合

① 陈大白等：《洛阳实验区第一年》，《乡村建设实验》第3集，第398页。
② 江问渔：《参加第二次乡村讨论会后感想》，《乡村建设实验》第2集，第487—488页。
③ 李锡勋：《五个实验县制的比较研究》，《复兴》第2期，1935年，第9—10页。
④ 叶琳：《介绍"定县农村教育建设"》，《民间》第2卷第18期，1936年，第21页。

一";推广阶段以政治政府为主,倾向于"统制的政教合一"。1935年10月,晏阳初在第三次乡村工作会议上指出,在实验阶段,私人团体可以独立进行,但在将实验结果大规模推广时,需要借助政治的力量,"从亲民政治的地方自治入手"。于是,民间的平教会与定县实验县合作,走上"政教合一"之路。①

对于定县的改变和调和,以往学术界多从后来的意识形态出发,颇多批评、指责。然而,时人的看法刚好相反,各派一片赞扬声。1936年2月,属于"普通派"的俞庆棠在国立中山大学演讲时表示,自下而上的教育与自上而下的政治结合,"一个做领导,一个做推动,其建设的成绩一定更为美满"。②而倾向于"统制派"的李锡勋认为,定县的模式在乡建"政教合一"的历史脉络过程中做出了"大贡献",③具有转折性意义和示范效应,加重了"统制派"一方的砝码。北平学术界有人进一步扩大比较范围,敏锐地断言,定县这种折中平衡的路线更为合理,代表了乡建未来发展的趋势。④后来事实证明,这种断言有预见性。

(三)"统制派"与"特殊派"各自的让步和修正

在"普通派"主动调和"统制派"与"特殊派"政教合一观的同时,被调和的双方在实际工作中认识到过分极端带来的麻烦和不足,也各自主动让步和修正自己的观点,以寻找一种两者之间的平衡点。

1. "统制派"的让步

在湖北,政与教共进,功能互补。1935年3月,湖北地方政务研究会调查团在实地考察全国各地各派乡村建设后所作的《调查乡村建设纪要》一书中得出的结论之一,就是乡村建设要"政教合一":"乡村事业之推进,非政教合一不可,并且须经同时并进,倘使教的力量畸形的努力,便要感觉到空虚。结果人民或者不能接受,反致怀疑,政的力量大了,没有教来

---

① 晏阳初:《农民运动与民族自救》,《乡村建设实验》第3集,第24—25页。
② 俞庆棠:《广西考察的报告与讨论》,《石牌生活》第7期,1936年,第14页。
③ 李锡勋:《五个实验县的说和做》,《新县政研究》,第198页。
④ 熊梦飞:《漫游心影(七)——定县乡教与乡建一瞥记》,《文化与教育》第70期,1935年10月30日,第33页。

启发，或者当时感觉到进步较速，结果难免有人亡政息之虑。"① 湖北地方政务研究会隶属于国民政府军事委员会南昌行营，因此，这在一定程度上反映了"统制派"一方的观点。1935 年 10 月，CC 派江宁实验县县长梅思平也主张让步，承认行政与教育的力量在乡建过程中各有优长和利弊，因此，"社会运动必须以行政为掩护及辅导，行政亦必须以社会运动为先驱及保持其永久性。所以，据我个人的认识，南北四个实验县确有互相补充调节的必要"。② 这是一种政治行为的短期功效与社会运动的长远利益矛盾的调节。

2. "特殊派"内部的松动与分化

"特殊派"颇受"普通派"诟病的是，将政治与教育合一，集中于同一组织机构上，违背了现代社会专业分工的原则。对此，1935 年 8 月，供职于山东民众教育馆的心理学家朱智贤曾代为解释："政治经济和教育的策略与计划以至实施都要保持着一种密切的合理的关系，俾可调协的联系的前进，以达到真实的建设的目的。但关于专门设计及指导的技术与工作却应采取分工合作的办法。同时，还应该注意到下面两点限制：（一）不是以某种事业涵盖了他种事业，乃是谋各种事业的调协；（二）不是政治的集权或混淆，乃是事业的分工与合作。"③ 这个定义将概括、抽象、过分紧密的政教合一的关系，进一步分解成政与教之间的协调、联系、合作、分工四层关系，既是对政教合于一身和以政统教的间接批评，也是对政与教关系偏颇认识的一种深入、细化、校正，可以说是对"普通派"观点的一种吸收。

3. "以教代政"言行被拒绝和修正

在政教合一的各为本位的纠纷过程中，江西一度出现"以教代政"言行。这其实就是梁漱溟的"特殊的政教合一"观点的变相提法。在近代中国的政教关系中，多是政治强势、教育被动，如今教育主动与政治合作，在组织与人事上的合一，引起行政界的狐疑和不安，担心被教育吞并。对

---

① 国民政府军事委员会委员长行营、湖北地方政务研究会调查团编述《调查乡村建设纪要》，国华印刷公司，1935，第 19 页。
② 梅思平：《江宁的农村建设》，《民间》第 2 卷第 11 期，1935 年，第 22 页。
③ 朱智贤：《政富教合一之途径与设施》，《山东民众教育》第 6 卷第 6 期，1935 年 8 月，第 27 页。

此，供职于江苏教育学院的甘豫源做出辟谣性解释：政教合一的试验，不是将全国所有的县政和区政，甚至将来省政和中央政治“都要归入教育系统之内”，只表示政治要好好地利用教育，“教育人员决无野心侵吞政治。即或有此心，也无此可能”。①然而，这种担心并非空穴来风。于是，在1935年10月10日江苏教育学院召开的第三次乡村工作会议上，负责特种教育的张桐膺代表江西提出“乡村工作应由政教合一演进为以教代政”的议案：“以教育的方法，代政治的方法；以教育的手段，代政治的手段；在农村中只见到‘劝农之教’，没有‘虐农之政’，等到教育有了收获，地方政治便告完成了。”②“以教代政”观点的提出，实是对乡建“统制的政教合一”的一种反思甚至反动。为此，大会专门就政教合一问题进行讨论，最后得出如下结论：“一、教育不能代替政治；二、政治工作最好教育化；三、政教合一可实行强迫教育。”③它否决了“以教代政”的提案，承认政教合一对教育实施的强制促进作用，同时希望以教育的柔性调剂政治的刚性，取长补短，这既是与会代表对“特殊派”观点的不认同和保留，也是对政教合一关系所做的一次全面、平实和客观的总结，弥漫着调和格调与精神。

4. “特殊派”部分人物观点改变

1935年12月底，王怡柯在影响颇大的《民众教育之政教养卫合一》一文中明确指出，政教合一已成为时代潮流，主张都市与乡村、政治与社会互动结合，“政治色彩，日益浓厚；教育范围，日益扩大”，“标本兼治，王霸并行，义利并用”，反对政教的点滴枝节做法，主张“大处着眼”，政（政府）与教（民众教育）大范围结合。④王氏做过邹平实验县县长，这可谓对梁漱溟关于乡建中农业与工业对立时以农业为主、教育与政治分离后以教育为主的一种修正，使之朝“统制派”的方向拉近。这表明，“特殊派”内部发生了松动。与此同时，原来对老师梁漱溟“特殊的政教合一”

---

① 甘豫源：《政教合一之如是我闻》，《教育与民众》第6卷第9期，1935年5月28日，第1649—1650页。

② 桐膺：《“政教合一”的我见》，《特教通讯》第5卷第8期，1935年12月，第222页。

③ 《全国乡村工作讨论会第三届年会开会消息》，《民间》第2卷第12期，1935年，第25页。

④ 王怡柯：《民众教育之政教养卫合一》，《教育与民众》第7卷第4期，1935年12月28日，第624—625页。

坚信不疑的陈一观点也出现了变化。1937 年 2 月，在相信三民主义成为乡建中心理论的基础上，他在国民党宣传部主导的《建国月刊》发文，认为县政府推行教育，应以"普通的政教合一"为唯一途径，强调政府和警察权力在公民训练方面的效率和意义。① 这成为"特殊派"向"普通派"分化的又一个明显例子。

四 "统制派"的逐渐强势

"统制的政教合一"挟法西斯主义思潮，在理论上有比较完整的体系，实践上也由南京中央政府管辖的 CC 派在江苏江宁、浙江兰溪，政学系在江西、湖北、福建等地付诸行动，来头不小，似乎应该可以主宰乡建全域。然而，在 1936 年以前，它事实上未能在乡建领域中占据主导地位。究其原因，除了遭到在乡建领域中威望高、影响大的以梁漱溟为首的"特殊派"的有力抵制和消解外，在很大程度上还因为它所依存的南京中央政府的统一权威在这时尚未建立。尽管 1928 年后，南京中央政权完成了从形式统一到实际统一的过程，但直到 1936 年两广事变的解决使国民党内部化干戈为玉帛，组织上才达到统一；经过西安事变的和平解决，国共两党再次合作，最后到 1938 年 3 月国民党临时全国代表大会召开，蒋介石当选国民党总裁。② 也就是说，没有南京中央政府集权和全国的统一，以及蒋介石权威的真正建立，"统制的政教合一"是难以在社会力量为主的乡建运动中占据上风的。

同时，随着中日民族矛盾越来越尖锐以及全面抗战时刻的到来，原来持"特殊的政教合一"者改变看法，倾向统制一方，主张将以教育为主置换为以政治为主；或者注意突出军政的作用，"统制派"的势头越来越旺。动员、训练、组织民众历来是弱小国家抗击外来侵略的有效途径之一，这种工作的手段可分为柔性的教育与刚性的政治两种。但是，在非常时期，后者的效率要比前者高。1936 年 8 月，濮秉钧认为，乡村建设已进入非常

① 陈一：《县政府应如何推进其教育工作》，《建国月刊》第 16 卷第 3 期，1937 年 2 月 15 日，第 1—2 页。
② 《王子壮日记（手稿本）》第 4 册，台北：中研院近代史研究所，2001，第 431 页。

时期，其特质是"国防本位的"和"统制进行的"，组织民众的方法"要以政治力量为主，教育力量为辅"，因为"中国的农民已久习于散漫环境的恶劣，智识又浅陋，要等他们的自觉和自动，恐怕非常困难，而且现在是一个非常的时期，正需要紧急的行动，所以作者主张原则上应该采取第二种方法，由政府公布规程，用政治的力量，以编制的方式，强制地促成组织"，即以国家政治为主、教育为辅，主辅结合，刚柔相济，才能适应战争非常时期组织民众的要求。①

说到根据时代要求而突出"政"与"教"的重要性，最典型的例证莫过于河南辉县乡建内容的调整。1937年5月，为了应对华北事变后日益险恶的形势，河南辉县将原来实施的"教养卫"及时调整为"卫养教"："以'卫'为中心，而以'教'和'养'辅之。这不是说，只重视'卫'而忽略'养'和'教'……'卫'的基本发动力量是政治，要唤醒民众之民族意识，训练民众之团结能力，非依仗政治的力量不为功。……所以今日要谈建设，非将'教''养''卫'的过程颠倒一下改作'卫''养''教'不可。"② 这是河南根据民族矛盾的变化对乡建内容重要性顺序做出的一种特别调整，是"统制的政教合一"逐渐取代"特殊的政教合一"最具说服力的例子。尤其是，全面抗战爆发后，随着南京国民党政府对中央集权控制的加强，"管教养卫"的新县制在基层社会实施之日，就是统制的乡村建设政治、经济、文化、军事内容的国家制度化和法律化之时。这一方面表明统制的政教合一对中央集权制度的依附，另一方面也说明乡村建设并非毫无成绩，至少在制度上进行了试验，提供了经验教训，积累了制度资源，其终局亦非简单、笼统的"失败"两个字所能涵括的。

民间为主的"特殊派"与政府主导的"统制派"互相消解和不合作，对乡建运动的影响是复杂和多方面的。从短期看，乡建的成效不彰，的确与两派的疏离和对立有关，因而在全面抗战爆发之前的1937年5月，遭到乡村建设理论专家言心哲教授的批评，各打五十大板："目前乡村工作的联合，虽有一个'乡村工作讨论会'的组织，但是这个组织，至今还仅是一

---

① 濮秉钧：《非常时期的乡村建设》，《建国月刊》第15卷第2期，1936年8月20日，第1、2、3页。

② 孙秉杰：《河南辉县的乡村教育与乡村建设运动》，《教育杂志》第27卷第5号，1937年5月10日，第40页。

种意志的联络，并没有实际的工作与切实的方法来推动全国的乡村建设；政府对于这些学术机关及社会团体所主持的乡村建设机关，始终处于旁观的地位，没有一点指导与管辖……乡村建设必须全国有通盘的筹划，中央及各处机关，有密切的联络，避免'各自为政'的弊病，以增强整个乡村建设的力量。"① 这反映了民间、地方政府与中央政府在乡建领导工作上的不衔接和配合的不理想。而乡建全国领导机关推进工作的成效大打折扣，又直接制约了乡村建设的总体效果。早在 1934 年，另一位研究乡村建设的专家蔡衡溪即强调："究乏统一系统，其对于中国整个农村改进事业之发展，不免有偏畸迟缓之虞，此中国农村改进问题不能解决之一最大原因也。"② 从这个意义上说，乡村建设总的成效不彰或者被认为是失败，非但不是依赖当时国民政府为代表的国家政权，反而是与其合作不够的结果。如此看来，笼统地像过去那样说乡村建设各派与国民党政府尤其是与中央政府有较多的合作，其事实依据并不充分。但事物是一分为二的，尽管在全面抗战爆发之后，仍有人坚持"特殊派"的观点，但"统制派"力量愈来愈强大，逐渐占据主导地位，这对乡建的长远利益和持久生命力而言未必是好事。1939 年 8 月，乡建代表人物之一的杨开道在谈到乡建中存在"统制"与"特殊"的"分隙"问题时仍坚持认为，乡建不是一个政治运动，而是一个"社会运动"或"社会工作"。③ 也就是说，否定了"特殊"的一方，就难以发挥社会与乡民的主体性作用和创造精神。只有使乡建工作根植于大众之中，才能避免人亡政息而具有长远性，进而达到比较理想的境地。

结　语

在以往研究民国乡村建设运动的论著中，对影响和决定涉及该运动走向、性质、终局的"政教合一"，很少关注或估计不足。在国家与地方社会关系理论视野下，民间的教育与官方的政治彼此结合，各为本位和形式上，

---

① 言心哲讲，余惠霖记《我国当前乡村建设工作应注意的几点（续）》，《国立中山大学日报》1937 年 5 月 6 日。
② 蔡衡溪：《中国农村之改进》，新时代印刷局，1934，第 192 页。
③ 杨开道：《乡村建设运动过去的检讨》，《现代读物》第 4 卷第 8 期，1939 年 9 月，第 10 页。

乡村建设运动中出现了近十种具体运作模式，说明政治与教育关系的多样化和复杂性。在这些政教合一模式中，就国民党统治区而言，大体上可进一步归纳为三大类型：拒绝与南京中央政权政治结合，以教化、社会为本位的特殊的政教合一，如梁漱溟在邹平的实验；坚持教育与政治合作，以教育为主、政治为辅的普通的政教合一，如晏阳初在定县，高践四、俞庆棠等人在无锡、洛阳的实验；主张以政治为主、教育为辅的"官统政治"，如江宁、兰溪实验县的做法，以及此前很少被人提及的茹春浦、张伯谨理论上坚持以中央政府集权主导的统制的政教合一。在三大类型的彼此纠葛中，起初"特殊派"与"统制派"对立明显，并对后者的影响形成消解，在乡村建设过程中占据了上风；而与"特殊派"同属民间阵营，看好教育方法对乡建作用的"普通派"，由在两派之间说长道短，到主张向以政治方法为主转变，与"统制派"不断引为同调；随着外患益蹙和中央集权呼声上扬，"特殊派"内部发生分化，倾向"统制派"一方，使得"统制派"在理论和实践上逐渐占据主导，直到1939年7月新县制法规《县各级组织纲要》颁布后处于支配地位。从这个意义上说，乡村建设的性质既不是单纯的社会运动，也不是完全的政府行为，而是二者兼而有之的社会改造与国家建设运动，并逐渐有社会运动为主向国家建设运动为主的转向和趋势。

如果从中国传统中央政权与地方自治"双轨"制来说，①则是重新将辛亥革命后中断了的双轨关系从间接变成直接关系，并且这种中央威权下沉基层社会的形式不再是单一，而是自上而下、自下而上以及两者折中结合的多元优化组合。与此同时，中央政权直接下沉到乡村基层不再是传统意义而带有近代新的形态，这就是以政教为中心、以"管教养卫"为基本内容的新县制，法规上标榜纳保甲于自治之中，实际上以保甲为主、兼顾自治，尤其是充分估计了体现自治的由学校教育与社会教化组成的国民教育的作用。而重视教育，则成为民国乡村建设以及由此脱胎而来的新县制基层制度建设的最大的特点之一。这对培养代替过去落伍的旧绅士的乡村青年领袖以及提高乡村民众的文化教育素质，发挥其在乡村建设运动中的主动力作用，使之不因为"人亡政息"而保持连续性，具有战略性、基础性意义。

---

① 费孝通：《中国绅士》，惠海鸣译，中国社会科学出版社，2006，第46页。

关于政教合一在乡建中的评价，比较复杂，需要具体分析。就乡建本身来说，政教合一，借助政治的力量，可以排除地方兵匪、乡村豪绅恶势力对乡建的干扰，创造比较安定的建设环境。晏阳初在定县由原来的坚持民间立场，到转变为与政府合作，其重要的原因就在这里。[①] 在文化教育素质普遍不高的乡村，传统的士绅阶层因科举制度的废除已基本消失的情况下，依靠政权的强制力量，可以在短期内较快地普及教育，提高了建设工作的效率，江宁、兰溪提供了实验经验。但是，"统制"对乡建的制约之处也十分明显，政府过多和直接干预，影响各地乡建独立自主地探索适合自己实际的方法和路子，甚至被认为"如果由政府用政治的力量直接来办，必至处处受节制，处处受支配，失去事业的中心基础，不但难以推进乡村建设，反足以阻碍乡村建设"；[②] 更为麻烦的是，难以发挥农民的主体性作用和创造精神，失去了乡建工作根植于大众之中的长远性。全面抗战爆发后，蓬勃发展的乡建机关和事业之所以很快烟消云散，除战争的非常因素外，"考其症结所在，为未能认清或把握乡村建设的主动力量而已"。[③] 看来，如何妥善处理民间社会的主动力、立足长远与政府引导的外界助力、关注当下的关系，处理好政治与教育在乡村基层社会建设的关系，调适以政府为主导、以村民（包括有责任心和现代知识的村民领袖）为主体"两主"比较理想的状态，真正发挥有关领域专家的智库作用，依然是在中国进行大规模乡村基层社会建设运动包括今日的乡村振兴战略亟待解决的课题之一。

（原刊《南国学术》2022 年第 1 期）

---

① 梁容若：《河北定县参观记》，《山东民众教育》第 4 卷第 9 期，1933 年 11 月，第 42 页。
② 孙月平：《从乡建的现况研究推进乡建的动力》，《教育与民众》第 7 卷第 1 期，1935 年 9 月 28 日，第 23 页。
③ 乔启明：《中国农村社会学》，商务印书馆，1945，第 444 页。

从乡村改造到乡村建设

——中共乡村建设的逻辑演进及其在陕甘宁边区的具体实践

杨 东 华英歌[*]

近年来，学术界对乡村改造与乡村建设的关注持续升温。无论是从现实问题回观历史的研究理路，还是以史学的角度探寻乡村建设的经验启迪，都彰显出历史与现实难分轩轾的学术关怀。尤其是围绕 20 世纪二三十年代的乡村建设和中共的乡村改造的研究，更是在学者们的学术把梳中累积叠加渐有积壤成山之势。但是梳理已有的研究理路，我们也发现，目前的研究大体存在着两种研究理路，一是将视野放到中共对乡村社会的具体改造与乡村治理的操作性分析上；二是注重中共在乡村政治、经济、文化等方面的政策性表述。但是从历史与逻辑的角度对中共革命时期乡村建设展开探究的论著似乎并不多见。[①] 毫无疑问，乡村改造在很大程度上和乡村建设是重合的，但是乡村改造并不完全就是乡村建设。与此同时，中共尽管从理论上已然认识到中国革命是农民革命这一历史命题，但是在变动不居的革命环境中，中共又是如何实现从理论到逻辑的统一的，目前的研究还缺乏系统性。事实上，毛泽东在《新民主主义论》中曾有过精辟的阐释。他说："中国的革命实质上是农民革命"，"新民主主义的政治，实质上就是授

---

[*] 杨东（1978— ），陕西府谷人，历史学博士，天津商业大学马克思主义学院教授，主要从事中国近现代基层社会史、中共革命史、抗日战争史研究；华英歌（1996— ），河北承德人，天津商业大学马克思主义学院研究生。

[①] 有关乡村革命与乡村建设问题，林尚立《革命与乡村：中国的逻辑》（《中共党史研究》2008 年第 1 期）一文和刘学礼《乡村革命与乡村建设》（中共党史出版社，2012）一书中，关于"中国共产党创立时期乡村革命的理论和实践"和"试析中共六大关于乡村革命的决策"的论述，都在相当程度上论及了这一主题。值得一提的是，赵旭东《双轨政治与延安道路》（《北京师范大学校报》2008 年 6 月 3 日）一文，对相关问题也有过独到的阐释。

权给农民"。① 综观中国革命的发展道路，毛泽东的两个"实质论"，当是中共开展乡村革命与乡村建设在历史与逻辑上的最佳结合点。本文将循此思路做一谫陋之究，以就教于学界同人。

一 革命逻辑：首要问题是乡村权力结构的变动

关于中国革命是农民革命的这一逻辑，尽管在中共成立之后不久就提及过类似的命题，但是在中国革命道路曲折的复杂环境下，在较长的一段时间里基本上还是定格在理论方面的阐释。② 及至大革命失败前后，乡村革命才在理论和实践方面全方位展开。值得一提的是，中共乡村革命的展开，在理论架构上并非始于土地问题，而是始于如何确立民众的政治权力问题。

1927年7月20日，中共发布"中央通告农字第九号"，文件宣告："近年农民运动的进展，已表明中国革命进到一个新阶段——土地革命的阶段。"但是在这一文件中，中共反复强调了关于乡村革命的策略问题，即如何看待和认识土地革命问题。九号文件开篇就指出："土地革命只是一个过程，这一过程的进展，需要一个无产阶级领导的工农小资产阶级的民主政权和工农武装。"随后在第四个部分又专门对此进行了阐释并指出："土地革命只是一个过程，政权争斗是这一过程的主要特点。必有夺取政权的争斗，才能推翻封建地主的乡村统治，才能促进土地问题的爆发而且给他以解决的权力机关。在南方各省如广东湖南，虽则农民运动的主要特点已经进到没收大地主，其实农民如果没有取得政权，单纯的解决土地问题是不可能的。依湘粤的经验，这个分析是丝毫没有错的。"关于如何开展政权的斗争，文件进一步指出：所谓政权斗争"就是要建设农民的革命民权，换言之即农会政权之建设"。③

很显然，这一通告的主要着力点并不在于如何开展土地革命，而在于考虑如何"建设农民的革命民权"。实际上早在五四运动期间，毛泽东通过

---

① 中共中央文献研究室、中央档案馆编《建党以来重要文献选编》第17册，中央文献出版社，2011，第38页。
② 具体可参见刘学礼《中国共产党创立时期乡村革命的理论和实践》（《中共党史研究》2011年第9期）、《试析中共六大关于乡村革命的决策》（《党史研究与教学》2008年第6期）。
③ 《建党以来重要文献选编》第4册，第357、359页。

发动和组织湖南的反帝爱国运动和领导反对军阀赵恒惕、张敬尧的斗争，已然认识到"只有通过群众的行动确立起来的群众政治权力，才能保证有力的改革的实现"。① 后在其著名的《湖南农民运动考察报告》中，进一步表达了这样的思想："农民有了组织之后，第一个行动，便是从政治上把地主阶级特别是土豪劣绅的威风打下去，即是从农村的社会地位上把地主权力打下去，把农民权力长上来。这是一个极严重极紧要的斗争。这个斗争是第二时期即革命时期的中心斗争。这个斗争不胜利，一切减租减息，要求土地及其他生产手段等等的经济斗争，决无胜利之可能。"②

"把农民权力长上来"，注重乡村农民权力，而不是首先关注土地问题，是由于组织农民运动的共产党人在开展具体实践的过程中清楚地感知到，乡村民众的基本诉求就是"政治的要求比经济的要求更要利害些"。而乡村农民之所以表达这种诉求，则是缘于近代以来乡村社会出现的权绅化现象以及民团土匪为害乡里、屠戮乡民，由此造成绅民矛盾异常尖锐的结果。

曾几何时，田园牧歌式的乡村社会，倘若不是严重的灾荒之年，对于乡村民众而言，靠天吃饭的传统思维和日出而作的辛勤耕耘，还是能够姑且满足较为平静的乡村生活。薛暮桥说，以前中国的农村问题并没有像这样严重，"许多田园诗人还能摇着鹅毛扇子唱'归去来兮'，回到农村中去找他们的理性世界。虽然那时候的农民，一般也是受着严重的封建剥削，不过他们靠着'男耕女织'，还能'含辛茹苦'地过他们的安定生活"。③ 然而进入近代以来特别是 20 世纪以来，地方绅士凭借新政变革开始出现了权绅化的倾向，绅士曾经所独有的社会文化威望逐渐褪去，从而导致地方权力越来越远离乡村民众的利益。特别是地方权绅化的倾向，又使其加紧了与军阀和地方武装的结合，形成了所谓的"一省的督军是一省的军阀，一村的乡绅便是一村的军阀"④ 的局面。特别是由于这些权绅不仅是地方民团的支持者，有的还直接自己组建民团组织。这些民团组织任意妄为、肆意杀戮，他们对乡村农民的随意处置几乎达到无以复加的地步。相关资料显示，这些地方民团实际"是统治农民的直接机关。逮捕屠杀农民简直变

① 《毛泽东自述》，人民出版社，2008，第 45 页。
② 《建党以来重要文献选编》第 4 册，第 119 页。
③ 薛暮桥：《旧中国农村经济》，农业出版社，1980，第 3 页。
④ 《第一、二次国内革命战争时期土地斗争资料选编》，人民出版社，1981，第 162 页。

成这些'局长老爷'的家常便饭，只要土豪劣绅鼻子里哼一声，农民便有'进局'的危险"。更有些团防私用非刑，农民稍不如命，即加以土匪名，实行"挂半边猪""踩杠子""坐快活凳""断脚筋""辣椒薰鼻""倒挂"等使人战栗的刑罚，因此农民不"进局"则已，"否则不死也成残废"。① 值得注意的是，这些地方民团的恣意妄为，不仅引起了乡村民众的强烈不满，即便国民党"也一齐标榜着实行打倒土豪劣绅了"。②

正是由于这些民团肆意杀戮乡村民众，民众对其"比贪官污吏所盘踞的县政府及一切征税机关，更属畏惧，更属痛恨"。③ 于是改变乡村权力机构的政治诉求便首先成为乡村民众最主要的诉求。海丰"七五"农潮之后，一位农民在所作的报告中指出："农民要求武装自卫甚迫切。"④ 因为一旦组织农民运动，他们便会"反对军阀战争的扰害，反对民团的压迫，同时更积极的要求有自己的组织，要求武装自卫"。在这种情况下，他们"政治的要求比经济的要求更要利害些"。他们进一步要求："有一个不苛取人民，不扰害人民的政府，这个政府要保护农民的利益，为农民谋利益。"因此"在各省农民运动中，必定要走这条路经过的"。⑤

除此之外，地方权绅与土匪、会首之间也有着密切关联。在鄂豫皖地区，地方豪绅与枪会、大刀会和土匪联合起来，形成"杂色军队及土匪割据区域"。⑥ 他们"对农民极为苛刻"，"逮捕农民最勤"，被认为"比较国民党军阀军队更反动许多"。⑦ 还有的地方甚或被冠以"匪省""匪窝"之称。如旅京陕籍学生曾不无感慨地指出："陕西是中国著名的'匪省'，又是古今如此的'旱省'。民国以来，各地人民都受军匪的糟蹋，但是像陕西所受的糟蹋恐怕再找不出来第二个，各处都有天灾，但是像陕西天灾之多恐怕也没有第二个。"⑧ 还有人说："匪窝的陕西，在国内就已驰名，在陕人

---

① 中国革命博物馆、湖南省博物馆编《马日事变资料》，人民出版社，1983，第480页。
② 〔日〕田中忠夫：《国民革命与农村问题》上卷，李育文译，上海商务印书馆，1927，第70页。
③ 《湖南农民运动的真实情形》，《向导》第199期，1927年，第2191页。
④ 《彭湃文集》，人民出版社，1981，第174页。
⑤ 阮啸仙：《全国农民运动形势及其在国民革命中的地位》，《中国农民》第10期，1926年。
⑥ 《鄂豫皖苏区革命历史文件汇集》甲2，中央档案馆等编印，1985，第48页。
⑦ 《鄂豫皖苏区革命历史文件汇集》甲5，第44、61页。
⑧ 魏惜言：《陕西的革命事业应当怎样做》，《共进》第94—95期，1925年。

已司空见惯。"① 在陕北保安县，由于土匪连年骚扰，就连县政府及各局都移居距离旧县城八十里的永宁寨。据时人调查，该寨"三面洛水环绕，地势异常险峻，人民都悬崖凿穴而居"。由此不无感慨地说道："此皆为亡国灭种之现象，有心者不能慨然而思有以挽救之乎？"② 由于匪患给民众造成极大的威胁，甘肃的一位农民这样说道：

> 以前土匪比牛毛还多，谁还敢安安宁宁的停在家里，都是钻在梢沟里，总是天黑的时候才回来吃饭。先打发一个人在坳里（原上）去瞭望，看有没有土匪来。家里的人把锅拿出来（先是藏了的），赶快烧火做饭，吃了后又把锅和粮食拾起来（藏起来的意思），这才一家子又钻到梢沟里去。如果没有土匪来，半夜才回来，常常一夜一夜都在梢林里。人不能安安宁宁的种庄稼，许多地都荒了，我开店被土匪拉了一次，几乎把命送了……③

可见，地方权绅、土匪、民团等组织，已然构成了乡村社会最为严重的灾难。故此有人指出，即便"在革命策源地之广东，陈炯明、邓本殷这些军阀虽然给革命摧倒了，但是下层绅士阶级依然存在，所以各县的吏治依然和从前一样……革命依然不会成功，也便是下层土豪劣绅依然没有动摇的缘故"。④ 这也就是说，在中共乡村革命中，经济因素显然不是首要考虑的因素。事实上，尽管从整体上来讲经济不平等因素是促进社会变革的内在动力，但是经济的不平等并不一定会与乡村革命之间存在必然的因果关系。就中共乡村革命而言，还需要在经济因素和乡村革命之间构建另一座桥梁，这即是重塑乡村权力以重构乡村社会秩序和社会关系。因此毛泽东提出乡村社会的"第一个行动"便是"把地主权力打下去，把农民权力长上来"，显然已成为一个具有时代性的选择。

---

① 中折：《陕西土匪何自来》，《共进》第 65 期，1924 年。
② 林祭五：《陕西之社会调查》，《新陕西月刊》第 6 期，1931 年。
③ 刘凤阁主编《陕甘宁边区陇东的经济建设》，中共庆阳地委党史资料征集办公室编印，1996，第 297 页。
④ 克明：《绅士问题的分析》，《中国农民》第 10 期，1926 年。

二 乡村改造：重塑乡村权力主体

如果说乡村革命是以疾风暴雨式的暴力革命摧毁旧的制度，那么重塑乡村权力则是通过重建乡村社会秩序、重构乡村社会关系的乡村改造来完成的。当然在不同的历史时期，其改造的方式又有明显的不同。在苏维埃时期，中共是以农会为组织基础，通过阶级划分和苏维埃选举等形式，来实现对乡村社会权力的彻底改造的。

农会原本是以研究农学、改良农业、推动农业发展为宗旨的职业组织。但是大革命之后，中共明确指出："农民协会已经不是一种职业组织，而是以穷苦农民为主干的乡村的政治联盟。"[①] 这也就意味着农民协会的成立，开始确立了农民在乡村权力结构中的主体地位。"照得农民协会，主体原属农民。凡剥削地主，以及土豪劣绅，不容投机混入，破坏本会章程。以后筹备农协，总要真正农人，会内一切事件，全由农民执行。"[②] 这样"地主权力既倒，农会便成了唯一的权力机关，真正办到了人们所谓'一切权力归农会'"。[③] 不过此时的农会组织，只是中共利用乡村社会之外的意识形态力量而赋予民众的一种体制性的权力，而不是一种社会性权力。事实上，当小农生产者还需要依靠土地进行生产和生活时，乡村社会的权力种类和来源并不能简单地归结为一种体制性的权力，因为这种外在的权力赋予对于长期处于专制统治下的乡村民众而言，似乎还不能马上从观念上彻底得到改观。

阶级划分是中共重塑乡村权力的另一种途径。地主阶级是革命的对象，因此中共对地主的政策是毫不含糊的，"施行严厉的制裁与镇压"。[④] 很显然，这个政策的基本精神就是消灭地主阶级，不仅要从土地、财产、经济上剥夺净尽，而且不给予任何政治权利，使其在政治上的权威丧失殆尽，社会上的声望地位跌落至最低点。对于普通农民来讲，不仅在土地革命的

---

① 中共中央党史资料征集委员会、中央档案馆编《八七会议》，中共党史资料出版社，1986，第86页。
② 《衡山县志》，岳麓书社，1994，第718页。
③ 《建党以来重要文献选编》第4册，第111页。
④ 《中央革命根据地史料选编》下册，江西人民出版社，1983，第310页。

过程中将没收来的财物都散发给了他们，更重要的是他们也在土地革命中分得了土地。"分田后，没有长工了，零工也大幅度减少。"① 与此同时，中共还相继出台了新的劳动政策。从前主要是地主富农雇佣雇工的政策，在土地革命之后没有人再去发展剥削性质的雇佣关系。这样原来意义上的雇农在苏区基本上不存在。实际上，中共的阶级划分，其本质是马克思的社会分层理论，其核心思想就是以财产关系为核心重构乡村社会关系。这样不同的阶级便享受不同的政治经济待遇，被置于预定的乡村权力结构的框架之内。而原来的地主豪绅的权力却因阶级划分和阶级斗争受到了挤压，并最终失去了其在基层社会的权力地位。

苏维埃选举是中共通过基层乡选建立苏维埃政权，实现对基层权力的改造，以便在更大程度上巩固以工农为主体的权力结构体系。1931 年 11 月，中央苏区通过了《地方苏维埃政府的暂行组织条例》。条例规定苏维埃政权一般设乡、区（市）、县、省、中央五级。苏维埃政权采取层级选举方式，以地方苏维埃为基础，自下而上，按级选出代表，组成上一级苏维埃，直到全国苏维埃为止。然后再由最高苏维埃决定政策，发布政令，其政令又按自上而下的方式逐级贯彻执行。这一组织以基层苏维埃为基础，构成一个完整的政权体系。这些法律法规的一个核心思想，首先是从选举制度上来建构基层社会的权力主体结构。即在苏维埃政权结构体制下，只有工人、红军和一切贫苦农民有选举权和被选举权，而军阀、官僚、地主、豪绅、资本家、富农、僧侣及一切剥削人的人和反革命分子是没有选派代表参加政权和政治上自由的权利的。很显然，通过基层选举建立的乡苏维埃政权，吸收工农群众参加政权并管理自己的国家，不仅推翻了先前地主豪绅阶级的统治，建立了工农群众自己的政权，保障了工农群众的政治民主权利，也从根本上改变了旧的阶级关系和政治格局，使得以工农为主体的权力结构成为新政权和新社会的主宰。

抗战时期，中共审时度势将原来的苏维埃选举改为参议会选举，通过参议会制度塑造以农民为主体的权力主体格局，进而实现对乡村权力的改造。1937 年 5 月，中共颁布了《陕甘宁边区议会及行政组织纲要》，由此开始了大规模的议会选举。在此过程中，中共主要是通过以下几个方面来塑

---

① 《毛泽东农村调查文集》，人民出版社，1982，第 226 页。

造乡村权力主体结构的。

第一，在乡村选举中不必机械地照搬"三三制"，确保农民占据多数。对此，李维汉曾给予明确的说明。他指出由于解放区主要在农村，乡参议会实质就是乡人民代表会，乡村的人民主要是农民和其他劳动人民，因此"农民由地主代表，于理不通，于情不合"。所以不宜吸收众多地主阶级的代表参加，而应由农民自己选择他们所信任的能不损害他们的根本利益的人参加。而且从根本上来讲，"乡村的选举运动也包含着阶级斗争"，特别是在新市乡中，具体表现为店员、学徒和老板的斗争，小商人和大商人的斗争，农村中则是农民和地主的斗争。所以即便是在大力开展"三三制"的情况下，也主要反映在边区、县两级政权机构上，而对于乡级则不必机械地实行"三三制"，只照顾党和非党联盟就可以了。因为"三三制"不是一般意义上的党和非党联盟，"而是在我党占优势的情况下各革命阶级包括中间派在内的抗日联盟"。① 这样即便实行了"三三制"模式，但是在乡村社会依然是以农民为主。

第二，通过开展劳模运动树立乡村社会的权威。长期以来，在中国乡村民众的社会意识之中，存在民众等同于牛马的身份认知以及"穷是命里注定""劳动下贱"的宿命论，并在此基础上形成等级制度，即便"其名目现在虽然不用了，但那鬼魂却依然存在，并且，变本加厉，连一个人的身体也有了等差，使手对于足也不免视为下等的异类"。② 抗日政权建立之后，涌现出不少劳动积极分子。于是中共着手在运动中评选先进典型，"并凭借这批骨干去提高中间分子，争取落后分子，必须不断地提拔在斗争中产生的积极分子，来替换原有骨干中相形见绌的分子，或腐化了的分子"。③ 于是抗日根据地开展了大规模的劳模运动。实际上，开展劳动英雄大会的象征意义，就在于它是为"拿锄头的、拿斧头的、拿鞭子的、拿剪刀的所开的劳动英雄大会"，所以它能使得劳动者受到空前的尊重。当他们被看作劳动英雄，或新社会的"状元"时，这种认同可以说"不仅是中国从来没有过的事情，而且是东方各民族从来没有过的事情"。④ 这样，他们在乡村社会

---

① 李维汉：《回忆与研究》，中共党史资料出版社，1986，第517—518 页。
② 《鲁迅文集·序跋文选·集外诗文选》第 7 卷，黑龙江人民出版社，1995，第 144 页。
③ 《毛泽东选集》第 3 卷，人民出版社，1991，第 898 页。
④ 《边区参议会议长在开幕典礼上的讲话》，《解放日报》1943 年 11 月 17 日。

的地位不断提高。一些劳动英雄深有感触地说："在开会期间,毛主席、朱总司令、高司令、贺师长、林、李正副主席和延安各机关的首长,都那么热烈地招待我们,指导我们,和我们握手,请我们吃饭,把我们看得像自家兄弟姊妹一样。我们每个人都实在高兴,实在欢喜。在旧社会里,咱们受苦人是被人看作牛马的,可是现在劳动却变成光荣了。"① 这些荣誉实际上已然成为他们在乡村社会的重要政治资本,使他们成为乡村的"新式权威"人物,并担任了村中行政领导或群众组织领袖,成为乡村政治生活的主角。

第三,通过对基层政府的民主监督来实现乡村农民的权力主体地位。毛泽东指出:"因为我们是为人民服务的,我们如果有缺点,就不怕别人批评指出。不管是什么人,谁向我们指出都行。只要你说得对,我们就改正。"② 他曾在赞扬边区人民批评政府的新鲜事时说:"这是天大的好事!那个老百姓很有觉悟。中国几千年的历史,都是老百姓受官府的气,受当兵的欺负,他们敢怒而不敢言。现在他敢向我们一个分区司令员提意见,敢批评这位'长官',你们看这有多么好!这是多么了不起的变化!"又说:"只有让人民来监督政府,政府才不敢松懈。"③ 应该说在此时期,中共不断地发动民众给基层干部施加压力,而组织起来的基层群众在边区政府的帮助下也拥有了表达自己利益诉求的畅通渠道,于是广大民众在共产党的鼓励下,表现出了浓厚的政治参与意识和兴趣,他们不断地向上级反映自己不满意的那些地方基层官员。面对此情此景,斯诺不无感慨地说:"在全中国,战斗力和劳动力的动员,任何地方没有像第一边区这样的有效,这是显而易见的事实。它究竟怎样做到呢?主要,自然是通过了自治参议会和他们群众组织的独一无二的制度,把全部人口都团结于作战的努力。"④

解放战争时期,以"诉苦"为核心的情感动员和以"翻身"为目的的阶级斗争,在土改运动的浪潮中,再次掀起了乡村社会秩序重构的大幕。1946年5月4日,中共中央发布的《关于土地问题的指示》(史称《五四指示》),可谓中共从抗战时期的减租减息转向新的土地政策的文件。指示指

---

① 《抗日战争时期陕甘宁边区财政经济史料摘编》第1编,陕西人民出版社,1981,第237—238页。

② 《建党以来重要文献选编》第21册,第490页。

③ 《毛泽东年谱》中卷,中央文献出版社,1993,第419页。

④ 〔美〕埃德加·斯诺:《为亚洲而战》,新华出版社,1984,第257页。

出："解决解放区的土地问题是我党目前最基本的历史任务，是目前一切工作的最基本的环节，必须以最大决心和努力，放手发动与领导群众来完成这一历史任务。"并提出"应坚决拥护群众在反奸、清算、减租、减息、退租、退息等斗争中，从地主手中获得土地，实现'耕者有其田'"等十八条原则。①

"诉苦"、土改、"翻身"，对于中国几亿无地和少地的农民来说，"这意味着站起来，打碎地主的枷锁，获得土地、牲畜、农具和房屋。但它的意义远不止此。它还意味着破除迷信，学习科学；意味着扫除文盲，读书识字；意味着不再把妇女视为男人的财产，而建立男女平等关系；意味着废除委派村吏，代之以选举产生的乡村政权机构。总之，它意味着进入一个新世界"。②更重要的是，"诉苦"、土改、"翻身"等形式，在重构乡村社会秩序与重建乡村社会关系的基础上，最终也使得乡村民众对国家形象有了新的认同。

三 授权给农民：乡村建设的必然要求

如果说"把地主权力打下去，把农民权力长上来"是"第一个行动"，那么开展全方位的乡村建设便成为关键的一环。③1940年1月9日，在陕甘宁边区文化协会第一次代表大会上，毛泽东作了一次"从下午一直讲到晚上点起煤气灯"的长篇演讲。④毛泽东这次演讲的内容即是后来为人所熟知的《新民主主义论》。⑤在这一演讲中，毛泽东提出"新民主主义的政治，实质上就是授权给农民"。所谓"授权给农民"，实际上就是从乡村革命到乡村建设逻辑演进的必然要求。

首先，所谓授权给农民，从本质上来看，是中共秉持人民本体论的具

---

① 《刘少奇年谱》下卷，中央文献出版社，1996，第43页。
② 〔美〕韩丁：《翻身——中国一个村庄的革命纪实》，韩倞等译，北京出版社，1980，扉页。
③ 当然这里的层次顺序并非决然分明的，中共在重塑乡村权力的过程中，也在一定范围之内开展了乡村建设，只是改造与建设任务的主次不同而已。
④ 温济泽：《征鸿片羽集》，当代中国出版社，1995，第473页。
⑤ 这篇文章最早是1940年2月15日在延安出版的《中国文化》创刊号上以《新民主主义的政治与新民主主义的文化》为题公开发表。同年2月20日，在延安出版的《解放》周刊第98、99期合刊上登载这篇文章时，将题目改为《新民主主义论》。

体体现。毛泽东曾指出："一切问题的关键在政治，一切政治的关键在民众，不解决要不要民众的问题，什么都无从谈起。要民众，虽危险也有出路；不要民众，一切必然是漆黑一团。"① 毛泽东的这一论述，正是授权给农民的理论基础和具体体现。其次，授权给农民，就是要坦然接受民众的监督与检查。毛泽东曾指出："凡属真正团结一致、联系群众的领导骨干，必须是从群众斗争中逐渐形成，而不是脱离群众斗争所能形成的。"② 因此只有授权给农民，加强群众的监督，才能造就适应革命形势发展的干部。再次，所有的路线、方针、政策在执行之前，不光是领导者知道、干部知道，还要使广大的群众知道，接受群众的检查与检验。"一切为群众的工作都要从群众的需要出发，而不是从任何良好的个人愿望出发。有许多时候，群众在客观上虽然有了某种改革的需要，但在他们的主观上还没有这种觉悟，群众还没有决心，还不愿实行改革，我们就要耐心地等待；直到经过我们的工作，群众的多数有了觉悟，有了决心，自愿实行改革，才去实行这种改革，否则就会脱离群众。凡是需要群众参加的工作，如果没有群众的自觉和自愿，就会流于徒有形式而失败。"③ 归根结底，授权给农民就是乡村民众的政治参与与民主监督。

当然，中共从政治参与的角度提出"授权给农民"这一主张，也是在长期的乡村革命实践中形成的一个结论。美国著名学者莫里斯·迈斯纳对此曾有过精辟的阐释。他指出：

> 在中国革命的历史进程中，如果说大革命时期是认识到了要在政治上和社会上发动农民，那么在江西时期懂得了农民革命的首要前提是红军在军事上的优势以保证农民的安全。因为农民可以为改变他们的生活条件而作出牺牲，但是在他们感到毫无希望而且害怕反革命力量报复的情况下，他们就会畏缩不前。共产党人还认识到，在一个处于最低生活水准的农业社会里，要获得最广泛的群众基础，就不能采取全社会平均主义的激进政策，因为这会威胁到生产水平较高的中农

---

① 《毛泽东文集》第 3 卷，人民出版社，1996，第 202 页。
② 《毛泽东思想年谱》，中央文献出版社，2011，第 350 页。
③ 《建党以来重要文献选编》第 21 册，第 583 页。

的利益，从而无论从政治上看或从经济上看都会阻碍农村生产的发展。共产党人懂得了，意义重大和旷日持久的土地改革是不可能自上而下通过行政命令而强加给农民的，相反，只有通过各村的农民组织和农民的参与才能实现。①

可见，基于长期的革命实践以及对乡村社会的深切认知，中共最终还是在乡村革命的逻辑追寻中找到了突破口，那就是乡村民众的广泛参与。就长远目光而言，唯有乡村民众的广泛参与才有可能实现乡村建设的既定目标，进而才能在全国范围内实现中国革命的历史性巨变；就现实情形而言，中共所处的革命根据地，是一个极端分散的农村环境和战争环境。在如此复杂的情形下开展乡村建设，如果没有广大乡村民众的积极参与，所谓的乡村建设是难以想象的。一如毛泽东所说，"新民主主义的国家，如无巩固的经济做它的基础，如无进步的比较现时发达得多的农业，如无大规模的在全国经济比重上占极大优势的工业以及与此相适应的交通、贸易、金融等事业做它的基础，是不能巩固的"。② 因此根据地的建设"是一个伟大的任务，一个伟大的阶级斗争"。③ 而要完成这一个"伟大的任务"，就必须调动广大民众的积极性开展全方位的乡村建设工作。也正是由于如此，"授权给农民"自然就成为中共开展乡村建设的逻辑基础和实践路径。

应该说在中国革命的发展道路中，延安时期的政治参与无疑是最为成功也最为人们所称道的。下面对延安时期的情况作一分析说明。

第一，对基层政府人员的选举与监督。1939年2月，毛泽东在会见美国记者史沫特莱时说道："中国需要民主，才能坚持抗战。不单需要一个民选的议会，并且需要一个民选的政府。"④ 因此，乡村民众的政治参与首先就表现为对基层政府人员的选举监督。特别是经过大规模的动员之后，乡村社会掀起了广泛的监督批评浪潮。如在延川县召开参议会期间，议员们共向政府及军队提出了1475条意见，内有民事方面的问题482件，刑事问

---

① 〔美〕莫里斯·迈斯纳：《毛泽东的中国及后毛泽东的中国》，杜蒲、李玉玲译，四川人民出版社，1989，第43页。
② 《建党以来重要文献选编》第22册，第176—177页。
③ 《建党以来重要文献选编》第10册，第467页。
④ 《毛泽东思想年谱》，第221页。

题 111 件，另在负担方面有 179 件，对各级政府的有 661 条意见，对军队的有 40 条意见。①最后在选举时，延川全县落选的乡长有 13 个。全县新选乡长 13 人，连任 37 人。全县新选村长 420 人，连选 457 人。全县共落选行政主任 87 人，落选原因多为做事不公、对工作消极、耍私情。②

第二，积极建言献策，着力于乡村建设。乡村民众政治参与最重要的成果，就是在具体实践中提出的一些重要且具有推广价值的议案提案，以推动革命根据地的乡村建设。如新正县第二届第一次参议会共通过 21 件提案：加强兵役制度；调整劳资关系，确保雇主利益；加强回汉团结，帮助回民区政治、经济、文化之发展；加强学校教育，提高人民文化、政治水平；普遍推行新文字以扫除文盲；成立国医研究会，加强卫生保健工作；保护森林，严禁砍伐；禁止贩卖、吸食鸦片；反对顽军进攻边区，保卫新正安全；加强群众武装，开展锄奸保卫工作；加强青年工作；彻底解决土地纠纷；进一步巩固军民团结；拥护边币，平抑物价；发动人民大量运盐，帮助友区度过盐荒；更进一步提高妇女政治、经济、文化地位；加强优抚工作；拥护陕甘宁边区施政纲领；救济难民，保障物质生活；加强经济建设；统一抗战动员，减轻人民不必要的负担等。③就提案数量而言，每次参议会少则十几件，多则几百件都有。如 1946 年 1 月在佳县召开的第二届县参议会上，出席议员为 62 名，但收到提案竟达到 888 件。④ 由此足见参议员和民众对提案的重视程度。

第三，积极发动群众中的积极分子，为乡村建设贡献力量。正所谓："全国人民都要有人身自由的权利，参与政治的权利和保护财产的权利。全国人民都要有说话的机会，都要有衣穿，有饭吃，有事做，有书读，总之是要各得其所。"⑤ 在这一方针的指引下，乡村社会中的积极分子立即行动起来。如淳耀县房文礼老先生，就是积极为群众服务的典型。在柳林区一乡有一条沟，从前是水田，后来被水冲坏，多年无人去管。但是在房老先

---

① 《延川县志》，陕西人民出版社，1999，第 808 页。意见条数总数应为 1473。
② 《延川县志》，第 808 页。
③ 中国人民政治协商会议正宁县委员会编印《正宁文史资料选辑》第 1 辑，1997，第 81—82 页。
④ 《佳县志》，陕西旅游出版社，2008，第 610 页。
⑤ 《毛泽东选集》第 3 卷，第 808 页。

生的领导下，群众修起了一条大水堤。因之，三百余亩的水浇地成功了。柳林镇上的民教馆房子，也是老先生亲自领导修建起来的。[1] 很显然，此时的民众都是用一种新的眼光来看待这个政权，用一种新的态度来对待劳动。靖边县一个曾经流浪在安定、宁夏、洛川等地的小商贩田宝霖，"踏上了一条新道路，为建设新民主主义的新靖边而工作了"。特别是当他的忙碌受到人们的认可，"一下便吃开了。他又被选为模范工作者，他出席劳动英雄大会，政府送了匾给他，老百姓也慰劳他"。[2]

很显然，革命根据地的民众在"授权给农民"这一制度之下，被广泛地动员起来。一些关注延安的国统区人士也指出："对边区怀着好感的人，常说边区是'动员的模范'，人们总以为这样说的人，是过分地夸张了。我先前也是这样感觉着的。但我到这里参观了一个时期之后，觉得有许多地方确是可以作为我们的模范的。平心而论，虽然全国都已动员起来了，但我们仍没有见过别的地方像边区这样整个的浴血抗战动员的气氛。"[3] 被动员起来的农民，则在政治、经济、文化、社会等各个方面积极投入自己的全部热情，参与到这一场全方位的乡村建设运动热潮中。

四　结论与思考

"授权给农民"，是以毛泽东为代表的中国共产党人，在长期的逻辑追寻与革命实践中逐渐形成的一个重要结论。如果说乡村革命运动是中共以乡村为民主革命的舞台，通过乡村秩序的重构与乡村关系的重建，激起了乡村中国千年秩序的大变动，那么授权给农民则是从根本上抉破了传统中国固有的结构性平衡，扭转了乡村中国千年传统的运行轨迹。其中政治参与又在此过程中起着举足轻重的作用。一如罗斯·特里尔所说："延安精神的秘密就是参与"，因为"在中国以前的历史上，还没有实行过普遍投票的选举"。虽然延安"这些措施并不等同于西方的民主——尽管在政府机构的选举中有时共产党员得票最多——但它改变了西北的群众心理"。普通老百

---

① 《"老区长"——介绍房参议员文礼》，《解放日报》1944年12月9日。
② 丁玲：《延安集》，人民文学出版社，1954，第56—57页。
③ 林雨：《陕北边区一瞥》，《新学识》第12期，1937年，第403页。

姓称之为"我们的政府",这是从未有过的新鲜事。"毛从根本上改变了中国人对其统治者的态度。每一个男人、女人和孩子都有一种集体责任感。一种民主意识似已存在。"① 罗斯·特里尔的论述,可谓对中国革命发展道路的历史奥秘与客观逻辑的深刻洞见。

但是,战争时代的革命与授权以及在此基础上的政治参与,显然也存在着一些局限。民众在政治参与中虽然可以检查和批评政府工作,但是并没有从制度上进一步保证如何向上级政府表达自己所关心的问题或意见主张。一些乡代表会、村民大会,虽然运用民主比较纯熟,但亦只是完成动员工作,民众自动提出意见改进本乡各种建设者还少。张闻天在神府县调查时就发现:"政府对群众,切身问题关心的很差。群众有很多话还不敢说,不肯说。因此对民主的兴趣不大。过去改造还是形式的。"乡代表会议,尽管基本上是代表群众利益,但是"完全代表还不一定。即使好的法令,也还需要群众自己推动去实行。公民大会代表全体人民利益还只是理想,是奋斗目标,实际一下子还做不到"。② 关于这种现象,王国斌先生评价说:"这种地方层次的参与并不包括任何制度上的设计,能让农民越过地方的党干部向更高层次的政府表达其所关心的问题。"③ 不仅如此,在乡村建设方面也有着浓重的政治化色彩。一些从事乡村教育的人士在谈及乡村教育的时候不无抱怨地说道:"要学生参加抗战活动和政治活动。这是很好的,而且也是必要的。但是我们在这方面却有了偏向,那就是'太政治化'了。所谓'太政治化',不是别的什么东西,实际上就是一种教条主义的政治教育,只是教学生学习一大堆抽象的政治名词和空洞的政治口号,而不注意或几乎不注意群众生活所需要的应会知识,做一个现代公民应具备的常识。"④

革命与理想的交织,描绘出乡村中国绚丽多姿的革命画卷;战争与动员的对接,凸显着乡村中国时隐时现的历史残留。乡村建设与民主运动曾紧密地结合在一起,激荡起乡村中国的层层波澜,在乡村建设的发展道路中,仍需要更多的探索与实践。

---

① 〔美〕罗斯·特里尔:《毛泽东传》,胡为雄、郑玉臣译,中国人民大学出版社,2006,第194页。
② 张培森主编《张闻天年谱》(下),中共党史出版社,2000,第671、687页。
③ 王国斌:《转变的中国——历史变迁与欧洲经验的局限》,江苏人民出版社,1998,第231页。
④ 辽宁省教育厅编印《文教新方向》第1辑,1946,第5页。

沂蒙抗日根据地的村政改造[*]

苑朋欣[**]

沂蒙抗日根据地为抗战时期山东党政军领导机关所在地，由鲁中、鲁南、滨海三大战略区组成，是山东抗日根据地的战略中心。以沂蒙抗日根据地为中心的村政改造的研究，不惟对认识沂蒙乃至山东抗日根据地的村政改造有一定意义，还能为我们了解中共在抗战时期的村政改造提供一个特别窗口。

一 村政改造的历史背景

在中国传统乡村社会，国家较为健全和正规的政权系统的设置一般只延伸到县一级，乡村士绅为县以下乡村社会的主导性力量。到民国年间，情况发生了一些变化。一方面，县级以下乃至村落的行政体系都得到了不同程度的强化。如在 1928 年，国民政府在县以下设置区的行政编制，区有区公所，设区长和区监察委员会。区下为村，村有村公所，设村里长和村监察委员会，村下为闾，设闾长，闾下为邻，设邻长。由村里长直接管理村庄事务。韩复榘主政山东时期，在县以下区、村间又增设乡（镇）级行政组织，即区下为乡（镇），乡（镇）下为村。1933 年，又在山东推行保甲制，规定："保甲的编组，以户为单位，户设户长，十户为甲，设甲长。

---

* 本文为教育部人文社科研究一般项目"华北抗日根据地乡村政权建设研究"（18YJA770023）、临沂大学哲学社会科学发展项目"山东抗日根据地群众工作史研究"（15LUZS10）阶段性成果。
** 苑朋欣（1965— ），山东临沂人，历史学博士，临沂大学马克思主义学院教授，主要从事晚清农业史、中共党史研究。

十甲为保，设保长。"① 保长为一村之长，保甲长人选规定为"推选"，但因
"无恒产者"不得推选为保甲长，所以村落行政权力只能由所在村地主、富
农及富裕中农充任。保甲制的推行，加大了国民党政权向社会基层扩张和
渗透的力度，也强化了对乡村的社会控制。另一方面，随着科举废、军阀
兴，一向把持乡村政权的士绅不是从村中"引退"，便是向城市流动，乡绅
阶层失去了最基本的力量补充，传统士绅衰败。在国家政权的渗入和乡绅
衰落这两个方面的相互影响下，乡村基层政治权力的归属处于过渡状态。
这给地方上的劣绅和恶霸以可乘之机，乡村基层政权渐渐落入劣绅、恶霸、
痞子一类边缘人物手中。

沂蒙地区的乡村政权也经历了这一变化。所以，从社会成分上看，"农
村村政人员大多是地痞流氓和游民青皮一类的人物"，"真正忠诚老实的农
民很少，有也是不掌实权，给人做遮人耳目的幌子"。② 抗战爆发后，国民
党政权加委的基层政权负责人，也多为地主、豪绅，而一些不愿抛头露面
的地主、豪绅则将村公职转到地痞流氓身上，由他们在背后牵线，乡村政
权仍由封建势力掌控。在沂蒙抗日根据地，尽管国民党县区以上政权在韩
复榘逃离山东和日军大"扫荡"中纷纷垮台，但由国民党政权加委的保甲
长还在，乡村政权仍然掌握在他们手里。中共鲁南区委调查显示，鲁南地
区的地主、豪绅"往往是该村的统治者或者是一片的统治者"，"同时一般
其本身是兼恶霸乡保长等"，"有的直接进行统治，有的会使其爪牙（狗腿
子）统治，而自作后台"。③ 在滨海新收复区，则"存在着一种普遍现象，
即多数村长是地主的'狗腿子'，少数是挨户轮流的临时村长"。④这些村庄
统治者大都社会经验丰富，他们能说会道，善于投机钻营，其充任村公职
是为了追求私利，因此往往滥用职权，蹂躏村庄。第一，他们一般都有相
当程度的贪污行为。例如，临沭县挂剑区后城村村长宋怀印，"贪污公粮
2800 余斤，田赋 480 元"。⑤ 1943 年，滨海区"赣榆村长训练班 180 人中，

① "山东省地方政权沿革丛书"编纂委员会编《山东省历届政府施政》，新华出版社，1993，第 86 页。
② 唐致卿：《近代山东农村社会经济研究》，人民出版社，2004，第 62 页。
③ 山东省档案馆、中共山东省委党史研究室编《山东的减租减息》，中共党史出版社，1994，第 336、340 页。
④ 崔介：《拾遗集》，内部资料，1994，第 206 页。
⑤ 《滨海群众反贪污斗争续有廿余起》，《大众日报》1942 年 8 月 25 日，第 1 版。

没有一个没有贪污过"。① 第二，地方费乱筹乱用，造成村财政紊乱。在抗日根据地，虽然民主政府强调统收统支，但各村在教育经费、村经费、自卫团经费及招待费等项上依然自行其是。村款的筹集与支用，形成了筹集无范围、摊派无标准、开支无限制、收支无账目的混乱局面。往往村长一人在村中实行家长式统治，随心所欲地筹集和开支村款。例如，在赣榆县谷阳区某村，1942 年政府征收夏粮 3 万斤，村里竟附加 9000 斤作村中开支。② 村财政的紊乱，是造成群众负担重的原因之一。第三，他们横行乡里、欺压百姓。例如，费县×区盛×庄庄长宋金发，仗势欺压乡民，"一般民众均敢怒而不敢言"。③ 中共鲁南区委就曾指出：鲁南区乡村的"这些统治者往往是依势欺人，或者与一片的封建势力结合及以伪顽的势力欺人"。④ 第四，遇事应付，对政府法令阳奉阴违。如在一些村庄，"减租减息法令公布了，他们当作耳旁风"。公平合理负担政策一到村就变了样，他们还是按地亩摊派。像沂临边联县的×村村长不执行公平负担，专向穷人征粮。×村村长李某，1941 年"政府推行合理负担时，他却阳奉阴违对富户黑地隐瞒，村中负担不但是摊派，而且是私派"。临沭县蛟龙区有一些村庄根本没有实行合理负担。⑤ 第五，一些村公职人员甚至勾结敌人，破坏抗战。如海陵县罗庄村长高先珠"见敌人修据点，以为八路军不行了，便混水摸鱼，强迫群众修碉堡"。⑥沂临边联县的×村村长暗中破坏村内的农救会、妇救会。不优待抗属，反而压迫抗属。"当八路军在孙祖和鬼子打仗的时候，他劝别人不要去帮助，并且自己暗地逃走。"⑦ 沂南县在 1941 年日军大"扫荡"中，个别村公职人员竟"把抗日工作人员和抗日的资财无耻地献给敌寇"。⑧ 1940年 11 月，山东省战工会秘书长陈明就曾尖锐地指出："成份最坏，教育最差"的就在乡村政权，"而一切政令行不通的也就在乡村政权，贪污浪费腐

① 山东省财政科学研究所、山东省档案馆编《山东革命根据地财政史料选编》第 2 辑，内部资料，1985，第 118 页。
② 参见崔介《拾遗集》，第 392—393 页。
③ 《费县×区民众发动反贪污庄长斗争》，《大众日报》1941 年 1 月 13 日，第 4 版。
④ 《山东的减租减息》，第 340 页。
⑤ 参见《蛟龙区群众用自己的手罢免了贪污庄长》，《大众日报》1942 年 6 月 16 日，第 1 版。
⑥ 崔介：《拾遗集》，第 207 页。
⑦ 《公审坏村长》，《大众日报》1940 年 4 月 25 日，第 4 版。
⑧ 山东省档案馆、山东社会科学院历史研究所编《山东革命历史档案资料选编》第 10 辑，山东人民出版社，1983，第 242 页。

化最严重、最多的，也就在乡村政权"。①

村政权是抗日民主政权中最接近群众的基础组织。上级政权的一切法令政策依靠它去实现，同时它又是直接反映民意的机关，是直接关联群众利害的政权。健全村政权是政权建设的基本问题。只有推翻封建势力在农村的统治，改变地主、豪绅、地痞、流氓把持村政的现状，真正建立起以贫苦农民为主体的村一级抗日民主政权，上级民主政权的进步法令才能不受阻碍地推行，人民群众的切身利益才能得到维护。唯有如此，中共才能在艰苦的抗日战争中，赢得农民群众的支持，完成民族解放的任务。

二 村政改造的发展过程

沂蒙抗日根据地的村政改造，具有明显的阶段性特点。它随着抗战形势的变化及根据地各级党组织对其认识的不断提高而逐步发展和深入，从抗战初期还没有把它当作群众运动的主要工作，到抗战后期深入展开，经历了一个复杂、曲折的过程。依据其特点，大体可分为如下几个阶段。

（一）"初步的粗草的改造"

1937 年 12 月，日军侵入沂蒙山区，到 1939 年 5 月，占领了沂蒙地区的所有县城和重要交通线。沂蒙地区国民党县级政权纷纷溃散，区乡级政权也不能执行抗日任务。在一个相当长的时期，沂蒙广大地区陷于无政府状态。在这亡国灭种的紧要关头，中共沂蒙地方组织响应中共北方局"脱下长衫，到游击队里去"的号召，全力投入发动群众、组建抗日武装、开展游击战争的斗争中。1939 年夏，中共沂蒙地方组织遵照中共中央和中共山东分局的指示，在反"扫荡"、反摩擦的艰苦斗争中，开始了抗日民主政权的创建工作，一批县区级民主政权在沂蒙根据地建立起来，如到 1940 年夏，仅县级政权鲁中就建立了 10 个，滨海 2 个，鲁南 8 个。当时根据地的情况是，"县、区两级民主政权虽然建立起来了，但村政权仍然为封建势力所控

---

① 山东省档案馆、山东社会科学院历史研究所编《山东革命历史档案资料选编》第 6 辑，山东人民出版社，1982，第 49 页。

制"。① 这些统治乡村的旧势力，"其政治态度是观望的，敌人的势力一到，便变为'维持'，变为'付粮纳草'的顺民政权"。由于沂蒙地区的党组织把主要精力放在了县区政权建设上，"这时还是没有顾到村政改造的，也还不暇顾到村政改造"。②

县区民主政权建立之后，"抗战民主的事业提高了一步，但如要这事业与广大群众密切联系起来，则必须搞好村政，搞不好村政，抗战民主是没有巩固基础的"。③ 也就是基于这一认识，1940 年 6 月 8 日，中共山东分局作出《关于政权问题的新决定》，提出："村、乡政权应全部改选，尽量提拔工农分子及妇女担任村、乡、区长，防止富农、豪绅把持。"④ 这表明山东的党组织已经认识到村政权改造的重要性，但这时仍没出台村政建设相关办法。1940 年 9 月，山东省第一次行政会议决定重新划分行政区域，并划小县、区、乡，确定县、区、乡、村实行普选。接着，山东省战工会秘书长陈明在全省行政会议上作了《山东抗日民主政权目前的中心工作》的报告，指出：改造与教育乡村政权干部，"是今天政权的最中心工作"，要求未改选的村立即加以全部改选，改选过了的亦应加以审查，并且提出"这个工作要在四个月内完成"。⑤ 此后，沂蒙根据地战略区党委和各级干部通过学习上级相关决定、指示，明确了工作任务，村政改造工作开始在沂蒙中心根据地逐步开展起来。但由于当时残酷的战争形势，加之沂蒙地区的一些党组织对其重要性认识不足，村政改造仅在群众基础较好的少数地区进行，"四个月内完成"改造的任务自然没能实现。

1941 年 7 月 4 日，中共山东分局提出《抗战第五年的山东十项建设运动》，号召在区村实行自下而上的普遍的民主选举。7 月 7 日，山东省战工会发出《关于响应中共山东分局建设山东抗日根据地十项建设运动号召的决定》，对村政改造提出了具体实施办法，并要求各地"未经选举的进行选

---

① 中共临沂地委党史资料征集委员会编《政权建设的创举》，山东人民出版社，1990，第 88 页。
② 山东省行政工作会议：《民主组村政总结》（1944 年），山东省档案馆藏，档案号：G004 - 01 - 0026 - 001。
③ 山东省档案馆、山东社会科学院历史研究所编《山东革命历史档案资料选编》第 13 辑，山东人民出版社，1983，第 340 页。
④ 山东省档案馆、山东社会科学院历史研究所编《山东革命历史档案资料选编》第 4 辑，山东人民出版社，1982，第 323 页。
⑤ 《山东革命历史档案资料选编》第 6 辑，第 49 页。

举，选举了已到期的实行改选，过去选举了不合选举工作要求的实行再选"，[1] 还提出要进行村长轮流普训，无论已改选、未改选的村长和副村长一律要轮流受训半个月至一个月。根据中共山东分局和省战工会指示，沂蒙抗日根据地又连续开展了近三个月的村政改造工作。改造的方式，一般是先在村中发现积极分子，然后在群众中动员，通过民选产生新的村政负责人。然而，因为当时沂蒙地区的党组织还"没有把民主任务、民主工作及早贯彻到村"，"主观努力不够，又已开始处在频繁的反'扫荡'战斗中"，再加上"推行时间不长，推行范围不大"，"所以效果是不大的，村政权基本上还是操纵在上层少数人手里，没起到民主实质上的变化，基本群众还没有参加村政权"。[2]

1941 年 10 月 12 日，山东省战工会制定《关于村政组织与工作的新决定》，决定取消乡，由区公所直接领导村庄。确定村为政权的基层组织，取消旧的保甲制，修正闾邻制，实行行政村制，以村民大会和村民代表会议，为村政权之最高权力机关。[3] 接着编发《村政工作讲授提纲草案》，内容涉及村公所的设置、行政村的划分、闾邻制的修改、村政组织的设置、村政选举的原则和方式等。[4] 以上决定和提纲下发后，沂蒙地区的各级党组织明确了指导思想和任务目标，各级党委政府根据上级要求，提出了"一切工作在于村"的工作思路。在各县区民主政府的推动下，先后成立了县区选举委员会，各县还组织选举工作队，轮流到各区村去协助工作，再加上各县政府和区公所的推动和帮助，根据地的村政改造工作取得了一些成绩。如鲁中到 1941 年底把中心根据地村庄全部改造过了，有的甚至改造过两三次。鲁南 1941 年底、1942 年初亦有不少的改造。[5] 滨海区到 1942 年 4 月已完成 81 个行政村的村选工作。[6]

---

① 山东省档案馆、山东社会科学院历史研究所编《山东革命历史档案资料选编》第 7 辑，山东人民出版社，1983，第 165、166 页。

② 山东省行政工作会议：《民主组政总结》（1944 年），山东省档案馆藏，档案号：G004 - 01 - 0026 - 001。

③ 参见山东省战时工作推行委员会《关于村政组织与工作新决定》（1941 年 10 月 12 日），山东省档案馆藏，档案号：G004 - 01 - 0002 - 006。

④ 参见山东省战时工作推行委员会《村政工作讲授提纲草案》（1941 年 10 月），山东省档案馆藏，档案号：G004 - 01 - 0002 - 007。

⑤ 参见《山东革命历史档案资料选编》第 10 辑，第 241 页。

⑥ 参见《滨海区的村选工作》，《大众日报》1942 年 4 月 22 日，第 2 版。

　　当然，当时的村政改造还存在很多问题。如有些主持村选的干部"对民主内容和实质掌握不够"，"工作马虎潦草"，[①]动员选举时甚至存在违反民主、强迫命令的行为，以致不少地方村选有名无实。例如，某同志在沭水县板泉崖区某村主持村选时，因为没做深入的政治动员，担心选民们不到会，于是，在各街各巷派人站岗，"命令村民进入会场开会，又没有布置，主席和候选人都默不作声，某同志只好一人包办会场，从中国社会性质讲起，讲了一大套，一直到会场中群众和选民们听不入耳大半已经跑光了，这才马马虎虎地发了票"。[②]滨海某县选举村长，"干部布置选一工人，结果选了个老头子，干部竟异想天开，宣布有胡子的不要，推翻了大家的意见"。[③]再就是，不少地方经过宣传动员，群众只表面上"知道各级政权要人民选举，但他实际没有体会过民主的好处，故绝大多数群众对民主没有什么认识，对选举也是应付公事"。[④]尤其是，各地大都没能把人民的民主利益与经济利益等问题密切联系起来，出现了"与群众的切身利害脱离——为民主而民主，为改造村政而改造村政"的现象。如鲁中有的地方村选时，正值春荒，而动员选举者却不能和农民吃饭这一迫切的要求联系起来，以致群众说"肠子饿得贴着脊梁骨了，再民主就要断了"。[⑤]脱离群众的实际需要、切身利害，"单纯为改造村政而去改造村政"，在当时沂蒙抗日根据地还是普遍存在的。

　　总的来说，这一阶段，客观上由于"蚕食""扫荡"的残酷频繁，主观上由于一些党组织村政改造经验不足，没能把人民的民主利益与其他利益联系起来，同时又对民主内容和实质掌握不够，村政改造中还存在着比较严重的形式主义。所以，这一阶段的村政改造"只是初步的粗草的改造"，[⑥]就是成绩做得好一些的地区，"也还是效果与努力不相称"，"大多数基层政权还没有掌握在基本群众手里"，"不少封建上层分子都经过选举的形式取

---

① 滨海专署：《滨海区政权工作总结》（1942年12月），临沂市档案馆藏，档案号：0004-01-0043-001。
② 《滨海区的村选工作》，《大众日报》1942年4月22日，第2版。
③ 《山东革命历史档案资料选编》第10辑，第293页。
④ 滨海专署：《滨海区政权工作总结》（1942年12月），临沂市档案馆藏，档案号：0004-01-0043-001。
⑤ 《山东革命历史档案资料选编》第10辑，第293页。
⑥ 《山东革命历史档案资料选编》第13辑，第10页。

得合法地位继续统治，或运用一些听自己支配的流氓爪牙，通过选举的形式来统治群众"。①

（二）"走入多种多样的与群众实际利益和要求相联系的斗争方式"

1942 年春，刘少奇来山东指导工作。5 月 4 日，在刘少奇的帮助下，中共山东分局着重检查总结了抗战以来由于没能足够重视减租减息工作，山东根据地基本群众没有发动起来，影响到其他工作也不能深入开展等问题。根据刘少奇的指示，山东分局作出《关于减租减息改善雇工待遇开展群众运动的决定》，确立将减租减息发动群众作为一切工作的中心。在刘少奇、山东分局的领导推动下，减租减息运动在沂蒙抗日根据地轰轰烈烈开展起来。"有了群众的减租减息运动，从群众的切身利害启发了群众的自觉，提高了群众的觉悟，群众才真正以自觉的政治力量参加村政权。"② 在减租减息运动中，群众民主斗争的热情十分高涨，这就大大推动了村级政权建设。据不完全统计，至 1942 年底，鲁中共计改选村庄 608 村，占总数的 7.5%，滨海共计改选村庄 772 村，占总数的 9.5%。如不计游击区，基本区改造过的占总数的 80% 以上。"虽然这些改造，还是有很多毛病的，有的还不够彻底，但与过去封建的统治是有了很大的区别。"③

这一阶段，各地大都自上而下地建立了由党政军民及士绅名流组成的选委会，领导选举工作，制定了标语口号。"莒县还自印了好多宣传品，还有入场证选票等，制定了扩大民主实施方案大纲，及选举工作宣传大纲，""并确定群众基础好的地方实行普选，差的地方实行代表选。"④ 在宣传动员上，"一般的都是开村民大会，士绅名流座谈会，还有些村子召开群众团体会议，并村级干部会议等，还制订了村选步骤"。如在滨海区，"村选时每村按工农青妇划分公民小组，打破以户为单位的界限，15 人以上为一组，每组选组长一人负责"，"由区选委会提二分之一候选名单，村民大会再提

---

① 山东省行政工作会议：《民主组村政总结》（1944 年），山东省档案馆藏，档案号：G004 - 01 - 0026 - 001。

② 山东省行政工作会议：《民主组村政总结》（1944 年），山东省档案馆藏，档案号：G004 - 01 - 0026 - 001。

③ 《山东革命历史档案资料选编》第 10 辑，第 240—241 页。

④ 滨海专著：《滨海区政权工作总结》（1942 年 12 月），临沂市档案馆藏，档案号：0004 - 01 - 0043 - 001。

二分之一"，"个别文化程度高的村庄用票选，一般都用口票选（公民秘密用口选为票，人替写）"，"还有香头点名（把香烧着，赞成谁，在谁名字上烧一孔）、豆选方式"。① 各县的干部也都主动到区去帮助工作，"莒南、临沭、赣榆、沭水等县政府并能走一村做一村，各县也能按步骤耐心深入地去调查研究、开会改选"。② 在选举过程中也创造了一些好的办法，如莒县在群众基础好的地方"不提候选人名单，而由公民自己提，结果选的很好"，"大部分群众认为选了坏人对自己不利"，认识到"非选好庄长不能为自己谋利益"。③

值得注意的是，在改造村政过程中，按照上级要求，沂蒙抗日根据地这一阶段"逐渐打破了过去的形式主义、为村选而村选的老一套办法，而走入多种多样的与群众实际利益和要求相联系的斗争方式"。④ 主要"结合反贪污斗争、结合减租减息增资运动、结合整理自卫团民兵的斗争、结合文化运动进行村政的改造"。如 1942 年 8 月间的"一周内，赣榆朱孟区、吴山区、玉河区，莒县相地区、仕沟区、延边区、良店区，海陵、沭水、临沭等县群众反贪污改造村政权斗争，陆续发生 20 余起"。⑤ 到 1942 年底，临沭县从减租减息增资运动中改造村政的即有 17 个村。其他如从整理自卫团民兵的斗争中，从文化运动中，"都创造出很多改造村政的新鲜方式"。⑥ 尤其是减租减息运动深入发动后，沂蒙抗日根据地的村政改造进入了一个新的历史阶段。

为使村政改造工作更加普遍深入地开展，1943 年 11 月，中共山东分局发出《关于今冬明春民主工作的指示》，提出："村政权的改造，是今天根据地内民主建设的最基本的一环，也是农村中党的支部的主要工作，应与反贪污的斗争、群众组织的整理、村支部的改造、减租留顾〔雇〕、冬学、

① 滨海专署：《滨海区政权工作总结》（1942 年 12 月），临沂市档案馆藏，档案号：0004-01-0043-001。
② 滨海专署：《滨海区政权工作总结》（1942 年 12 月），临沂市档案馆藏，档案号：0004-01-0043-001。
③ 滨海专署：《滨海区政权工作总结》（1942 年 12 月），临沂市档案馆藏，档案号：0004-01-0043-001。
④ 《山东革命历史档案资料选编》第 10 辑，第 244 页。
⑤ 《滨海群众反贪污斗争续有廿余起》，《大众日报》1942 年 8 月 25 日，第 1 版。
⑥ 《山东革命历史档案资料选编》第 10 辑，第 244 页。

生产运动同时配合进行。"① 1944 年 4 月又发出《关于开展民主运动的决定》，要求全省各地把村政权的改造当作经常性的任务，开展普遍深入的民主运动，并特别要求各地"应该注意将这个民主运动和根据地的生产、查减运动和边沿游击区对敌斗争紧密地结合起来"。② 这些指示和决定，进一步推动了沂蒙抗日根据地的村政改造。到 1944 年 6 月，滨海区 3509 村中，民主村已有 1241 村，占 35%；形式中间村 1056 村，占 30%；封建村 1212 村，占 35%。鲁中区自然村 1394 村中，民主村 319 村，占 23%；形式中间村 785 村，占 56%；封建村 290 村，占 21%。行政村 578 村中，民主村 223 村，占 39%；形式中间村 272 村，占 47%；封建村 83 村，占 14%。鲁南有村政委员会的村 295 村，占 10%。③ 通过民主改造的村，"便于特务和旧势力统治的保甲制全部取消了，部分地废除了便于封建统治的旧闾邻制，初步实行了民主集中制，开始建立了有些集体领导科学分工味道的村政委员会，在村里出现了历史上从来未有过的民主制度、民主形式"。④ 在民主改造村政的同时，根据地还注意利用农闲与日军"扫荡"前的空隙，用训练班的方式，训练、教育新选的村干部，进一步提高村级干部质量。

当然，沂蒙根据地的村政改造这一阶段虽然取得了一些成绩，但也存在着一些问题。如个别地方对村选工作不重视，宣传不够深入，致使一些群众认为，"选举是士绅名流的事，咱们穷老百姓不需要参加，咱们瞎汉，什么也不知道，老实当庄户就够了"；⑤ 还有像赣榆门河区，民政助理员在××村登记公民时，"他说 18 岁至 45 岁才有公民资格，其余皆无公民权利，

---

① 山东省档案馆、山东社会科学院历史研究所编《山东革命历史档案资料选编》第 11 辑，山东人民出版社，1983，第 171 页。

② 《山东革命历史档案资料选编》第 11 辑，第 394 页。

③ 1944 年 12 月，山东省第二次行政会议《民主组村政总结》中指出："民主村"即村政民选中基本群众占优势的村庄；"形式中间村"即只具民主形式，实际政治情况杂乱，封建旧统治势力有形无形地还起着支配作用的村庄；"封建村"为封建势力直接把持操纵的村庄。参见山东省行政工作会议《民主组村政总结》（1944 年），山东省档案馆藏，档案号：G004 - 01 - 0026 - 001。

④ 山东省行政工作会议：《民主组村政总结》（1944 年），山东省档案馆藏，档案号：G004 - 01 - 0026 - 001。

⑤ 滨海专署：《滨海区政权工作总结》（1942 年 12 月），临沂市档案馆藏，档案号：0004 - 01 - 0043 - 001。

老百姓当时就有些恐慌，误认为抽壮丁"；[1] 在莒县李家宅子，"妇女参加村选会，在会上争起负担份数来，她们都认为是办合理负担"。[2] 也有的村庄选举后，代表会、行政委员不起作用，把工作都推到庄长一人身上，"一些粮食柴草支差问题，都找庄长，而庄长派别人不动，只好自己干，结果不但庄长忙不了，东奔西跑，而且还做不到什么成绩，威信也不够，有时还打庄长"，"故群众个别的有这样反应，当庄长是罪人，在选时政府又不叫选坏人，好人当庄长挨打受罪，真是好人干不了，坏人干不上"。[3] 尤其是，这一阶段的村政改造，尽管已经注意到把人民的民主利益与其他利益联系起来，但基本上还是采取了和平改造方式。没有在群众运动中开展激烈的反封建斗争，而是单纯地由政府命令，自上而下进行，而且区域上又主要集中在老根据地，因之，改造不够彻底，"仅是部分的改造"。就整个沂蒙地区来看，"村政由封建势力把持操纵或有形无形支配的，事实上还超过半数。换句话说，就是封建势力在村政中还占着优势，削弱封建势力的任务还没有完成"。[4] 所以，必须深入发动群众，采取自下而上的群众运动的形式，才能彻底改造村政。

（三）发动群众进行激烈的反封建斗争，实现村政的彻底改造

1944 年 6 月以后，在沂蒙根据地的抗战形势已根本好转的形势下，沂蒙军民连续对敌发动了大规模的战役攻势。随着军事上不断取得胜利，抗日根据地不断地恢复和扩大。然而整个沂蒙地区的村政改造工作，还远远跟不上形势的发展，封建势力把持政权或有形无形支配政权的现象并没有根本改变。在封建势力占优势的情况下，彻底地改造村政，必须从群众运动做起，"群众动不起来的村政，改造必定是不彻底、不巩固的"，[5] 而"启

---

① 滨海专署：《滨海区政权工作总结》（1942 年 12 月），临沂市档案馆藏，档案号：0004 - 01 - 0043 - 001。

② 滨海专署：《滨海区政权工作总结》（1942 年 12 月），临沂市档案馆藏，档案号：0004 - 01 - 0043 - 001。

③ 滨海专署：《滨海区政权工作总结》（1942 年 12 月），临沂市档案馆藏，档案号：0004 - 01 - 0043 - 001。

④ 山东省行政工作会议：《民主组村政总结》（1944 年），山东省档案馆藏，档案号：G004 - 01 - 0026 - 001。

⑤ 《山东的减租减息》，第 197 页。

发群众运动的中心一环"就是满足农民的切身利益、迫切要求。然而农民这些切身利益、迫切要求"不是能够和平得来的，必须经过激烈的反封建斗争"。"不知道不打烂封建势力牢固的囚笼，广大人民没有摆脱他们身上的羁绊，便不可能建设新民主主义的政治。"① 因此，只有形成普遍的真正的群众运动，在群众反封建斗争中彻底推翻封建势力在农村的统治，才能真正完成村政改造的任务。

在这种形势下，1944 年 7 月，中共山东分局发出《关于七八九十月群众工作的补充指示》，强调要在群众运动中，进行反贪污、反恶霸、反黑地等一切足以发动群众的斗争。为了推动群众运动的发展，8 月 10 日，山东省政委会发布《关于查减工作的训令》，指出："群众不真正起来，民主政治是不可能彻底实现的，村政是不可能彻底改造的。"要求："那些仍旧或明或暗把持在封建势力手中的政权，必须在群众运动中取消，改造成基本群众为主的民主政权。那些既经过初步改造，但官僚主义又在滋长，或贪污腐化，或打骂压迫群众〔者〕，应在群众斗争中教育他或撤换他。那些已经改造得较好的村政，应在群众斗争中更多采纳群众的意见，进一步建设村政工作。"② 1944 年冬山东省第二次行政会议召开，会议提出，"真正彻底地改造村政，必须从群众运动做起"，并指出今后村政改造工作的总目标是"使根据地的全部村庄做到真正具有民主实质，民主精神，干部能有民主作风，人民能运用民主制度，过民主生活。使成为抗战、民主、生产、教育的基层堡垒，在敌人任何'扫荡'与摧残之下，在顽固反动势力任何造谣破坏之下，都能支持抗战，进行群众性的游击战争，并成为新民主主义政治建设的基础"。③ 1945 年 4 月 23 日，中共山东分局发出《关于开展民主运动的决定》，提出要"在此次民主运动中使村政中的基本群众占优势"。5 月 1 日，山东省政委会又发布《关于开展民主运动的训令》，要求通过民主改造，力求根据地大部分村庄"均能为抗日民主的坚固战斗堡垒"。根据中共山东分局、省政委会的指示，各地以县为单位，订出改造计划，并放

① 山东省档案馆、山东社会科学院历史研究所编《山东革命历史档案资料选编》第 14 辑，山东人民出版社，1984，第 105 页。
② 《山东的减租减息》，第 195、197 页。
③ 山东省行政工作会议：《民主组村政总结》（1944 年），山东省档案馆藏，档案号：G004 - 01 - 0026 - 001。

手大胆地发动群众，开展了轰轰烈烈的反封建斗争。鲁南、滨海还从思想教育入手，启发广大农民的阶级觉悟，打消他们的各种思想顾虑，树立斗争必胜的信心。在中共山东分局和省政委会的领导下，沂蒙抗日根据地这一阶段的群众斗争，比起前两个阶段，群众发动得更广泛、充分，斗争进行得更深入、彻底。这就为彻底改造村政创造了条件。

这一阶段，沂蒙抗日根据地村政改造的基本方针是走群众路线，各地大都是在"有了群众条件之后，再把民主选举改造村政的问题通过群众广泛地酝酿，然后再根据不同村庄提出不同具体要求"。① 从其步骤方法看，各地大都是先将根据地村庄划分为"封建统治村""形式中间村""民主改造过的村"等类型，然后"根据不同类型，确定不同的工作步骤"。对封建统治村，"改造的办法是接近群众，发现问题，发现积极分子，作发动群众的准备，采用各种办法，以开展群众工作发动群众为主……然后按群众运动的规律，引发到群众进一步改造"；对形式中间村，主要是"配合群众团体，深入具体调查，发现问题所在，根据群众要求进行改造"；民主改造过的村若"没有民主村应有的活跃积极气象"，改造的办法是"配合群众团体，发动群众，发扬民主，进行民主检查，讨论不公平的事情，反对新官僚统治，同时教育干部进行自我批评，接受群众要求；或分别情节轻重予以撤换"。②

结合群众运动，在群众激烈的反封建斗争中改造，是这一阶段村政改造的一个显著特点。在有群众组织的村庄，一般是动员群众参加大斗争会，"工会、农会、青救会、妇救会、妇女识字班、儿童团、民兵各按系统排队分布会场，唱歌，贴标语，呼口号"，③ "以群众的力量，使村的一般贪污和恶霸者悔过，向农民低头"。④据滨海区6个县的统计，有258村开展了反恶霸乡保长、村长的斗争。其中，莒南县组织的大规模的斗争，仅1944年就达1171次。⑤鲁南区从1944年8月到1945年5月的群众运动中共斗争5459

① 山东省行政工作会议：《民主组村政总结》（1944年），山东省档案馆藏，档案号：G004-01-0026-001。
② 山东省行政工作会议：《民主组村政总结》（1944年），山东省档案馆藏，档案号：G004-01-0026-001。
③ 《山东的减租减息》，第363页。
④ 《山东的减租减息》，第340页。
⑤ 参见《山东的减租减息》，第363页。

次。① 群众被发动起来后，在激烈的群众斗争中，封建统治者的威风被一扫而光。在这种情况下，沂蒙抗日根据地的村政改造有了很大的进展。如到1945 年 5 月，鲁南区在群众运动中，有 1322 个村改造村政。② 到抗战胜利时，根据地中心区基本上完成了民主改造，新收复区也在轰轰烈烈的改造当中。在各级党组织的领导下，沂蒙抗日根据地的村政改造，成为减租减息运动之后，"又一个广泛的大规模的群众运动，整个新民主主义的政治工作，因此更深进一步"。③

当然，这一阶段的村政改造也不可避免地出现了一些问题，主要表现在群众反封建斗争中出现了过火现象。尽管上级党组织提出"在斗争的方式上，要采取合法的斗争形式和其讲理"，④ 但一些地方"武斗"却成了主要方式，如在鲁南，"打人、绑人、糊泥、罚跪、戴绿帽子游街，甚至糊屎沁尿都已普遍发生，甚至有的已发生个别的打死人打伤人"。⑤ 此外，在村政改造中，一些地方还存在单纯人事更迭的观点，认为选举后就万事大吉，没有认识到村政改造是一个政治教育与思想建设的长期斗争，表现在不少地方忽视村干部的教育，对村政实际帮助和领导不够，这些都显示出村政改造的复杂性和长期性。

三　村政改造的影响和作用

总体来看，中共在沂蒙抗日根据地农村领导的旧政权改造和新政权建设是比较成功的。通过民主改造，根据地农村政权真正掌握在了人民手中，村干部的工作能力和积极性大大提高，群众的民主意识显著增强，对于推动根据地的经济、文化建设，巩固和发展抗日根据地，实现中共对农村社会的有效治理，都产生了重要的影响和作用，沂蒙抗日根据地广大农村的面貌由此发生了深刻的变化。

---

① 参见《山东的减租减息》，第 331 页。
② 参见《山东的减租减息》，第 335 页。
③ 山东省行政工作会议：《民主组村政总结》（1944 年），山东省档案馆藏，档案号：G004 - 01 - 0026 - 001。
④ 《山东的减租减息》，第 340 页。
⑤ 《山东的减租减息》，第 324 页。

（一）村干部的工作能力大大提高，村民抗战热情高涨，涌现出众多的抗日堡垒村、模范村

沂蒙抗日根据地村政建设，提高了村干部质量。过去村公职人员普遍贪污浪费，随意摊派，欺压群众，"改造后的村级干部的积极精神和模范作用，为一般人民所钦感"。"如沭水某村新村长当选后，首先号召开办农民合作社，三天内募集股金 2000 余元；莒南某村新村长当选后，三天即借粮济贫，共募得粮食 100 余斤，借粮 860 斤，救济了 15 户贫民，继又整理了自卫团、游击小组，实行备战藏粮、站岗放哨。"① 新选村干部坚持对敌斗争的勇气也大大增强。如滨海区"王白村村长，在任何情况下能坚持工作，也不叫苦，介沟官庄庄长也同样，山西头庄长，虽有病吐血，但对工作仍未稍懈，还有的假装看亲，与区公所坚持联系"。② 沂南县长山区五孔桥村村长刘式矩掩护过许多抗日军政人员，1941 年 12 月，又组织群众，掩藏军粮 35 万斤，食油 2000 斤，枪 30 余支。敌人进村搜查，逼刘式矩说出上述物资的掩埋地点，刘式矩坚决不吐真情。敌人三次将他按在铡刀下，刘式矩坚贞不屈，视死如归，保住了军用物资。③ 再如，在 1941 年日军大"扫荡"中，沂南县 479 个村子，"能坚持工作者仅有 9%，与敌妥协的就有 197 村"。但到了改造村政以后的 1942 年日军"扫荡"中，"不能坚持工作的村庄只有 5% 了，在 ×× 据点附近的 38 个村庄，只有 6 个村不能坚持工作，而叛变投敌的现象，则完全绝迹了"。④ 这些鲜明的对照，充分显示了改造村政的重要意义。

村政权的改造又为发动群众抗战提供了重要条件。在沂蒙抗日根据地，群众在村政改造中被发动起来，他们抗日的热情被激发，涌现出一大批不畏强敌、浴血奋战的抗日堡垒村、模范村。临沭县西山前村，在村长带领下，打日寇，捉汉奸，攻碉堡，割电线，护送干部去延安，对敌斗争十分

---

① 《山东革命历史档案资料选编》第 10 辑，第 243 页。
② 滨海专署：《滨海区政权工作总结》（1942 年 12 月），临沂市档案馆藏，档案号：0004 - 01 - 0043 - 001。
③ 参见中共临沂市委党史研究室编《中共沂蒙根据地党史大事记》，济南出版社，2016，第 179 页。
④ 《山东革命历史档案资料选编》第 10 辑，第 242 页。

活跃，被誉为"滨南地区的战斗堡垒"。1941 年 9 月 30 日，该村 800 多人，与日伪军 1000 多人，血战一天，击毙日伪军 100 多人，被滨海专署授予"抗日模范村"称号。[①] 1941 年 12 月 20 日，沭水县渊子崖村村民在村长林凡义的带领下，手持大刀、长矛，和 1000 多名全副武装的日军激战了一整天，消灭日军 100 多人，赢得了"抗日楷模村"的光荣称号，[②] 延安《解放日报》发表社论，称他们树立了全国"村自为战"抗击敌人的典型。1945年 2 月 12 日拂晓，1000 多名日伪军将抗日堡垒村戈山厂村包围。全村在村干部带领下，坚守圩寨，以土枪、大刀等武器与敌拼杀。激战至下午，毙伤敌 30 余人。1945 年 3 月 17 日，日军 200 余人、伪军 1500 余人突袭诸莒边县抗日模范村刘家庄。村民英勇抗击，毙伤敌伪 140 人。[③] 以上事例只是村政改造后的根据地村民发扬民众威力，保卫抗日根据地的一个缩影。抗战期间，在沂蒙根据地，全体村民前赴后继、不怕牺牲、英勇抗击日军的村庄遍布蒙山山麓、沂河两岸，难以计数。人民群众是保卫根据地的重要力量。可以说，如果没有村政权的改造，全民抗战就不可能快速形成。村政权的成功改造为抗日战争的胜利提供了条件。

（二）民众民主热情空前高涨，新民主主义的村政在根据地已经出现

千百年来，在封建统治阶级压迫下，广大农民根本没有民主意识，更不知民主为何物。沂蒙根据地村政改造和民主运动的开展，启发了农民觉悟，群众民主热情空前高涨。例如莒县高庄，"在选举那天，每个老百姓都像家里办喜事一样的欢欣鼓舞。到选举的时候，家家都锁上了大门，男女选民差不多都到会场了"，"他们破天荒真正用自己的意志，投票选出了热心抗战、积极负责的人，当自己的庄长和村政委员"。莒县垄障庄群众选举时，村选委员会在选举名单上漏写了王某的名字，他便怒气冲冲前去质问："我既不是汉奸罪犯，又不是有神经病，那么为什么不给我登记呢？"沭水县王庄村选时，有人提出万某做候选人，全场的妇女选民们异口同声地表

---

① 参见中共临沂市委党史资料征集委员会编《中共临沂地方史》第 1 卷，中共党史出版社，2009，第 299—301 页。

② 参见临沂地区行政公署出版办公室编《忆沂蒙》（上），山东人民出版社，1983，第 564—574 页。

③ 参见《中共沂蒙根据地党史大事记》，第 264、266 页。

示反对。"一个老大娘因此喜的眉飞色舞"，她说："俺一辈子可没有见过这样的事。"① 临沭县大兴镇村选时，"从来不出门的大姑娘，也敢于抛头露面，参加村选活动了"。莒南延宾区"新过门的媳妇，也走东家串西家为竞选活动忙个不休。各地群众自动要求政府改选村政的多了。妇女参选也是空前的"。有些村庄，"参加村选的男公民占90%，女公民占70%以上"。②"而个别好的村庄……如滨海莒南××区×村选举时，到公民96%"，"白发苍苍的长者与佝偻着身体的老大娘都扶杖出席选举，不愿放弃自己一份公民权，也是中国历史上从来未有的现象"。③ 民主村选，提高了人民参加民主斗争的热情，养成了人民运用民主权利的习惯。

沂蒙抗日根据地的村政改造，使农村中封建势力受到应有的打击和削弱。在群众运动中对恶霸乡保长的斗争，"大长了农民的志气，大刹了地主阶级的威风"，群众都吐出了多年来的怨气，街头巷尾议论着"可翻过来了"，"到了说话的一天了"。④ 通过民主选举，"过去把村政权放任给一些地痞流氓封建势力把持包办、鱼肉村民的现象"不存在了，基层政权掌握在基本群众手里。如沂南县村级干部成分比例是，工人2.3%，贫农46.3%，中农37%，富农11.3%，地主1.4%，商人2%。沂临边中心地区村级干部成分比例是，贫农62%，中农25%，富农12%，地主1%。莒南、临沭、赣榆三个县共有新选村长648人，比例是工人2%，贫农28%，中农45%，富农16%，地主3%，商人2%，其他4%。鲁南费滕边岳明乡51个村长，比例是贫农37.3%，中农50.7%，富农10%，其他2%。⑤ 临沭县60%以上是贫农中农，莒县贫农中农将近80%。⑥ 以贫苦农民为主体的村级抗日民主政权真正建立起来。由于改造后的村政权有了广泛的群众基础，彻底改变了千百年来少数人压迫多数人的状况，改变了以往统治者与被统治者之间的尖锐对立。农民从政治上翻了身，真正实现了当家作主。新民主主义的村政，在根据地已经出现，"有的不但有了民主形式、民主制度，

---

① 《滨海区的村选工作》，《大众日报》1942年4月22日，第2版。
② 崔介：《拾遗集》，第205—206页。
③ 《山东革命历史档案资料选编》第10辑，第241页。
④ 《山东的减租减息》，第243页。
⑤ 参见《山东革命历史档案资料选编》第10辑，第242页。
⑥ 参见滨海专署《滨海区政权工作总结》（1942年12月），临沂市档案馆藏，档案号：0004－01－0043－001。

还有了民主实质，还有相当的民主精神、民主作风。这是与敌区不同，与顽区不同，与大后方不同，为中国历史上任何时期所没有过的"。①

（三）推动了根据地经济、文化教育事业的发展，改变了农村面貌

沂蒙抗日根据地在村政改造中，开展多种多样的与群众实际利益和要求相结合的改造方式，不仅调动了农民参与村政改造的积极性，而且大大提高了他们生产的热情。例如1944年后，改造后的村庄按照上级指示，在村干部带领下，开展了轰轰烈烈的大生产运动，出现了劳动阵营中新的气象，涌现出朱富胜、王对一、郑信等一大批省级劳动英雄模范。广大农民还在村干部带领下，响应"组织起来"的号召，纷纷成立变工队、互助组，开垦荒地，兴修水利。鲁南区从1944年开展大生产运动，到1945年5月，开荒2万亩，筑坝3400多座。仅1945年上半年，就组织变工组8500多个，参加者8.3万人。粮食产量增加10%，劳力则节约20%。合作社发展到998个，社员9.8万人，有纺车3万多辆、织布机5000架。②滨海区莒南、莒中、日照、赣榆和莒临边五县1944年开展变工互助的有812个村，有变工组8359个，变工人数55268人。③1945年，鲁中区开生荒19831亩、熟荒29922亩，兴修水利增产粮食2285000斤。④群众生产热情调动起来之后，推动了抗日根据地的经济建设，改善了群众生活。

在改造村政的群众运动中，根据地的文化教育事业也发展起来。当时各村普遍建立了冬学、识字班、读报组等文化学习组织。1942年11月，鲁中区结合村政改造广泛开展冬学运动，到1943年春，举办冬学2400处，学员64699人。⑤1943年滨海区办冬学2027处，参加学习人数72398人；到1944年底，滨海区仅莒南、莒中、日照三县参加冬学、识字班的就达

---

① 山东省行政工作会议：《民主组村政总结》（1944年），山东省档案馆藏，档案号：G004 - 01 - 0026 - 001。

② 参见《中共沂蒙根据地党史大事记》，第276页。

③ 参见魏本权《革命策略与合作运动：革命动员视角下中共农业互助合作运动研究（1927— 1949）》，中国社会科学出版社，2016，第118页。

④ 参见中国社会科学院经济研究所中国现代经济史组编《革命根据地经济史料选编》下册，江西人民出版社，1986，第320—323页。

⑤ 参见《中共沂蒙根据地党史大事记》，第201页。

399974 人。① 他们冬天团体编组上课或集体上大课，春夏季在田野里、地头上、锄头上挂识字牌、小黑板，随时识字。在民主文化运动中，群众还开展了自己的文化娱乐活动，丰富了根据地文化生活。如中心根据地里普遍成立了农村剧团，演节目，唱抗日歌曲。春节到来后，农村里到处锣鼓喧天，青年妇女们穿得花花绿绿，扭秧歌、踩高跷。有的老大娘也兴高采烈地扭起了秧歌舞。根据地内展现出一派欣欣向荣的新气象。

（四）抗日民主政府的政策法令得到了有效贯彻，提升了中共在农村的影响力、号召力

村政权是政权的基层组织，"抗日民主政府一切政令是通过村政与广大群众结合起来的"，② 如果村政不良，政府的政策法令也就无法得到有效的贯彻。在改造村政过程中，很多地方"把过去在一些地痞流氓、封建恶霸手里的政权交回到公正人士及被压迫阶层的手里"，③ 树立了基本群众在村政中的优势。抗日民主政府的政令直接到达村庄，保证了民主政府法令政策在基层的贯彻实施。如村政改造后，政府的合理负担政策、减租减息法令都得到了很好的贯彻。像"在征收田赋、公粮工作上，往往只要几个钟头就可以完成一个行政村的征收工作"，"这不仅提高了村长的工作热情，而且大大地增强了村政工作的效率"。④

村政是直接与群众相结合的基层政权，村政的好坏也直接决定着群众动员的情况。村政改造好的村庄，拥军优抗活动搞得有声有色。如在民主政府号召下，群众都把八路军当成自己翻身的武装。他们纷纷订立拥军公约、拥军计划，进行对军队的各种慰问、慰劳和联欢，并对军队行军、驻防、生产给予各种帮助。他们还遵照上级要求有计划地优待抗属，抚恤烈属，爱护荣誉军人，替他们种地、挑水、拾柴火、做零活，捐助粮食、蔬菜、肉食，帮助贫苦抗属过年，给抗属拜年，帮助抗属生产等。在村政权

① 参见中国人民政治协商会议临沂市委员会编《临沂文史集粹》第 3 辑，山东人民出版社，1997，第 224—225 页。
② 《山东革命历史档案资料选编》第 14 辑，第 104 页。
③ 中国人民政治协商会议枣庄市委员会文史资料委员会编《枣庄文史资料》第 11 辑，内部资料，1991，第 123 页。
④ 《山东革命历史档案资料选编》第 10 辑，第 243 页。

组织动员下，群众还积极配合八路军作战，支援前线，帮助部队抬送伤员，送茶送饭，侦察敌情。1945 年 6 月，鲁中军区发动夏季攻势作战，仅鲁中一个区即"动员民兵 1800 名、民工 1200 人，协助主力部队参加战勤工作"。① 莒城战役时，"莒城周围村庄的男人全部上了前线，光破城大队就有1.5 万人"。② 在经过民主改造的村庄，群众抗战热情十分高涨，征兵工作都能超额完成预定计划。如在 1945 年春天参军运动中，"滨海区完成 9366 人，达到原计划的 128%；鲁中区完成 7500 人，为原计划的 150%"；"鲁南区也在 4000 人以上，都达到了计划的数字"。③ 根据地大批青年参军，使八路军、地方武装迅速壮大，为夺取抗战胜利和解放战争胜利奠定了基础。村政改造的目的是建立一个抗日与民主的基层政权。所以，它就绝不仅仅是人事变更，而是政治制度的完全变革。通过这一变革，中共将政权的触角延伸到村庄，政治上翻了身的农民则把民主政权当作自己的政权，中共号召什么，农民群众就积极踊跃地做什么。中共由此实现了对乡村社会的有效控制，也从此开始了直接掌握基层政权的新时代。这是中共抗战力量得以存在和发展的秘密所在，对夺取全国胜利具有深远的影响和意义。

总之，在艰苦的抗战岁月里，沂蒙根据地的各级党组织在中共中央和中共山东分局领导下，比较成功地完成了村政改造，在广大根据地农村建立起新民主主义的村政，实现了历史上从来未有过的民主，维护了人民民主权益，赢得了广大群众的支持。中共也因此完成了对抗日根据地农村社会的有效掌控和重新建构。沂蒙抗日根据地的村政改造是全国各抗日根据地村政改造的一个缩影，其村政改造的曲折历程及其经验，都是中国共产党的宝贵财富，它所探索的基层民主政治的实现形式，为以后基层民主政权建设奠定了实践基础，对于我们加强和改进当前形势下的农村工作，也应该有着一定的历史借鉴意义。

（原刊《党的文献》2019 年第 5 期）

---

① 《中共沂蒙根据地党史大事记》，第 272 页。

② 崔维志、唐秀娥：《沂蒙抗日战争史》，中国文史出版社，1991，第 453 页。

③ 山东省档案馆、山东社会科学院历史研究所编《山东革命历史档案资料选编》第 15 辑，山东人民出版社，1984，第 112 页。

赣省乡建的历史演进及其困境分析[*]

——聚焦于国民政府全国经济委员会

王先明　史玉渤[**]

20 世纪 30 年代，以复兴农村为要义的乡村建设事业持续开展，成为全社会参与的一项社会运动。随着赣省战事的消歇，国民政府为重建江西农村社会秩序，遂以全国经济委员会（下文简称"经委会"）之力，深度介入江西各项建设事业。[①]　其对江西农村的复兴"实有莫大的贡献……而各农村服务区，更是直接办理的事业"。[②]　关于民国乡村建设运动的研究成果颇多，但学界关注焦点集中于由社会团体、大学、教会和社会精英等组织发动的社会运动事业，对于政府行为尤其是国民政府的作为则甚少探究；对于国民政府之经委会深度介入的江西乡村建设事业，亦缺乏个案性解析研究。本文聚焦于此，以期在补阙参证中收获新见。

一

20 世纪二三十年代，天灾与兵祸相连频生，江西社会秩序极为淆乱，农村问题十分严重。随着赣省战争的结束，国民政府重建江西的计划逐步

---

[*]　本文为国家社会科学基金重大项目"近代中国乡村建设资料编年整理与研究（1901—1949）"（17ZDA198）阶段性成果。

[**]　王先明（1957— ），山西屯留人，历史学博士，南开大学历史学院教授、博士生导师，主要从事近代中国乡村史研究；史玉渤（1991— ），河北廊坊人，历史学博士，天津商业大学马克思主义学院讲师，主要从事中国近现代史研究。

[①]　1933 年 4 月，宋子文与美国签订 5000 万美元的"棉麦大借款"，经委会获得 1500 万元的建设资金，开始在全国施行各项建设事业，主要包括公路建设、卫生建设、水利建设、棉业统制、蚕丝改良、江西建设和西北建设等事业。

[②]　徐伯康：《江西省主持乡村事业各特殊机关概述》，《乡村建设》第 5 卷第 20 期，1936 年 6 月 26 日，第 3 页。

开展。1933 年冬，经委会商请国际联盟三位专家伯饶而（Max Brauer）、郭乐诚（K. Briand Clausen）和司丹巴（Aanrija Stampar）赴江西农村考察，历时三周。"为时虽短，而于该省之经济及社会情况，已得其梗概，且会深入内地，于农村组织及内地情状，亦能略窥究竟。"① 根据国际联盟专家在江西的调查报告，经委会决定从 1500 万元的"中美棉麦借款"项下拨出 190万元，以复兴江西农村；同时于 1934 年 6 月成立江西办事处，负责赣省民情物产的调查和建设计划的拟定；并协助指导全省建设之实施，以推进农村改进事业。经委会任命萧纯棉为办事处主任，邀请张福良、杜重远担任办事处简任技正，郑维、徐功甫为荐任技正，刘默远为秘书。② 与此同时，江西省政府聘请毕业于美国哈佛大学的潘骥和康奈尔大学博士董时进，分任全省卫生处处长和农业院院长，配合江西办事处的工作。为减少行政开支，提高工作效率，1935 年 3 月，经委会取消江西办事处，设江西农村服务管理处管理全省农村服务区工作，并任张福良为服务区总负责人。③

江西各乡村事业机关在开展之初，举办的各项农村改进事业彼此独立，力量分散。"在江西境内，虽亦有若干组织，但或属于政府，或属于教育，或由私人供给经费，彼此既不联络，其工作之分配又甚紊乱无序。"④ 为此，经委会从根源处着手，通过资金扶持农村各项事业，以求各事业机关的联合。其一，农业方面，经委会拨款 20 万元，融合各个零星的农业试验场及学校，帮助省政府设立农业院，使其负责全省农业技术改进与推广。其二，合作事业方面，经委会拨款 50 万元，辅助合作事业管理处工作，增强贷款力量，增加与扩大合作社人数与规模，健全合作组织，促使其由以救济为主转为以建设为主。其三，卫生方面，经委会拨款 30 万元，协助江西省政府在全省设立卫生处，使其统领省卫生事业，负责全省人民尤其是大多数农民的健康。其四，教育方面，经委会拨款 6 万元，补助现有的五个省立乡村师范学校，以求训练将来开展农村教育的师资。江西省的农业、合作、

---

① 《国联专家视察江西报告（一）》，《经济旬刊》第 3 卷第 7—8 期，1934 年 9 月 15 日，第52 页。
② 《秘书处关于江西办事处函请以张福良等充任技正等职案签呈》，《全国经济委员会会议录（二）》，广西师范大学出版社，2005，第 371 页。
③ 《秘书处办理蒋中正电请撤销江西办事处案报告》，《全国经济委员会会议录（三）》，广西师范大学出版社，2005，第 31 页。
④ 《国联专家视察江西建议书提要》，《军政旬刊》第 23 期，1934 年 5 月 31 日，第 1774 页。

卫生、教育等事业机关在经委会的扶持下，开始了内部组织的调整与联合。

1933 年冬，经委会着手办理农村服务区事业，先后成立十个农村服务区。[①] 十个服务区所选区域均为全省重要地点，"村落人口相对稠密，交通上不论与省会、县城或各乡村均便利，每处环境均能代表相当区域内的一般情形"。[②] 农村服务区的职责是推行"管教养卫"各项事业，所以各区内部的组织分成总务、农业、教育、卫生、合作、工业各组。除总务、工业两组人员由管理处派充外，其余各组指导人员，由江西省农业院、教育厅、卫生处、合作事业管理处分别遴派；除指导员外，每服务区有主任干事及助理干事若干人，由经委会直接派遣。可以说，农村服务区"一方面是各负专责的分工，一方面是连锁进行的合作，再从连锁合作之中，分工进行，使得在正规上步伐一致，达到同一的目标"。[③]

各农村服务区是省府各事业机关改进农村事业的中心；农业院、教育处、卫生处、合作事业管理处等部门，各派一名技术指导员，联合起来组成一个团体。随后，由经委会干事统一领导这个团体，以服务区为基地联系农民，发展事业，改进农村。这些机关的联合一方面在资源上可以共享，另一方面在工作上可以相互协助。服务区各项事业在技术和资金上有省府行政机关的支持，并通过各政治、教育、合作机构等力量的相互合作，联合推进其农村改进工作，如：联络保甲长，利用其政治力量推广各种优良品种；联络保学教师，利用其教育力量，灌输各种农业常识，推进农业活动；联络农村合作社，利用其团结的力量，扩大造林运动，介绍优良品种。可以说，农村服务区即江西省"各有关系机关之合办事业"。[④]江西农村事业，在经委会的主导下实现了省府各事业机关之联合。

农村服务区的成立，实现了各乡村事业机关的初步联合。但这只是省府内部事业机关的联合；实际上，江西省从事农村改进事业的机关，远不止此（见表 1）。

---

① 1934 年成立服务区六所，1935 年成立四所，并依成立之先后，冠以第一至第十之名称。所选区域包括临川章舍、南城尧村、丰城岗上、新淦三湖、高安藻塘、永修淳湖、南昌青云、吉安敦厚、上饶沙溪、宁都石上。
② 张福良：《江西之农村服务》，《赣政十年》编辑委员会编《赣政十年》，1941，第 1 页。
③ 徐功甫：《农村服务区合作组的使命》，《农村服务通讯》第 11 期，1936 年 5 月 5 日，第 263 页。
④ 徐伯康：《江西省主持乡村事业各特殊机关概述》，第 6 页。

表 1　从事江西省农村改进事业机关一览

名称	创办时间	创办机关单位	主持人
十个农村服务区	1934 年 8 月—1936 年 1 月	全国经济委员会	张福良
安义万家埠	1934 年 3 月	江西农村改进社	王枕心
湖口走马乡	1934 年 2 月	江西农村改进社	苏邨圃
黎川高寨洲	1934 年 4 月	江西基督教农村服务联合会	徐宝谦
南丰白舍圩	1934 年 10 月	江西特种教育厅	张桐膺、徐伯谦
临川鹏溪	1934 年 6 月	第七区行政督查专员公署	周立群
九江乡师	1934 年 8 月	省立九江师范	—
南昌乡师	1935 年 6 月	南昌乡村师范	—

资料来源：《江西农村改进事业概况》，《经济旬刊》第 8 卷第 17—18 期，1937 年 6 月 25 日。

从表 1 可知，这些服务区或实验区的成立时间主要集中于 1934 年，这正是经委会扶持江西农村事业的重要时期。它们在经费方面，或由中央支付，或由地方政府负担，或由私人团体筹措；具体事业上，有的以教育工作为中心，有的以生计事业为中心，有的以县政建设为中心，各有侧重；且由于行政系统不同，各机关素少联络。"大家所努力的只是局部的使命，没有共同的大目标，所有的工作不但少和政府的策略调和，就连相互间的步伐也不一致，有的是关起了大门在埋头做科学的实验，有的是标新立异，自命不凡；他们的中间各有各的一套计划、方案，从来不想谋彼此的联络、合作，大有舍我其谁之慨，结果造成了今日重复、迁缓、支离解散的局面。"①

为切实联络各乡建机关，促进"管教养卫"之实效，1935 年，江西省政府与农村服务区管理处商议，决定设立江西省政府农村改进事业委员会。其组织成员以省政府委员为主，将原属各公私机关的各项事业收归属下。各服务区或实验区的农业、教育、卫生、合作、村政、工艺等事业，分别由农业院、教育厅、卫生处、合作委员管理处及当地县政府遴派若干人，常驻指导。张福良兼任该会总干事，协调各项工作，处理该会一切日常事务；干事督促员三到五人，均受总干事指挥，共同承担该会职务。② 同时规

① 张福良：《农村工作的大联合》，《农村服务通讯》第 9 期，1936 年 3 月 10 日，第 274 页。
② 《江西省政府农村改进事业委员会组织纲要》，江西省档案馆藏，档案号：J016 - 3 - 00936 - 0307。

定各农村服务区干事应兼任事务所所在地区署之区长，① 除农村服务区外，其他各实验区亦多先后继起沿用此制，以各实验区负责人兼任各该区区长。② 实际上，经委会通过农村服务区管理处和农村改进事业委员会这两个机关，促进各公私事业机关的大联合，进而达到指导整个江西农村改进事业之目的。

江西各农村改进事业机关由彼此独立到相对统一，实现了各事业机关的协调与联合；随后经委会与省政府合作，推行从服务区到实验区转制，实现了各公私事业机关的整合，将乡村建设事业从社会运动引向政府农政。

二

然而，由行政主导下的乡村建设事业，在具体推行中却障碍重重："有些是技术上的问题，有些是材料上的问题，有些是行政上的问题，有些是人事上的问题，都不能不与上面的各机关结合起来，因此就发生了许多麻烦。"③ 经委会作为中央机关直接插手江西农村事业，不免与地方权力产生矛盾，这主要体现在事权上的人事冲突。同时，经委会作为国家权力下延的经济机关，资源上的优越性也对地方权威形成冲击，引起乡村领袖的排斥。

首先，服务区干事与指导员之间的矛盾，往往会上升为中央与省府各机关的矛盾。经委会派出的干事尽管在名义与实际方面都处于领导地位，但并不完全了解其所属乡村建设的各专业领域，因此受到了各机关派出的专门事业指导员的轻视，干事常与指导员发生冲突。乡村工作不协调的结果，便是"因了一个人或一件事失掉了农民的信仰，便影响到整个工作的推进困难，即使影响不致如此之大，而仅是孤立起来各做各的事情，也会缩减工作的效率"。当干事与指导员之间的矛盾不可调解时，便引致人事更换，而人选调换又导致各派出机关之间的矛盾。如"总管理处时常请求农

---

① 南京国民政府于1935年规定了在各"剿匪"省份的各县政府所在地设立区署，并由县政府职员兼任区长，此项举措，也是为迎合南京国民政府的政策。
② 《江西农村改进实验区登记规则》，江西省档案馆藏，档案号：J016-3-03925-0001。
③ 施中一：《现阶段江西农运的透视》，《民间》（北平）第3卷第24期，1937年4月25日，第5页。

业院调换各服务区的指导员，那么农业院方面连做几次之后，一定不太高兴，这种'不高兴'慢慢地便会促成了机关对机关的种种误会的起源，引起不少意外的纠纷"。①

其次，地方势力的阻碍，成为经委会办理乡村事业的一大阻力。"农村中士绅势力极大，优者固能造福乡里，劣者即为农村之大害，服务员对此种势力不能不有认识与联络，但又必步步机警，免受其利用，而加害农民。"② 服务区在选址时要求"拟设服务区之县份，其长官与地方领袖，须有欢迎与负责之表示"。③ 服务区注意到利用地方领袖的力量，但在实际工作中亦常受乡绅牵绊。如推广农村合作事业，绅士们颇多阻碍。他们丰衣足食，没有迫切合作的需要，即使服务区人员尽力宣传，"说得舌敝唇焦，经不住他们片言破坏"；而商人更是保持冷淡与敷衍的态度，甚至"暗中不免反宣传"。④ 这些所谓的"长褂子先生、短褂子同志和大腹商人，不要他们来是办不成功的，可是，他们来了，又不免渐渐和合作本意分了家"。⑤ 服务区农村教育工作也遇到同样的问题，如服务区工作者吴旭东所说："我们初到此地工作，对于这般土豪劣绅，很想联络，以促进工作的效率。不料试探之下，大失所望，初则表示消极，不愿问世，继则野心渐萌，反想利用我们。我们决不能满足他们的希望，所以就改变方针，由想合作变为不合作，至于打倒二字，说句老实话，我们力量不够。"⑥

再次，农村工作缺乏负责而有力的领袖，导致服务区许多工作遭受阻碍。"保长与联保主任多系有能无德或有德无能；甲长对于责任十九放弃，目睹农民生活之痛苦，只有同情而无法解决之；服务区所在地之县政府少有工作计划，即亦有之亦未能与服务区之计划协调，地方政府多不能充分

---

① 徐盈：《江西农村改进事业的全貌（四）》，《大公报》1937年6月15日，第3版。
② 郑维：《对参加江西农村服务学生贡献几句话》，《农村服务通讯》第24期，1937年7月1日，第520页。
③ 郑维：《农村服务区选地原则之商榷》，《农村服务通讯》第1期，1935年8月1日，第3页。
④ 姚鸿钧：《推行农村合作四个月的经验和感想》，《农村服务通讯》第11期，1936年5月5日，第380页。
⑤ 蓝珍：《合作在藻塘》，《农村服务通讯》第11期，1936年5月5日，第374页。
⑥ 吴旭东：《农村教育工作的几点认识》，《农村服务通讯》第22期，1937年5月1日，第437页。

利用服务区之人才与设备。"① 以服务区调查工作为例，尽管服务区人员想借用保甲长的力量，进行农村调查，可农民却非常讨厌保甲长。因为一切捐税，都是由保甲长去征收的。"保甲长得光临，无事不登三宝殿，没有别的，就算不是要钱的，总不免是叫农民受累。"当然，服务区工作人员也请区署下令各保甲长切实协助工作，运用政治力量来制服他们的顽抗，但是"他们会用一种阳奉阴违的态度来给你一种不可靠的答复"。有时甲长不承认自己的身份，逃避自己的责任，采取拒绝的态度："不晓得，我不敢带，你们去调查，又不知闹些什么名堂，甲长不是我！"② 同时服务区工作者并不能与当地政府打成一片，"上面的计划或命令，下面只是等因奉此的传阅一下"。③ 许多农业政策，到了下层反而扰害农民；许多推广材料或是农业款贷，变得没有多大实惠，导致服务区的推广工作无法顺利开展。

最后，农民的不信任与不配合，增加了服务区工作的难度。服务区工作者彭逸羽说："对于工作人员的到来，农民很疑惑，有的以为我们是传教的先生，有的以为我们是衙门里派来的委员，总不是来做好事，于他们是不利的，这种误会几乎布满了全村。"④ 服务区工作人员初到农村，须处处表示不是官吏，一切态度、言语、衣饰均须迎合他们的心理，否则"农民头脑简单而顽固，要挽回是很不容易的"。⑤ 此外，服务区的许多事业往往被风俗习惯以及自私观念所阻挠而无法推行，如种痘可防天花，农民却迷信天花娘娘，修堤原为保全大家的生命财产，农民却互相推诿。⑥

服务区在农村举办教育、卫生、合作等事业之初，都不同程度受到农民的怀疑与反对。农民对此充满疑虑："先生，你莫来骗我吧！你们这些办公事的人，今天要这样的钱，明天要当那项的差，不要我们种田人的命，

---

① 《农村改进工作之有效方法及困难问题》，《经济旬刊》第 6 卷第 8 期，1936 年 3 月 15 日，第 36 页。

② 施兆启：《农村调查的一点心得》，《农村服务通讯》第 23 期，1937 年 6 月 1 日，第 476—477 页。

③ 徐侠忱：《改进江西农村与改进运动问题》，《农村》第 1 卷第 5 期，1934 年，第 11 页。

④ 蔡振华：《半年农村服务的经验》，《农村服务通讯》第 4 期，1935 年 11 月 1 日，第 109 页。

⑤ 彭逸羽：《农村服务的几个实际问题》，《农村服务通讯》第 5 期，1935 年 12 月 1 日，第 129 页。

⑥ 施中一：《江西农村工作的第一年》，《消息》第 9 卷第 1 期，1936 年 1 月 20 日，第 48 页。

也就罢了，还说来帮助，借钱给我们。"① 卫生工作方面，农民对疾病预防注射十分疑惧；妇女不易接受妇婴卫生的新观念，宗教迷信使得乡村卫生工作更加难以推广。农业推广方面，同样遭到农民的种种质疑。如服务区工作人员在指导农民选种时，"理论上尽可讲得天花乱坠，农民表面上是是唯唯，实际上除嘲笑外，如何肯听受指导"。② 农村工作者，要打破藩篱，和农民打成一片，实非易事。农民的观望与怀疑态度，使服务区的工作效果，大打折扣。

三

"政治上的力量越大，而民众越成为被动的，越强推他动，他越不能自动。"③随着江西农村服务区干事兼任区长办法，及江西农村服务区实验区署组织办法的公布，江西省的乡村建设统归政府管辖，现实中的"政治"与"服务"的角色冲突亦出现。

干事兼任区长后，往往陷入了政务旋涡。区长需要处理许多行政事务问题，但干事却对行政事务较隔膜。为应付行政事务的繁杂，服务区需要找受过区长训练的主任区员，以辅助干事办理公事；这一配置事实上为服务区人事纠纷埋下隐患。如果主任区员没有被干事所接受，其背后的上级当局便会对服务区表示不满，导致区长无法顺利处理政务。"中国历来都是'对人'难于'对事'，若是天天在'对人'的圈子里周旋着，可以说是很难来放手做什么事情的。甚至有些人说，在许多案件上，有些判决便是用的'感情'以代替'理智'，这里的有罪也许送上去就是释放。无论理由如何，总不免夹杂一些'意气'在内，因此不论什么事情都不好办了。"至于地方士绅，他们看准了上级当局的脸色，所以便敢随时抗拒着区署的命令；如果区丁招人去区署问话，那被招人则会在半途中倒地"撒泼"，然后一纸呈文去控告区署"纵丁殃民"。"像这类事情，自从接办区署以来，不知道

---

① 谭汝明：《谈谈合作指导》，《农村服务通讯》第 11 期，1936 年 5 月 5 日，第 370 页。
② 蒋名川：《如何指导农民选种》，《农村服务通讯》第 2 期，1935 年 9 月 1 日，第 43 页。
③ 王湘岑：《菏泽实验县宝镇乡乡农学校》下篇，《乡村建设》第 4 卷第 25 期，1935 年 5 月 1 日，第 24 页。

有多少。"①

干事兼任区长后，与县长矛盾不免加深。农村实验区的工作能否顺利进行，多数仰仗实验区所属县县长的态度。县长如果并没有诚意从事基层建设事业，那么对实验区就冷淡敷衍，甚至百般掣肘，导致实验区的工作难以正常进行。一般情况下，区长由县府职员负责，是县长的臂助；但实验区例外，由各区干事兼任区长。对县长来说，一个漠不相关的外来人插进县府事务，只会给自己徒增烦恼。县长时常收到上级的嘱托，要求"对于他们服务区的区长要客气点"。故此，县长对中央和省府派来的干事又不能像对一般区长或区员那样，总是要有所顾忌，这直接挑战了自己的权威。从干事的角度来看，干事自兼任区长后，地位一落千丈。在过去，一个干事的等级是无法规定的，给最高当局的公事也不过用"函"，可现在，"事实判明不过是一个小小区长，任何人都可以给他'训令'，因而过去有点顾忌服务区的人，现在反而可以看清内幕而加以破坏了"。双方往往因权力划分而陷入僵局，有时候是干事"幼稚"，有时候是县长"昏庸"。②

在实际工作中，实验区与县政府工作亦是摩擦不断。1936 年 3 月，江西省府省务会议通过了《江西农村实验事业计划纲要》，以"管教养卫"为范围，促进农村自治，健全农民自卫组织，提高农民智识，培养国民经济，达到自治、自立、自给、自卫的目标，并规定三年内完成计划。③虽然各实验区三年计划事业是县政府该做的事，但由于县政府与实验区主务不同，归属不同，处事方法不同，双方合作并不愉快。由于各实验区指导员来自省政府不同的部门，县长没有完全支配权。各方往往会将诸如筑堤、积谷、兵差、课捐、办学、禁烟等种种训令或公函同时交给县长，导致县长有时难以应对。有时县政府正为办理积谷的事，忙得不可开交，实验区却找县府整理荒山荒地、督促造林，或是解决保学经费的征收问题；有时实验区因为要急于实现三年计划，便按部就班地推进各种工作；县政府却迫于上级命令，要实验区训练壮丁，或是赶办水利等，双方冲突在所难免。④实验区与县政府之间因工作上的摩擦无法相互妥协，不是互相排挤，便是敷衍

①　徐盈：《藻塘微波》，《大公报》1937 年 5 月 19 日，第 3 版。
②　徐盈：《藻塘微波》，《大公报》1937 年 5 月 19 日，第 3 版。
③　《江西农村实验事业计划纲要》，江西省档案馆藏，档案号：J016 - 3 - 00936 - 0307。
④　徐盈：《藻塘微波》，《大公报》1937 年 5 月 19 日，第 3 版。

式地合作，无法有效地推进江西农村改进事业。

对于传统社会"天高皇帝远"的农村来说，一旦有"衙门"里来的人，农民多半是不习惯的。^① 江西农民饱受战争之苦，对政府的人多半不会有什么好感。干事兼任区长后，民众更加疏远服务区，"甚至本来打招呼的也冷淡了"。^② 服务区干事不得不左右逢源，做干事时是一副面孔，做区长时又得是另外一副面孔。干事兼任区长前，不问政治；兼任区长后，由于行政上许多强有力的措施，农民无法接受，总免不了有许多怨言，以农民的口气来说，"这位区长，就是一会儿做官，一会儿做老师"。^③ 根据国民政府的设想，区政权不仅要统计人口、丈量土地、征收赋税、维护治安，而且要负责兴办教育、参与自治、发展经济等其他建设事业。但实际上，以往的区政权尽管组织乡村自卫、确认村长补选、调解村长无法解决的争端等，但其主要职责仍在于征收赋税，尤其是区公所在摊派上，无所制约。为此，农民对区政权非常排斥："为什么黄干事不要钱，他们却都在那里摊派呢？"^④ 即便干事做好事不要钱，也会引起他们的怀疑。自从干事兼区长开始做"伤脑筋"的事情之后，老百姓分不开什么叫服务区，什么叫行政区，口口声声地说着："老师们变了心！"这似乎确证了梁漱溟的担忧：当乡村建设运动"变成地方下级行政"，也就失去其原本的意义与价值。^⑤

四

作为社会运动的乡村建设，本是全方位的社会建设，其主旨是从乡村入手，发动社会力量，"启发他自动的力量，启发主体力量"，^⑥ 以培养乡村

① 吕芳上：《抗战前江西的农业改良与农村改进事业（1933—1937）》，中研院近代史研究所编《近代中国农村经济史论文集》，台北中研院近代史研究所，1989，第555页。
② 马湘洲：《兼理区政三个月的工作和感想》，《农村服务通讯》第16期，1936年10月31日，第149页。
③ 施中一：《现阶段江西农运的透视》，《民间》（北平）第3卷第24期，1937年4月25日，第4页。
④ 马湘洲：《兼理区政三个月的工作和感想》，《农村服务通讯》第16期，1936年10月31日，第149页。
⑤ 梁漱溟：《乡村建设理论》，上海人民出版社，2006，第369页。
⑥ 梁漱溟：《乡村建设理论》，第150页。

社会发展的内驱力。经委会在江西办理的农村服务区由中央政府主持，目的是协助地方政府来推动乡村改进事业。以政治力量为主导的农村服务区，其举办的事业更多侧重于政府事项，或归属于行政范围，导致乡村社会陷于被动状态，无法形成内在驱动力。

从各项事业的实际效果看，服务区经济建设项目较为显著，如农业的改进、合作事业的推广等，而乡村教育事业发展最为缓慢。十个服务区"对于生产事业尤视为建设的重心"。① 农业改进是凸显政府农政业绩最为明显的措施，经委会拨款 20 万元资助农业，力求江西现有各农业机关联合或归并，帮助省政府建立农业院。在此基础上，先后建立各种试验场，如稻作试验场、棉场、茶叶改良场、耕牛改良场等；并设立农业推广处，在各县设立合办农场、林场；在各地方分设各种材料供给场，如肥料供给场、果苗菜种供给场、农具供给场等。

农业合作是国民政府较早在全国办理的事业。经委会为促进江西合作事业的发展，拨款 50 万元，并设立江西合作基金保管委员会，以保障此项基金之独立与安全；同时扩大放款区域，除原定 25 县外，特加金溪、莲花、永丰、黎川、贵溪、万载、宜春等 15 县；在合作种类上，力求信用合作社稳定发展的同时，更加注重供给、运销、利用等合作事业。在经委会的支持下，江西农村合作社种类越来越多，由起初的三种合作社发展到六种，合作社种类不断增加。到 1936 年，合作社近 3000 所，社员有 17 万余人。②

从事卫生事业的阻力虽大，一旦起到作用，却容易取得农民的信服。经委会拨助 30 万元，设立全省卫生处及省立医院，"为全国的首创"。③ 其主要负责推行各种卫生设施及助产防疫等工作。各服务区除设立小型医院及诊疗所外，更积极灌输卫生常识，以实现乡民健康安乐的生活。如设立乡村医院、分诊所及巡回诊疗所，为乡民诊治疾病；举行霍乱预防注射及布种牛痘；办理助产及检查工作，普及育婴常识，随时指导协助妇女卫生，举行妇女卫生演讲会及婴儿比赛会，以引起乡民对妇婴卫生的注意；改良

---

① 戴渊：《经营区有油桐林刍议》，《农村服务通讯》第 6 期，1936 年 1 月 1 日，第 6 页。
② 熊在渭：《民国二十五年一年间江西合作事业之总结》，《江西合作》第 1 卷第 5 期，1937 年，第 3—4 页。
③ 方颐积：《十年来之江西卫生》，《赣政十年》编辑委员会编《赣政十年》，第 2 页。

水井，整理厕所，并领导村民定期举行大扫除，改善环境卫生等。

乡村教育改进，成为经委会最难见成效的乡村事业。服务区教育指导员经常感叹："经费困难、师资困难、学生困难，无一不难。"① 从教育经费来看，经委会对江西教育的投入非常少。在经委会190万元经费支出中，教育经费只有6万元，与其他各项事业经费相比，差距较大。从教育资源来看，"政治的力量至多解除了一部分经济上的困难，绝不能在短时间内产生大量的师资"。② 教育视导员在视察乡村学校时，对其教育资源的匮乏也深感无奈，说道："我去视察乡村学校，只要有教师、有校舍、有学生，我就给他满分。"因为无法对乡村教育条件再苛求，"在早稻未收以前，教员都是在贴本上课，他们只在企望新谷能照收，价格不惨落，地主不苛扣，乡村里面没有一所屋子是合乎理想的条件的教室"。③ 从教育力量来看，教育的单独挺进往往费力多而收效微。单凭一些教育工作者的力量显然不足以动员民众、领导民众，必须与其他各组连锁进行，谋"管教养卫"的兼施，方能实现建设乡村的理想。而谈到连锁合作，必然逃不过人事问题。而人事纠葛，或因机构牵制，或因背景关系，乃至于利益错综复杂，经委会又断难措手其间。

读书学习对农民来说虽不无益处，却耽误时间并与农事冲突。一个终日劳作的村民，认为夜间读书识字，不仅"抢夺他的休息时间"，而且于其"简直是一种惨酷"；他们视此为一种苦差事。此外，教材根本脱离了实际生活，不能引起农民的热情，只能增加他们的抱怨和痛苦。以江西藻塘为例，教材内容主要宣传党义，偏重理论，"教师根基既薄，对此尚不能十分了解，农民见识又浅，更不能不暂告结束"。④ 另外，当"政治"与"服务"结合后，各服务区承担起办保学的责任，导致教育工作者因忙于清查各村的公款学田，根本无暇顾及乡村教育工作。

"乡村建设运动如果不在重建中国新社会构造上有其意义，即等于毫无意义。"⑤ 从乡村建设的动力来看，以社会建设为目标的乡村建设，其动力

---

① 徐盈：《江西省的农村改进事业》，《大公报》1937年3月22日，第3版。
② 张福良：《保学师训特辑前言》第8期，1936年2月20日，第254页。
③ 徐盈：《江西农村改进事业的全貌（六）》，《大公报》1937年6月18日，第4版。
④ 李毅、吴寅木：《藻塘的教育》，《农村服务通讯》第1期，1935年8月1日，第5页。
⑤ 梁漱溟：《乡村建设理论》，第23页。

源于社会力量，主张发展乡村自身的内驱力，以形成乡村社会的持久动力。而以经济建设为目标的农政，其动力来源于政治力量，以政府机关为主，与充满生机的社会组织相比缺乏活力，且与农民日常生活和习惯较多疏离。自干事兼任区长后，江西农村改进事业更是与政治打成一片。经委会尽管以"服务"的名义来实现"管教养卫"之目标，但依然无法改变农民对政府的固有印象，认为"服务救济等事业是属于另一种团体，不属于政府"。[1]对于政府力量推动下的许多措施，农民还没有智识去接受，总免不了有许多怨言。有些地区，教育工作只是浮于表面，无法把握民众的心理；合作社也只能以一种强迫接受的方式，使得农民被动接受救济贷款。区署的行政工作更加影响到服务区工作的推行；服务区工作者"天天跑到外面去工作，近村一带根本无法推动"。[2]

国民政府假手经委会将江西乡村建设事业收归行政统系，其目的在于整饬地方秩序，实现"管教养卫"之目标。经委会作为中央政府经济建设机关，确实能最大限度为江西乡村事业带来财力、物力、人力资源的支持。但是，乡村建设事业如果缺乏乡村社会的内在动力，单凭政治力量的主导则既难以为继，又无法持续递进。"凡事一落于国家行政，就是太机械化，不能发现缺点，不能随时纠正，而有进步。"[3] 以至于"越成为机械的，越没有生机，越没有活力，越不能适应问题"。[4]

经委会对江西农村事业的扶持，代表着国家政权建设下延的一种手段。国民政府通过这种方式，试图重构乡村社会秩序，将国家权力渗入地方，以加强对乡村社会的治理。这与乡村建设运动的主旨已然疏离。"政治是重事不重人的。一条公路要修，一种工程要做，在政治家的眼光来看，大可征集民夫，强迫去做。"[5] 经委会主持下的乡村事业，往往以经济建设为主，却忽略了社会建设，不能充分发挥乡村的社会力量。政治力量背后所展现的中央与地方的矛盾、"服务"与"政治"的角色冲突、经济建设与社会建

① 张福良：《服务与政治》，《农村服务通讯》第2期，1935年9月1日，第34页。
② 徐盈：《藻塘微波》，《大公报》1937年5月10日，第3版。
③ 梁漱溟：《乡村运动中的三大问题》，《乡村建设》第4卷第27期，1935年5月21日，第4页。
④ 梁漱溟：《乡村建设理论》，第170页。
⑤ 徐宝谦：《乡村建设运动的精神基础》，《乡村建设》第6卷第3期，1936年9月16日，第2页。

设的不同取向，以致乡村工作丢掉了农民的信仰，乡村工作者与农民的隔膜进一步加深，最终导致乡村运动走向"乡村不动"的境地。

［原刊《南开学报》（哲学社会科学版）2021 年第 2 期］

地方性再生产的时空逻辑

——基于北碚乡村建设的理论分析

宣朝庆　王茹薪[*]

一　问题提出：乡村振兴与地方性再生产

（一）现代化悖论：乡村振兴也要面对的老问题

在可预期的未来，乡村振兴会给农村带来什么变化？这是当前学界正努力探索的重要问题，在乡村的产业经济、文化内涵、生态建设、组织治理等方面的研究都取得了巨大进展。[①] 随着国家乡村振兴战略的实施，大部分乡村地区必将实现产业兴旺、生态宜居、乡风文明、治理有效、生活富裕的目标，但在可预见的历史性进步之外，也让人不免担心中国乡村发展

---

[*]　宣朝庆（1971— ），山东海阳人，社会学博士，南开大学周恩来政府管理学院教授、博士生导师，主要从事中国社会思想与社会建设研究；王茹薪（1994— ），重庆合川人，社会学博士，重庆工商大学社会学系讲师，主要从事历史社会学、农村社会学研究。

[①]　当前我国学界关于这部分的既有研究已相对成熟，其中关于振兴乡村产业经济的研究，参见张建刚《新时代乡村振兴战略实施路径——产业振兴》，《经济研究参考》2018 年第 13 期；曾福生、蔡保忠《农村基础设施是实现乡村振兴战略的基础》，《农业经济问题》2018 年第 7 期；张晓山《推动乡村产业振兴的供给侧结构性改革研究》，《财经问题研究》2019 年第 1 期；等等。关于振兴乡村文化内涵的研究，参见高静、王志章《改革开放 40 年：中国乡村文化的变迁逻辑、振兴路径与制度构建》，《农业经济问题》2019 年第 3 期；欧阳雪梅《振兴乡村文化面临的挑战及实践路径》，《毛泽东邓小平理论研究》2018 年第 5 期；张红宇《乡村振兴战略与企业家责任》，《中国农业大学学报》（社会科学版）2018 年第 1 期；等等。关于乡村生态建设的相关研究，参见江泽林《乡村振兴：生态和产业要融合》，《人民日报》2018 年 3 月 28 日；高尚宾、徐志宇、靳拓等《乡村振兴视角下中国生态农业发展分析》，《中国生态农业学报》2019 年第 2 期；陈明星《乡村振兴战略的价值意蕴与政策取向》，《城乡建设》2017 年第 23 期；等等。关于乡村振兴组织治理的相关研究，参见殷梅英《以组织振兴为基础推进乡村全面振兴》，《中国党政干部论坛》2018 年第 5 期；张瑜、倪素香《乡村振兴中农村基层党组织的组织力提升路径研究》，《学习与实践》2018 年第 7 期；徐顽强、王文彬《乡村振兴的主体自觉培育：一个尝试性分析框架》，《改革》2018 年第 8 期；等等。

中长期面临的"现代化悖论"是否会再次上演：一方面，乡村建设将极大地促进乡村经济与物质资源的发展，推动传统乡土社会向现代化转型；另一方面，现代化所带来的同质化的过程，也可能会引发"千村一面"的消极后果，使乡土社会丧失地方特色，历史文脉断裂，地方性特征变异、消亡。果真如此的话，乡村振兴将变成无可安放的"乡愁"，对乡土社会和整个中国文化而言，会是致命的打击。

我国乡土社会的"地方性"是长期封闭内聚的历史过程造成的。"活动范围有地域上的限制，在区域间接触少，生活隔离，各自保持着孤立的社会圈子"，[①] 由此形成了独特的行为模式、风俗习惯和地域结构，传承着数千年来符合中国人生存方式的社会结构与文化特征。这种独特的地方性既是乡民身份认知与情感寄托的起点，又是维系地方整合与发展所需要的历史资源。近代以降，传统乡土社会的"地方性"不可避免地遭遇现代化的解构，乡土社会的区隔与封闭逐渐被打破，村庄和乡民与外界的联系日益紧密和广泛。与此同时，根植于"地方性"的社会文化也逐渐瓦解，造成无以依归的乡愁与精神认同上的焦虑。若任由"地方性"式微，必将导致乡土社会的异化与个体精神世界的冷漠。因此，在乡村振兴研究中，应格外重视对地方性再生产的研究，尤其要注意在百年乡村建设的视野中审视这一问题，鉴往知来，吸取经验教训。有鉴于此，本文试图探究如下问题：在传统乡土社会向现代化转型的进程中，地方性应如何回应现代化的冲击并重构自身价值？其重构的生产逻辑和演进机制该如何展演？这对我国当前的乡村振兴行动有何启示？

（二）理论探析：地方性与地方性再生产

地方性是"地方"[②] 概念的衍生。"地方"即有意义的区位空间，是构

---

① 费孝通：《乡土中国》，北京出版社，2016，第 5 页。

② "地方"（Place）是一个复杂的概念，Tim Cresswell 梳理了"地方"的概念史，将其整合为三种研究路径：第一种是地方的描述取向，是最接近常识的观点，认为世界由一组地方构成，由区域地理学、地方史学采用；第二种是地方的社会建构取向，即解释地方特殊性是如何在不同结构条件下形成的，由马克思主义、女性主义和结构主义者主张；第三种是地方的现象学取向，关注单一的地方，将人类存在的本质界定为"处于地方"，由人文主义者采用。三种研究取向并非毫不相干，而是有所重叠。本文结合 Tim Cresswell 的分析，综合三类研究取向，选择了最直接且最常见的"地方"定义，即有意义的区位空间（a meaningful location）。参见〔英〕汤姆·科瑞斯威尔《地方：记忆、想象与认同》，王志弘、徐苔玲译，群学出版社，2006，第 85—86 页。

成人类互动基础的意义核心和关照场域。^① 作为探讨人地关系的核心概念，"地方"被视为人们身份认同的中介和归属感的来源，它既是社会与文化的实体，也是一种观察、认识和理解世界的方式，不断被社会、制度和权力建构。^② "地方性"是在"地方"的流变中"层累"^③ 起来的、对特定地缘网络中人们的生活方式的特殊规定性，涵盖地方的人文地理实体、集体记忆想象、价值行为模式和经济发展水平等特征。

近代以来，受到现代化语境的限定，地方性与现代化的关系逐渐引起研究者的关注。早期的研究从现代化必然带来全球化的后果出发，立足于"全球—地方"二元分异的视角，认为全球化代表的是一种高度的流动性、不稳定性、开放性以及对于地方的同质化过程，而地方性则体现了本土性、稳定性、封闭性以及地方内生性的惯常实践。^④ 随着现代性的全球化扩张，地方原本的意义和属性逐渐消弭，全球化的过程表现为一个"无地方性"的过程，造成地方性的丧失，导致主体之于该地方原有的情感联系也趋于式微。因此，在全球化趋势中，地方性沦为被瓦解或边缘化的对象，要么伴随着传统地方意义的解体与认同危机而消亡，要么"负隅顽抗"，将地方隔离和边缘化，成为落后与野蛮的象征。

后来的研究摒弃了"全球—地方"截然对立的模式，认为地方性的再生产可以实现"现代性"与"地方性"的和解。地方性可以表现为对全球化霸权的解构，会随着现代性的进入而逐渐重构并强化。由此言之，现代化成为全球化力量与地方性力量相互融合、共同作用的过程和产物。这一研究视角以哈维（David Harvey）和马西为代表。哈维强调，在全球化视野下任何将地方视为同质、稳定、内生的文化想象都是反动的，并以时空压缩下的资本积累来解释地方的建构过程，认为地方性差异的根源是资本积

---

① 〔英〕汤姆·科瑞斯威尔：《地方：记忆、想象与认同》，第 85—86 页。

② 〔英〕汤姆·科瑞斯威尔：《地方：记忆、想象与认同》，第 21 页；D. Harvey, *Nature and the Geography of Difference*, Oxford: Basil Blackwell, 1989, p. 45。

③ 马西（Doreen Massey）提出了地方性的"层累"概念，她认为随着时间沉积下来的历史层，不仅是经济的，还是具有它们相同性和特殊性的文化、政治和意识形态层，这些不同类型的层累，形成了地方的地方性。参看 D. Massey, "In What Sense a Regional Problem?" *Regional Studies* 13（1979）：233 – 243。

④ A. Merrifield, "Place and Space: A Lefebvrian Reconciliation," *Transaction of the Institute of British Geographers* 4（1993）：516 – 531.

累过程中的"不均衡发展",以及由此催生的新空间秩序和社会关系。[1] 马西对哈维将地方性简单化约为资本积累的观点进行了批判反思,她主张地方从根本上是"时间—空间"的集成,地方及地方性都是社会实践和社会关系的产物,会随时空转换不断变化,从来就不存在单一的、静止的地方性,地方性可以通过不同时空维度下内生与外向的社会关系互动得以再生产。[2] 因此,应该把时间与空间的双重逻辑纳入地方性的视域中,将地方性再生产定义为地方性在新的社会关系网络中得到重新定义,并产生新的地方意义,使基于地方的文化特征与社会关系得到重构。[3]

综上所述,地方性不仅涵盖地方的人文地理特征和人们生活世界的经验记忆及情感积淀,也包括地方的开放程度以及与外界社会的关系互动,是特定地缘网络内人们整体性生活方式的特征统称。在现代化的大背景下,地方性再生产就是传统乡土社会的地方特征在乡村建设的进程中"扬弃自我",结合现代性要素进行创造性转化,使其能够反映不断发展的地方生活,形成新的地方意义与认同,实现乡土社会"地方性"的现代阐释。在这一过程中,时空维度是地方性再生产最基本的坐标和尺度,地方性再生产的动力源于动态的时空在整体上形塑地方性的"层累"过程。这与不同行动者的集体记忆和空间实践密切相关。时间与空间是人类生活的基本维度,所有的生产活动都可以被看作时间性与空间性互动的过程。在时间维度上,地方性不仅内生于地方过去的物质景观和文化遗存,又通过行动者的互动交往不断书写符号与话语构建新的记忆表征,强化或淡化原有的地方性。在空间维度上,地方性既是特定区域空间的独特表现形式,又外生于区域间相互关联的功能需要,通过地方权力关系网络的实践而再生。换言之,时间维度的地方性再生产是地方历史再生产,而空间维度的地方性再生产是地方结构再生产(见图1)。两者通过集体记忆与空间实践的建构共同作用于我国乡村建设,不仅能打破乡土社会的孤立,实现现代化与乡

---

[1] D. Harvey, "From Space to Place and Back Again," in D. Harvey, *Nature and the Geography of Difference*, Cambridge: Blackwell, 1996, pp. 291 – 326.

[2] 〔英〕多琳·马西:《空间、地方与性别》,毛彩凤、袁久红、丁乙译,首都师范大学出版社,2018,第330—346页。

[3] 朱竑、钱俊希、陈晓亮:《地方与认同:欧美人文地理学对地方的再认识》,《人文地理》2010年第6期。

土社会的双向耦合，还能在新的关系网络中重塑乡村意义，消除现代化进程中同质化导致的归属感丧失的弊端。

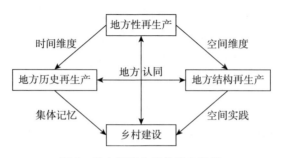

图 1　地方性再生产的时空维度

（三）北碚的乡村建设：地方性再生产的典型案例

民国乡村建设是乡土社会现代化的历史实践。当前乡村建设所面临的地方性重构问题，在这场现代化初期的乡村建设运动中同样存在。当时的乡村建设者已注意到重构乡村地方性的重要性。如梁漱溟提出，要"老根发新芽"，建设一个以"伦理情谊、人生向上"为目标的新礼俗社会。[1] 北碚的乡村建设是民国时期众多乡村建设运动中"时间最长、成就最大的一个"，其地方性再生产的成就也最大，最终成为中国西南地区最成功的乡村"就地现代化、工业化和城市化"典范，甚至被陶行知誉为"建设新中国的缩影"。[2] 经过乡村建设，北碚从一个四县交界的"土匪窝"一跃成为"乡村都市"，这种地方性的更新转换让人啧啧称奇。当前学界关于民国时期北碚乡村建设的既有研究，大多侧重于阐释其领导者卢作孚的思想、行动及成就，[3] 对北碚作为"乡土社会"本身的特征和新地方性的形塑过程与机制

---

[1]　转引自徐福来、李雪《刍论梁漱溟乡村建设运动的理论困境》，《南昌大学学报》（人文科学版）2009 年第 6 期。

[2]　刘重来：《卢作孚与民国乡村建设研究》，人民出版社，2007，第 2、234—235、339—346 页。

[3]　对北碚乡村建设的研究大致分为两个方面。其一是对其主要领导人卢作孚的思想及行动的研究，这部分的研究成果以西南大学卢作孚研究中心与民生实业有限公司研究室自 2005 年起联合出版的季刊《卢作孚研究》为主，此外还有刘重来《卢作孚与民国乡村建设研究》（人民出版社，2007），杨光彦、刘重来主编《卢作孚与中国现代化研究》（西南师范大学出版社，1995），吕云涛《卢作孚乡村城镇化和现代化思想与实践的当代启示》（《云南财经大学学报》2014 年第 5 期），钱理群《卢作孚乡村建设思想对中国公益组织建设的借鉴意义》[《中国农业大学学报》（社会科学版）2016 年第 4 期]等。其二是对（转下页注）

少有关注和分析。

　　本文在吸收学习前人成果的基础上，以关键事件、关键人物为线索系统搜集、整理与北碚乡村建设相关的档案、报刊文章、地方志及个人传记等资料，进而从时空整体梳理北碚地区地方性的再生产过程，力图发现乡村建设进程中北碚地区集体记忆表征及地域结构重组的基本逻辑，以期增进对乡村建设行动内在机制的理论认识。

二　区隔与失范："北碚"的地方性表征

　　地方已有的地方性表征是地方性再生产的前提和基础。霍尔认为，表征是经由语言对概念意义的生产，当地方被语言赋予了观念性或象征性的特殊意义，空间便有了其独特表征。①乡村建设运动以前，"北碚"的地方性表征源于北碚过去的历史文化遗存，通过时空解构呈现出不断调整和意义附加的过程。

　　"北碚"作为地名出现较晚。刚开始它只是四川省嘉陵江三峡②中的一个小型乡场聚落，因场中有白色石梁自江岸伸入江心，江水遇石梁阻隔，迂回曲折而下，故谓之"白碚"。清康熙年间巴县在此设镇，后因地处巴渝之北，清乾隆年间改称为北碚。"碚"字为当地地名专有用字，"不见经传，其意义大概指水中矗立的石头"，"水随石转，曲折迂回，正如其形"。③丁声树考证发现，"碚"字音义同"背"，属于当地人自造，由方言演化而来，

<hr/>

（接上页注③）北碚乡村建设内容及经验的研究，这部分学者大多从建筑学、城市规划学、人文地理学等视角，通过重现北碚地区实现农村工业化和乡村城镇化的建设过程，肯定了卢作孚主导的以经济建设为中心的乡村建设模式的重要性，参见刘秀峰、廖其发《论民国时期四川乡村建设运动的特点》（《重庆教育学院学报》2010年第4期），胡斌、陈蔚、李文泽《1927—1949年"嘉陵江三峡乡村建设运动"中的空间实践与空间生产》（《新建筑》2020年第1期），潘家恩、马黎、温铁军《从"土匪窝"到"新中国缩影"：北碚历史乡建启示录》[《中国农业大学学报》（社会科学版）2020年第3期]等。

① 〔英〕斯图尔特·霍尔：《表征：文化表象与意指实践》，徐亮、陆兴华译，商务印书馆，2003，第28页。

② 从地理空间来看，嘉陵江三峡是指嘉陵江在从合川进入北碚江段中，被附近山脉横切而形成的三个峡谷，由北向南依次为"沥鼻峡"、"温塘峡"与"观音峡"，因风光秀丽，又被称为"小三峡"。

③ 梁实秋：《北碚旧游》，《梁实秋闲适散文精品》，四川文艺出版社，1994，第327—328页。

不见于字书。① 可见，"白碚"一名是以地方实体景观的特征为命名依据，以标识独立的地域范围，这是当地人生活经验约定俗成的集体记忆。从"白碚"向"北碚"的转变，则体现了以地域为根基的乡里区位特征。

北碚最初给人的印象是偏僻、落后。它地处四川江北县、巴县、璧山县、合川县四县接壤之处，距周边四县县城都比较远，虽紧邻嘉陵江，但"四围丛山深阻，山路崎岖难行"的山地格局导致陆路交通的闭塞。这也造就了当地"强悍直率，能忍苦耐劳"的民风，但"惟智识粗浅，历史上少名儒硕士"，使北碚表现出教育不兴、文化不发达的地方性特点。②

民国初年，四川军阀实行防区制，③ 打破了北碚乡土社会自然演化的进程。军阀们各自为政，把北碚与周边的县分割开来，使之成为孤立封闭的"三不管地带"。北碚及其周边的嘉陵江三峡地形险峻，土匪隐匿方便，追剿困难，所以以北碚场为中心，沿嘉陵江三峡两岸百余里的大片地区土匪纵横，成为当时众所周知的匪窟。据记载，当时"兵痞盗匪，乘机而动，啸聚峡中，沿江据险行劫，致使河运梗塞，商旅难行，峡中民众，不堪其苦"，民间甚至编出民谣，"得活不得活，且看磨子沱；得死不得死，且看草街子"，以此来形容当时土匪的猖獗，使北碚周边成为商旅裹足、行人却步的"死亡地带"。④ 不仅当地民众，连外地人提及这时的北碚，都称其为"土匪世界""盗贼的渊薮"。⑤ "北碚"由此被附加了失范的负面表意标识，异化为"匪窟"的代称。

综上所述，在乡村建设之前，"北碚"的地方性特征发生了非常大的变化。它最初由人们基于地域空间的实体特征构建其概念，再依时转换，层层附加新的表征，从地理位置偏僻、文化落后、民风朴厚之所堕落为土匪的世界。"北碚"这一名称作为这些表征信息的外延和载体，既是地方民众

---

① 丁声树：《"碚"字音读答问》，《历史语言研究所集刊》第 11 册，中华书局，1987，第466—468 页。
② 嘉陵江三峡乡村建设实验区署编《三峡游览指南》，北碚月刊社，1938，第 1 页。
③ 防区制是四川军阀独特的割据方式。辛亥革命后，四川各系军阀为反对全川统一，免遭兼并，开始实施防区制。各系军阀按各自驻防区域划分防区，防区内军、政、财权集于军阀一身，凡防区内军官的提拔、地方官吏的任免、制度的废置、赋税的征收等，皆由部队长官发布命令。防区制施行后，各军阀在防区内横征暴敛，各防区间战争不断，民生凋敝。
④ 卢国纪：《我的父亲卢作孚》，四川人民出版社，2003，第 70 页。
⑤ 《三峡游览指南》，第 35 页。

集体记忆的外显，也是外乡人对某一地域信息运用和传播的主要标识。当时，人们对"北碚"这一符号表征的集体记忆和负面渲染，清晰地折射出北碚区隔失序的地方性特征，其本质是辛亥革命带来的社会急剧转型及由此引致的传统社会结构解体与地方权力真空。面对混乱无序的地方社会，以卢作孚为首的地方精英积极开展乡村建设，为北碚地方性的再生产创造了条件。

卢作孚的乡村建设表现出地方性再生产的自觉意识。他主张，"地方总是应该经营的"，"为一个地方的安宁、清洁，为培植一个地方的风景，有了的要整理，没有的要经营"，"要赶快将这一个乡村现代化起来"，给北碚摘掉贫穷、落后、动荡的帽子。① 卢作孚结合四川地方社会的现状以及在广西等异地乡村的见闻，认为北碚乡村的现代化需要"在空间上、在时间上全般有规律有策划的活动"，"就时间说固是在整个的秩序上活动的，就空间说更是在整个的组织上活动的"。② 简而言之，就是在空间维度上，以地方组织自治为动力，通过地方物质环境的空间实践进行地域结构的地方性再生产；在时间维度上，则以集团生活和媒介载体的集体记忆重塑地方的秩序与想象，最终将"魔窟变为了桃源"。③

三　空间实践：北碚的地域结构再生产

社会的失范与权力的真空赋予了北碚社会区隔失序的地方性特征，打破地方区隔、重组地域结构成为北碚地方社会的主要诉求。哈夫阿克里结合列斐伏尔的空间生产理论，指出乡村地域是由相对特色的空间实践所形塑。④ 空间实践的本质是人类的社会行动与社会关系的产物，不同的空间实践形式是地方现代化的显著标志。要实现北碚的地域结构再生产，应把握北碚地方现代化进程中的空间实践形式。卢作孚主张，乡村建设"是由现

---

① 卢作孚：《东北游记》，川江航务管理处，1930，第65页；卢作孚：《为社会找出路的几种训练活动》，《新世界》第46期，1934年，第1—6页。

② 卢作孚：《广西之行》，《新世界》第80—81期，1935年，第79—90页。

③ 卢作孚：《中国科学社来四川开年会以后》，《嘉陵江日报》1933年10月10日。

④ K. Halfacree, "Space: Constructing a Three-Fold Architecture," in P. Cloke, T. Marsden and P. H. Mooney, eds., *Handbook of Rural Studies*, London: Sage Publications Ltd, 2006, pp. 44-62.

代的物质建设与社会组织形成的"，① 北碚地方的空间实践由此展开。自
1927 年北碚乡村建设运动开展后，以组织自治重塑地方的权力空间结构，
以环境建设再造地方的物质空间结构，推动了北碚乡土社会的现代化。

（一）组织改革：权力空间的再生产

在当时，地方自治组织是维护和再造地方权力空间的载体和工具。北
碚本来缺少强有力的地方自治组织，峡防局的成立使局面为之一变。1923
年 11 月，为便于跨县追剿匪徒，北碚士绅联合江北县、巴县、璧山县、合
川县四县绅民协议组建治安联防机构，即江巴璧合特组峡防团练局（简称
"峡防局"）。② 峡防局负责整个嘉陵江三峡航道，从合川县南津街起，到巴
县磁器口止，上下 45 千米，两侧 30 千米范围的剿匪事宜，将原属江北县、
巴县、璧山县及合川县的 43 个乡场纳入其管辖范围，③ 因其局址设于北碚，
故又名"北碚峡防局"。北碚峡防成立之初，只是一个准军事化的民团联
防组织，组建民兵队维护地方治安。1927 年，卢作孚接任局长，并得到四
川军阀刘湘的支持，④ 很快稳定了北碚周围的治安环境。卢作孚认为，峡区
匪盗横行的根本原因在于乡村发展落后，要杜绝峡区匪患，就要建设乡村，
自此"乡村建设"取代治安，成为峡防局的工作重心，主要经费来源为抽
收过道船捐。

---

① 卢作孚：《四川嘉陵江三峡的乡村建设运动》，《中华教育界》1934 年 10 月 1 日。
② 参见《关于准予撤销峡防司令及暂委胡南先为江巴璧合四县特组峡防团务局局长等的代
电、公函》，重庆档案馆藏，档案号：00810001004880000067000。
③ 纳入北碚峡防局管理的共 43 个乡场，其中巴县 9 乡场，包括北碚场、歇马场、兴隆场、凤
凰场、青木关、蔡家场、同兴场、景口场、磁器口；江北县 13 乡场，包括二岩、黄葛树、
清平场、土主场、文星场、静观场、复兴场、土沱场、悦来场、鸳鸯场、礼嘉场、瓦店子、
两口；璧山县 6 乡场，包括澄江口、大路场、八塘、七塘、依凤场、转龙场；合川县 15 乡
场，包括草街子、麻柳坪、龙潭、太和场、双凤场、滩子坎、龙洞沱、盐井溪、沙溪庙、
川主庙、观音坝、白塔坝、南坝、南津街、十塘。参见《江巴璧合四县特组峡防团练局所
属各乡场一览表》，重庆市档案馆藏，档案号：00810001005580000034000。
④ 卢作孚与刘湘幕僚何北衡、刘航琛等交好，得其引荐给刘湘，得刘湘器重，尤其是 1929 年
刘湘决定扶持卢作孚的民生公司整顿内河川江航运，从外国航商手中争夺航运控制权后，
任命卢作孚为川江航务管理处处长，赋予了卢更大的地方行政权力，卢作孚由此得以放手
施为。另卢作孚回忆："我们刚到这里办理团务是在民十六年，责任只是在维持地方安
宁……那时各地都讲究办团，军队都讲究清匪，我们只需联络他们，协助他们。很短时
间之后，周围也就都清净了，于是我们积极的乡村运动开始了。"参见卢作孚《四川嘉陵
江三峡的乡村建设运动》，《中华教育界》1934 年 10 月 1 日。

卢作孚乡村建设的第一步，就是改革和完善峡防局的组织制度，将峡防局打造成乡村建设的组织中枢。在他看来，"秩序问题，是包含着自治事业的经营问题和组织问题"，"第一是机关怎样组织"。①

首先，改革局内机构，提高组织行动效率。峡防局分设总务股、政治股、审计股、督练部四个部门，以督练部为主，下设少年义勇队和一、二、三特务队，手枪队等，以各队士兵为乡村建设的主要工作人员。如特务队原名常备队，分驻北碚以及周边北川铁路，除执行船捐抽收、治安、消防等任务外，还负责民众教育与市场管理；手枪队除巡查任务外，还负责修路、抢险、经营农场等。新建的少年义勇队和学生队，"旨在训练青年，以科学的方法讲学，以科学的方法做事，以科学的方法应付自然，以科学的方法应付社会，并适应新兴事业的需要，培养实务人才"。② 1928年，为使局内兵士退役后能有营生，增设工艺部教士兵识字、织布等各项职业技能。

其次，制定详细的工作计划，划分工作内容。借鉴上海、青岛等地的乡村建设经验，将峡防局的工作划分为治安、经济、文化三个部分，制定治理和建设计划。一是肃清匪患，以稳定的治安秩序为经济事业和文化事业的基础。为震慑匪徒，常备队每日在靶场练习实弹射击，威慑土匪。峡防局还发动民众追踪匪徒线索，卢作孚亲自带领常备队巡回搜检；同时还鼓励匪徒改过自新，回乡务农。二是发展经济。发挥北碚是产煤区的地理优势，发展煤业，开办三峡染织厂、缫丝厂等现代经济事业；以招商引资及合资开发等方式，引进砖瓦厂、铁厂、灰窑场等数十家工厂到北碚及周边峡区落户，建立现代化的地方经济体系。三是发展文化事业和社会公共事业，以民众教育为中心，开办民众教育办事处、中国西部科学院、公共运动场、图书馆等各项事业，目的是让老百姓"皆有职业，皆受教育，皆能为公众服务，皆无不良嗜好，皆无不良习惯"。③

最后，完善职员管理制度。峡防局先后制定了职员成绩考核办法、办公纪律、着装要求、生活规范、请假休假办法等，以"一年来峡防局服务功过存记表"详细记录各职员的工作情况。详细规定职员每日作息：拂晓

① 卢作孚：《乡村建设》，《嘉陵江日报》1930年1月7日。
② 卢作孚：《四川嘉陵江三峡的乡村建设运动》，《中华教育界》1934年10月1日。
③ 卢作孚：《乡村建设》，《嘉陵江日报》1930年1月7日。

放炮起床，午后九时放炮就寝；办公时间（六小时）、会议安排等；读书、运动、游艺等每日一小时；还规定职员每人每天需撰写生活日报、参与社会服务（如挖土、修路、开垦公园等），并将各项事宜纳入考核。按照职员考核成绩，将职员划分为特等职员三级、正式职员六等十八级、试用职员三级，不同等级对应不同薪酬，职员们按照等级，每月薪酬从最低等的试用三级职员薪资 3 元到最高等的特等一级薪资 140 元不等。[①]

峡防局的改革，将地方社会的管理权与决策权纳入峡防局的职责范围，整合了峡区的军事力量、政治力量与社会资源，为乡村建设行动创造了可能。在卢作孚的整顿下，峡防局成为北碚一切事业的发端，组织内聚性增强，有相对稳定的经费来源、清晰的责权划分和完善的规章，不仅为乡村建设事业提供了规划和人才，而且其足以自卫的武力也保障了地方建设事业的安宁。

（二）环境建设：物质空间的再生产

物质空间的再生产取决于新旧事物之间的博弈程度和结果。在峡防局乡村建设运动的指导下，以北碚场为中心，"把旧有的天然形态，加一番人工的整理和刷新"，[②] 原本周边峡区的面貌及环境发生了翻天覆地的变化。

其一，整顿北碚场镇环境。针对北碚街道狭窄零乱、房屋低矮、环境肮脏的状况，安排峡防局总务股管理筑路、建设，公布峡防局市场整顿条例以示规范。[③] 卢作孚身先士卒，亲自率领士兵跳入污水沟，掏挖淤泥，复盖阳沟为阴沟，清除垃圾粪凼；又组织民兵整修市街，拆除过街凉亭，取缔土地庙，锯短屋檐，加宽路面，整修道路，建立街房卫生责任制，撤巷填溪，改修铺面使其统一标准；把混乱窄塞的旧街巷，扩建成纵横交错、整齐宽广的新街道，北碚"市街秽乱初步得到治理"，"一变而为地阔天宽

---

① 参见《关于规定江巴璧合四县特组峡防团练局职员成绩考核办法的函》，重庆市档案馆藏，档案号：0081000100321000058000；《江巴璧合四县特组峡防团练局1932 年度考核试题》，重庆市档案馆藏，档案号：0081000100286000014000；《江巴璧合四县特组峡防团练局严守办公纪律》，重庆市档案馆藏，档案号：0081000100537000036000。

② 佚名：《由北碚村政说到军队与建设》，《革命军人》第 11 期，1933 年，第 22—29 页。

③ 《江巴璧合四县特组峡防团练局团务会议记录》（1934 年 11 月 12 日），重庆市档案馆藏，档案号：0081000900029000030000。

的新北碚"。①

其二，保留自然风光，建造公园。卢作孚上任后，以将嘉陵江三峡地区建成"皆清洁，皆美丽，皆有秩序，皆可居住、游览"之区域为目标，以"凡有隙地必有园林"为宗旨，开始了北碚场及周边三峡区域的环境建设。为保护当地的名胜古迹温泉寺，卢作孚在任北碚峡防局长后撰写的第一篇文告，即是为修建公园筹募款项的《建修嘉陵江温泉峡温泉公园募捐启》，文中指出修筑公园"不仅足供公共游乐，而于一般人士培养优美之情感，增加自然之认识，提高经营地方事业之志愿，尤助莫大焉"，②嘉陵江温泉公园（后更名为重庆北温泉公园）由此成为我国最早的平民公园。卢作孚还安排峡防局政治股公益组负责管理公园，发动群众植树造林，此后在峡区内还先后修建了北碚平民公园、澄江运河公园等。

其三，建设基础设施。基础设施建设是近现代城乡建设中的重要组成部分。在交通方面，峡区先后主持修建了北川、戴黄、夏溪三条轻便铁路；联合民生公司开通了重庆、北碚、合川间的嘉陵江水路航线，使重庆、北碚、合川间每日各有一班汽船上下。为发展交通，卢作孚亲自带领峡防局的官兵到嘉陵江淘滩疏浚，在沿江各处测划水表，表示水之深浅以利航行。在通信建设方面，率先在峡防局设立了电话交换室，安设 30 台交换机，安装乡村电话，到 1930 年 3 月，北碚各场镇乡村电话开通，与重庆、合川间皆能通话。此外，还增设卫生防疫站，下设峡区医院，开办博物馆、体育馆，成立邮政局，以创办三峡染织厂为契机购入发电机和抽水机，解决了部分民众的供电供水需求。这些基础设施建设在很大程度上改善了北碚民众的生产生活条件。

当然，北碚地方的空间实践并非一蹴而就，空间格局的置换也涉及空间主权的让渡。如峡防局民兵为建设博物馆而拆除东岳庙及庙内佛像时，就有民众质疑："峡防局的人是天上放下来的，敢打菩萨！"但庙宇拆除后并没有"显圣降灾"，人们也就没有意见了；整顿街道时需锯短两边屋檐，

---

① 陈秉超：《北碚人民深切怀念卢作孚先生》，重庆市北碚区政协文史资料工作委员会、重庆市北碚区卢作孚塑像及配套设施筹建委员会编《北碚文史资料：北碚开拓者卢作孚》，1988，第38—41页。

② 卢作孚：《建修嘉陵江温泉峡温泉公园募捐启》，王果编《中国近代思想家文库·卢作孚卷》，中国人民大学出版社，2015，第41—43页。

也有民众言："自有北碚场便是这样的街道，你偏偏一来就见不得了，走不得了。"面对这种情况，峡防局民兵以动员说服为主，逐步进行改造，留下最难说服的几户，"待周围的环境改变了，这些人有的自行拆除，有的请求峡防局帮他拆去，以归划一"。① 随着地方环境建设的推进，民众逐渐认识到建设的好处，改变了对于乡村建设的认知。

伴随着乡村建设运动的开展，"北碚"原有的"匪窟"特征逐渐改变，"乡村建设"成为北碚地方社会的代名词。北碚的建设尽力保存原生环境与空间特色，制定合理的现代化规划，既保留了北碚的乡村特色，又兼具现代城市的雏形。由此，它赢得了"乡村都市"的美誉，有赞者说"它有天然的风格，十足的乡村风味"，还有"合理化的设施"。② 北碚之所以能消除原本高度区隔、失序的地方特征，关键在于权力空间的重塑，以峡防局为核心，地方精英利用了当时的地方自治政策，推动北碚向开放、现代的乡土空间转化。

四 集体记忆：北碚地方历史再生产

对一个社会而言，当它在经历转型和变革时，总会带上过去的印记，累积的集体记忆恰好成为过去与现在的桥梁，使一个新的社会具有存在的合理性。集体记忆包括交往记忆与文化记忆，交往记忆源于亲历者们日常生活中的互动，是同时代人通过日常接触和交流建立的共同记忆；文化记忆则包含某特定时代、特定社会所特有的可以反复使用的文本系统、意象系统、仪式系统，作用在于传达特定社会的自我形象。③ 哈维指出，地方是集体记忆的场所，借助交往记忆与文化记忆，行动者们能建立并培养共同的地方认同和地方想象。④ 为重塑北碚的交往记忆，卢作孚等地方精英一方面组织本地乡民参与地方社会建设，营造现代化的民主环境，通过集团生

---

① 高孟先：《卢作孚与北碚建设》，中国人民政治协商会议全国委员会文史资料研究委员会编《文史资料选辑》合订本第25卷第74辑，中国文史出版社，2000，第84—85页。
② 龚平邦：《北碚》，《中央日报》1939年2月17日。
③ 〔德〕扬·阿斯曼：《文化记忆：早期高级文化中的文字、回忆和政治身份》，金寿福、黄晓晨译，北京大学出版社，2015，第46—52页。
④ D. Harvey，*Nature and the Geography of Difference*，pp. 370 – 371.

活和集体参与建构乡民的日常记忆，增强乡民对地方的功能依赖和情感依
赖；另一方面运用北碚的现代化基础设施及风景环境优势，吸引外地民众
赴北碚参观游览或参与集会，促进"我者"（本地人）与"他者"（外地
人）的交往互动；为实现"北碚"文化记忆的再生产，卢作孚等地方精英
开办报纸杂志，重构现代化的地方意象和节日仪式，塑造新的地方性想象，
赋予了北碚地方性新的内涵。

（一）集团生活：交往记忆的再生产

卢作孚认为传统的乡土社会要进入现代，"不能不有现代的相互依赖关
系"，为把这种关系作用于地方的社会生活中，不能不构建"现代的集团生
活"，他将"现代的集团生活"视为"社会生活的核心"，是人们在"娱
乐"、"工作"和"学问"的过程中形塑的现代化的依赖关系和生活方式。[①]
由这种现代集团生活的依赖关系互动所产生的记忆，即是对北碚交往记忆
的再生产。

北碚的乡村建设是卢作孚除通俗教育馆与民生公司外，创造现代集团
生活的第三个试验。北碚在乡村建设运动以前，延循的是传统乡土社会的
集团生活模式。人们在生产生活上极其依赖家庭和亲戚邻里朋友间狭窄的
关系，造成传统乡土社会封闭孤立，一盘散沙。"除了每年偶然唱几天或十
几天戏外，没有人群集会的机会，除了赌博外没有暇余时间活动的机会；
除了乡村的人们相互往还外，没有与都市或省外国外的人们接触的机会。"[②]
现代化集团生活为北碚民众创造了现代的集会活动、娱乐方式以及与外界
更多的交往机会。

首先，以现代生活方式改造民众惯习。以北碚市场为圆心，将博物馆、
运动场、图书馆、兼善中学、平民公园等现代化公共基础设施分建四周，
"将地方变成一个现代的陈列馆"。[③] 通过在这些设施内定期举行集会、演
讲、新闻广播、电影放映等各类公共娱乐活动，将地方民众聚集起来，改
善民众的生活习惯，增强民众对地方的功能依赖。在接触并感受现代化基

---

① 卢作孚：《社会生活与集团生活》，《新世界》第 42 期，1934 年，第 1—5 页。
② 卢作孚：《四川嘉陵江三峡的乡村建设运动》，《中华教育界》1934 年 10 月 1 日。
③ 卢作孚：《四川嘉陵江三峡的乡村建设运动》，《中华教育界》1934 年 10 月 1 日。

础设施带来的便利的同时，地方民众逐渐建立起对于各类新兴社会事业的依赖和记忆。此外，峡防局还设立民众教育办事处，通过组织峡防局职员挨家挨户开展民众教育，将"周围几家或十几家都集中在一家授课……大大增进人群集会的快乐"，[①] 在增进民众"学问"的同时，亦促进了峡防局工作人员和普通乡民间的互动，形塑了不同记忆客体共同的集体记忆。

其次，激励民众自治精神，培育民众参与公共事务的积极性。卢作孚指出"集团生活的意义是共同发现问题解决问题"，[②] 峡防局支持民众自行推选主持人，组建"里民代表大会"，然后大家一起想办法，利用工余和农隙时间，共同解决码头环境、道路卫生、预防水灾火灾等问题。如为解决北碚市场在汛期常被洪水淹没的困境，民众自发组织全体市民会议，分头征求市中及周边市民的意见，决定除集市日期外，全市总动员出钱或出力，筑堤并加宽了市场地面。民众的集体民主参与，催生了其地方自豪感，亦推动了地方现代经营的转型。这种精神上的培养是北碚乡村运动独有的，时任中国科学社总干事的杨允中对比北碚及南通乡村建设后评价道："北碚精神上之建设，视南通更为完备，且精神之建设较物质之建设尤为长久。"[③]这是卢作孚创造现代集团生活的重要成就。

最后，吸引外地民众赴北碚参观游览，参与集会，改善外地人对北碚的印象，形成北碚在他们中的新记忆。一方面，在开放型现代化山水园林的乡村建设取得一定成绩后，动员周边市县和外省人到北碚来参观，改变人们对北碚的旧观念。在参观中，不仅开放地方公园与风景区，也开放地方现代化的建设事业，"由办公、上课、研究的地方以至于寝室、厨房、厕所，都让他们参观完"。[④] 另一方面，举办体育文化活动，如1929年北碚组织开展嘉陵江运动会，共有周边市县38个单位1161人参加，是中国近代体育史上规模最大、参加面最广的运动会；1934年中国科学社在嘉陵江温泉公园举行年会，这是近代以来第一次有学术团体赴四川考察，北碚地方全新的乡村面貌亦震撼了与会学者，称其"实为国内一模范村也"。[⑤] 这些活

---

① 卢作孚：《四川嘉陵江三峡的乡村建设运动》，《中华教育界》1934年10月1日。
② 高孟先：《卢局长讲评》，《工作周刊》1933年3月30日。
③ 杨允中：《北碚赋予精神建设》，《嘉陵江日报》1933年8月27日。
④ 杨允中：《北碚赋予精神建设》，《嘉陵江日报》1933年8月27日。
⑤ 姚国珣：《中国科学社第十八次年会记事》，《科学》第18期，1934年，第132页。

动，既让外地人亲身体验了北碚乡建的成就，又增加了本地人对现代体育、科学事业的兴趣。

（二）媒体宣传：文化记忆的再生产

与注重互动依赖关系的交往记忆不同，文化记忆是集体记忆特征的表达符号，需要记忆载体的细致引导。北碚的文化记忆通过乡村建设运动中的文本系统、意象系统和仪式系统等记忆附着的客观媒介载体的现代化建设得以再生产。这些媒介载体既能结合地方特色对地方民众进行教化，又是北碚乡村建设事业的"代言人"，是北碚地方对外宣传的重要途径。

在文本系统方面，北碚借助现代化的报纸杂志加强舆论引导，塑造北碚的现代形象。1928 年，峡防局发行《新生命》画报，对不识字的乡民用图画施以教育，宣传地方事业，引起人们经营地方事业的兴味。同年，峡防局组建嘉陵江报社，出版《嘉陵江》报，1931 年改为《嘉陵江日报》，4 开版面除第一版刊登国内外新闻外，其余均以报道峡区地方建设进展和民众生活为主。为吸引识字率不高的乡民，报纸的白话字句很浅显，只要读过一两年书的都可以看懂，每期出版 500 份，印好后派专人送至峡区各场及周边江巴璧合四县，并张贴在码头、民众会场、渡船及其他公共场所，供民众阅读。1933 年，中国西部科学院与峡防局联合创办《工作周刊》（1937 年更名为《北碚月刊》）杂志作为北碚的官方杂志，邀请北碚及外地知识精英踊跃撰稿。《工作周刊》一跃成为各地交流乡村建设经验的平台，先后刊登过邹平、定县、晓庄等地的乡村建设历程。此外，北碚还出版了《峡区事业纪要》（1935 年）、《三峡游览指南》（1938 年）等图书作为文本宣传资料，用以记录并宣传北碚地方的文化、景观、现代社会生活等状况。

意象系统的文化记忆则是知识精英对乡村建设时期北碚地方的客观形象或艺术形象的描述与表达。如杜重远考察北碚后，称北碚"昔称野蛮之地，今变文化之乡"。[①] 1935 年中央军事委员会参谋团来北碚参观后评价道："巴县名胜之区，首推北碚……十年前遍地荆棘，匪风四炽之三峡，到如今

---

① 杜重远：《从上海到重庆》，氏著《狱中杂感》，生活书店，1937，第 184—185 页。

竟成夜不闭户，游人如织之境界。"① 1936 年，黄子裳论及北碚及周边三峡的乡村建设现状时，称"已造起可爱的环境"，"已形成可开发的区域"，"便于远近人士游览"。② 龚平邦称："凡是到过四川的人，'北碚'这两字，我想谁都听见过。"③ 黄炎培更是盛赞："北碚两字，名满天下，几乎说到四川，别的地名很少知道，就知道有北碚。"④

从仪式系统来看，北碚以重构地方性节日的现代化表达推动了文化记忆的再生产。仪式系统是文化记忆的首要组织形式。在北碚，节日不仅是传统习俗的文化符号与文化表征，更被赋予了现代化的教育意义。如峡防局在春节期间选编《新年联语》来更新春联内容，提醒民众向美向善，改革迷信活动；新年娱乐中保留了传统的玩龙灯、打莲箫等活动，选编了"戒烟、戒赌、戒缠脚、剪指甲、灭苍蝇"等莲箫词来教育民众；最盛大的北碚传统"夏节"（端午节）则被塑造为"民众教育节"。在此期间，除了传统的赛龙舟，还展出民生公司建造的电车、飞机和轮船等模型，这些模型都是在内陆地区难见的现代化交通工具；开办农产及动植物标本的展览，拓展民众视野，让其见识到现代化的生活样式，其"吸引力量"则"非常之大"。于是"夏节"成为特殊的日子，甚至"学校的学生、工厂的工人、北碚的市民……也都欢天喜地地盼望着夏节的到来，而且也都很踊跃地来参加这个有意义的活动，这时，此间的空气简直是被一种新的精神燃烧着，充满了动的活力"，这些活动极大吸引了当地民众，甚至年近 90 岁的老太太为"看稀奇"，特地坐滑杆来，"看到北碚场已大大改变了，感到非常惊异"。⑤ 这是一种新的方式，周边区县赶来观赏北碚夏节的周边市县人士多达千人。

纵观北碚时间维度上的地方性再生产，集团生活的交往记忆再生产重塑了北碚的地方想象；传播载体的文化记忆再生产实现了北碚现代化的地方认同，两条路径都根植于北碚乡村现代化的集体记忆。经由集体记忆的象征性叙述，能强化北碚的地方特色，形塑北碚地方形象的现代意义。

---

① 《参谋团畅游北碚》，《商务日报》1935 年 2 月 22 日。
② 黄子裳：《嘉陵江三峡乡村建设实验区成立经过》，《工作月刊》1936 年 9 月 1 日。
③ 龚平邦：《北碚》，《中央日报》1939 年 2 月 17 日。
④ 《三峡游览指南》，第 35 页。
⑤ 葛向荣、舒杰：《一年来的北碚民众教育》，《工作月刊》1936 年 9 月 1 日。

五 结束语

本文采用时空一体的研究进路探讨了乡村建设进程中地方性再生产的实践逻辑，北碚的地方性再生产在地方社会历史的自主演进中不断附加新的含义。伴随着乡村建设运动的开展，组织和环境建设重构了北碚的地域结构，集团生活及媒介传播重构了北碚的集体记忆。通过地方性的再生产，北碚成功打造出现代化的"乡村都市"面貌，"宽广的街道、各种公共建筑、市政中心及其事项，远非普通中国城市可望其项背"，成为"具有生命要素的社会"。① 此外，北碚还带动了整个嘉陵江三峡地区的乡村建设，对周边璧山、江北等县乡的经济文化发展起到了驱动作用，它们改革地方一切事业大致都要仿照北碚。

从北碚乡村建设运动中地方性再生产的特征来看，在传统乡土社会向现代化转型的过程中，地方过去的物质景观与文化遗存是地方性重构的客观基础；高内聚和高效率的组织核心是地方性再生产的动力机制；基于原生环境的优化改造是重塑地方性的重要手段；源于现代集团生活的交往记忆是重建地方认同的关键要素；根植于地方文化记忆的传播载体是再造地方想象的主要方法。以卢作孚为首的地方精英在北碚地方性重构的过程中扮演了推动者和主导者的角色，为北碚地方性的发展奠定了坚实的基础。北碚地方性再生产所展现的，不仅是乡土社会面对现代化所体现出的可塑性，更是借助不同地域间乡土社会的对话与互动构建起地方的开放性。

百年回望，民国时期的乡村建设运动最有影响力的当数定县、邹平和北碚三处。梁漱溟在邹平"文化复兴"式的乡建模式、晏阳初在定县"平民教育"式的乡建模式，均以文化与教育为立足点，将"地方"视为改革的试验场，其目的是对知识精英熟悉的理论武器和教育手段的试错，但这些手段难免忽视乡土社会的地方特征，其行动与地方民众的需求相悖，最终导致"乡村不动"。与邹平、定县不同，北碚的乡村建设有以下特征：一是以本地精英为主，卢作孚等建设者大多为北碚及周边峡区的"地方人"，其乡建模式始终根植于北碚地方社会的本质特征及由此衍生的地方民众的

---

① 吴相湘：《晏阳初传》，台北：时报文化出版事业有限公司，1981，第470页。

根本需要，这是透视与重塑乡土社会地方性的关键前提；二是地方民众的动员程度不同，北碚坚持地方社会动员，打造民主的、开放的乡土社会，构建乡建者、外来人与地方民众间平等共生的依赖关系，群策群力的集体参与促使再生产的地方性得以被多元主体认同与接纳；三是乡村建设的目标不同，北碚以"乡村现代化"为建设目的，从时空整体循序渐进的建设途径缓和了传统与现代的矛盾对立，从而促进北碚结合现代化要素对地方特征进行改更与调适，实现了传统乡土社会地方性的现代阐释。北碚的乡建实践表明，乡土社会面对现代化转型时具有开放性和可塑性，地方性可以通过时空整体的路径机制得以再生产。

在全面实施乡村振兴战略的大背景下，乡村建设行动的本质是结合现代性要素对乡土社会生产、生活及关系的时空再造。随着互联网科技、交通网络等现代性要素愈加成熟，地方性再生产的空间实践与集体记忆不再囿于地缘网络的边界，而是被裹挟进更加流动与均质的信息技术社会中，这就需要学者们进一步思考如何动员乡民构建地方性的内源机制和集体认同，实现村社整体权益最大化的村社理性。打造独特的乡村文化品牌、增加乡村公共产品的制度供给以及重现乡村物质景观，都是当下亟待进一步研究的地方性再生产的可行路径，有助于推动我国乡村社会治理走向善治。

［原刊《中国农业大学学报》（社会科学版）2021 年第 6 期］

本土知识人与乡村建设运动[*]

——华西实验区乡村工作者群体考察

谢　健[**]

　　1949 年 11 月，在江北县担任民教主任的童象植这样回忆其参加华西实验区工作的缘由：在了解"晏阳初先生的乡建运动的历史及其伟大的使命"之后，"我开始对这工作产生了兴趣"，随后"决然地踏上了乡建之路"。[①]从 20 世纪 20 年代开始，"归农运动"成为中国一种新兴的社会运动，也被视为"现代青年的出途"和"救中国的出发点"。[②]以定县为例，除南开、燕京等高校的师生外，仅参加平教会在该县实验的各层次人才就"约千余人"。[③]但与定县"博士下乡"不同的是，和童象植一样担任华西实验区民教主任的 1350 余名知识人[④]大多是毕业于高中、师范、高农等学校的本土人。

　　任何一种事业或运动"绝不会没有社会的因素"，即便是"失败的社会

---

　*　本文受国家社会科学基金重大项目"近代中国乡村建设资料编年整理与研究（1901—1949）"（17ZDA198）资助。

**　谢健（1988—　），重庆璧山人，历史学博士，西南大学马克思主义学院讲师，主要从事近代中国乡村史研究。

①　童象植：《从事乡建以来的回忆》（1949 年 11 月），璧山区档案馆藏，档案号：09 - 01 - 115。

②　孙育万：《写在揭幕前——我们的下乡运动》，《下乡》第 1 期，1934 年，第 1 页。

③　章元善、许仕廉编《乡村建设实验》第 2 集，中华书局，1935，第 508 页。

④　现有"知识分子"概念通常是指受过高等教育、拥有系统知识、关注专业以外领域、具备独立思考能力和批判精神的脑力劳动者。而本文所考察的华西实验区基层工作群体，大多仅受过中等及以下教育，尚不能完全称其为"知识分子"，因而全文统一采用"知识人"这一更为宽泛的概念。

运动"，"也不是一两人想出来的"。① 更何况声势浩大的"博士下乡"运动给乡村带来了积极影响，甚至有人认为在定县"找到了改造农村的方案"。② 但在时人和当下研究者看来，外来主体与本土精英之间存在着天然的隔阂，以致外来主体倡导的乡村建设运动"受制于传统的社会结构"，从而"社会建设能力大打折扣"。③ 那么，本土知识人又是如何看待乡村建设的？在其参与下的乡村建设工作情形如何？这是目前应当考察但学界尚未展开讨论的问题。④

长期以来乡村建设中本土知识人的相关资料较为缺乏，然而这个问题可以在华西实验区的研究中得到解决。上文中的童象植并不是华西实验区唯一对自己工作进行总结的本土知识人，1949 年 10 月华西实验区为"综合同志工作之经验及工作之意见，用以检讨三年来之得失"而计划出版《乡建工作经验谈》，要求所有工作人员撰写经验总结。⑤ 同时在巴县部分辅导区的工作中，民教主任还被要求"写工作日记，按月由辅导员批阅后送辅导区主任评阅"。⑥ 由于历史原因，这些总结和日记都未曾公开，2019 年笔者与璧山区档案馆合作，在档案中整理出了 200 余份总结和日记并计划出版。以这些资料为基础，本文拟以本土知识人群体为对象，考察其对乡村建设的认识、心态与实践，试图展现本土知识人从事乡村建设工作的"易"与"难"，以期推进对乡村建设中"乡村运动而乡村不动"的认识。

---

① 瞿菊农：《乡村建设与教育》，《乡建工作通讯》第 1 卷第 11 期，1949 年，第 1 页。

② 蒋廷黻：《平教会的实在贡献》，《兴华》第 31 卷第 20 期，1934 年，第 12 页。

③ 宣朝庆：《地方精英与农村社会重建——定县实验中的士绅与平教会冲突》，《社会学研究》2011 年第 4 期。

④ 学界现有关于乡村建设工作群体的研究，主要有李晔、李振军《留美知识分子与 20 世纪 30 年代的中国乡村建设——以晏阳初在河北定县的实验为例》，《中国农史》2007 年第 2 期；冯杰《博士下乡与"乡村建设"——以 20 世纪二三十年代河北定县平教会实验为例》，《河北大学学报》（哲学社会科学版）2007 年第 5 期；任金帅《聚同道于乡野：华北乡村建设工作者群体研究（1926—1937）》，山西人民出版社，2013；等等。这些研究大多将研究对象集中在下乡知识人群体上，对于出生于本乡本土、参加乡村建设的基层工作群体，目前尚缺乏探讨。

⑤ 《为本区成立三周年纪念日将届请转所属撰述文稿以便编辑工作经验谈一书由》（1949 年 10 月 28 日），璧山区档案馆藏，档案号：09 - 01 - 115。

⑥ 《民教主任工作习用并重，巴七区按旬开小组会》，《乡建工作通讯》第 1 卷第 16 期，1949 年，第 3 页。

一 华西实验区工作者群体概况

抗战胜利后，基于四川省在战时"对国家贡献至大"，因而蒋介石主张"今后建设工作将首重西南"，将四川建设为"模范省"。① 由此，1946年11月在四川省政府主席张群支持之下，平教会开始在四川省第三专区从事乡村建设实验。② 至1949年11月，华西实验区"工作区域已包括八县的一百六十个乡镇"。③ 由于实际开展的区域较广，因此参与工作的人员有2000人以上。按实际分工的不同，实验区工作者可以划分为两个部分：一是总处人员及各乡辅导干事等管理、技术人员群体；二是驻乡辅导员、民教主任、导生等基层工作群体。后者即为本文"本土知识人"所涵盖的范围。

（一）管理与技术人员群体

华西实验区总办事处人员及各县辅导区主任、干事等属于管理或技术人员，他们大多是平教会会员，直接参加实验区的相关工作，这些人员即属于以往研究中的"外来主体"。这些"外来主体"究竟有多少？按华西实验区组织大纲，总办事处设区主任1人、辅导委员若干人，另设六组三室，其人数不等；地方组织方面，各县（局）划分为若干辅导区，每区设辅导员1人或2人。④ 在随后的规划中，总处除区主任外，"应有各项专家三十五人，干事三十五人，雇员十五人"；全区按6个乡镇为范围重新划分为85个辅导区，"每辅导区设辅导主任一人，技术员一人，干事一人"；各县均设办事处，办事处主任由辅导区主任兼任，另"设辅导员一人，雇员一人"。⑤ 此外，全区517个乡镇均分别设中心民教主任、示范繁殖站负责

① 《致朱季青》，宋恩荣主编《晏阳初全集》第4卷，天津教育出版社，2013，第673页。
② 《抗日战争以来的平民教育》，宋恩荣主编《晏阳初全集》第2卷，第391—392页。
③ 《中华平民教育促进会工作简述》（1950年），重庆市档案馆藏，档案号：0089-0001-00065。
④ 《中华平民教育促进会华西实验区组织大纲》（1948年），璧山区档案馆藏，档案号：09-01-022。
⑤ 《四川省第三行政区平教会华西实验区农村建设计划》（1948年），璧山区档案馆藏，档案号：09-01-022。

人各1人。① 以上所有职务若全部设立，其管理与技术人员就在1000人以上。

到1949年12月，华西实验区的工作并未完全展开，因此其人员职位并未如计划完全设立。根据1949年5月印制的统计表，华西实验区全区有工作人员416人，其中总办事处有134人，各县辅导员、干事等有282人。② 当然，这个统计表并不完整，其中不仅缺巴县第九、十辅导区人员名单，其他附属单位亦未统计在内。根据另外一份人事统计表，到1949年6月华西实验区的管理与技术人员共有领薪工作者436人，乡村建设学院兼职不领薪者10人，其中没有本土人士。就学历来看，这些职员的比例为：留学1.57%，研究院2.03%，大学75.11%，专科8.97%，考试及格6.27%，其他6.05%。③ 由此可以看出，这些人员与民教主任群体不同，属于典型的"外来主体"或"博士下乡"群体。

除上述工作人员外，华西实验区的技术工作还有其他群体参与，即乡村建设学院的实习学生。华西实验区原本就是乡建学院进行研习的场所，因此，其学生参加实验区工作理所当然。④ 在学习过程中，这些学生随时被选派参加实验区的各种建设事务。⑤ 毕业后，这些学生也大多被分配到实验区工作。⑥

（二）基层实际工作群体概况

华西实验区的基层工作群体主要是指在社学区内工作的民教主任，同时也包括驻乡辅导员、导生等。所谓社学区，是指华西实验区内以"户口在二百户左右"或"耕地面积二千石至三千石"为标准，以地形完整和富力均匀为原则进行划分的区域，每个社学区内设置国民学校、农业生产合作社各1个。⑦ 按

---

① 《华西实验区各区及区本部各组负责人座谈会纪要》（1948年12月30日），璧山区档案馆藏，档案号：09-01-006。

② 《中华平民教育促进会华西实验区工作人员一览表》（1949年5月），璧山区档案馆藏，档案号：09-01-068。

③ 《中华平民教育促进会华西实验区人事统计表》（1949年6月），重庆市档案馆藏，档案号：0089-0001-000003。

④ 《私立中国乡村建设学院简史》，稿本，西南大学校史馆藏，第22页。

⑤ 《卢作孚董事莅院讲演》，《乡建院刊》第2卷第3期，1949年，第11页。

⑥ 《梁滩河工程队将有大批生力军》，《乡建工作通讯》第1卷第2期，1949年，第3页。

⑦ 《什么是社学区》（1949年），璧山区档案馆藏，档案号：09-01-057。

此标准，华西实验区全区预计划为 4000 个社学区。① 在人员设置上，每个社学区的国民学校均分设小学部和民教部，并"各设专人主持"，其中民教主任"专负成人教育及地方教育推动之责"。② 为方便进行成人教育，每个社学区又分为 5—10 个传习处，每处聘请导生 2—3 人。③

与前述管理、技术人员不同，作为最基层工作者的民教主任主要通过公开考试的形式招聘。应考的考生来源主要有两个：一是由"各乡镇推荐"，二是看见辅导区张贴的招考简章而自行报名参加。④ 根据民教主任的工作性质，考试内容分为基础科目和农村工作实用性知识，如巴县第三区的招考"上午举行国文、数学、农业常识等笔试，下午举行教育通论、合作常识等笔试"。⑤ 在各地，民教主任的考录竞争比较激烈，录取率不到 50%。如铜梁县第一区的招考，"报名者一一四人，取录五十一名"；⑥ 江北县第二区"报考人数共有一百三十二人"，"共录六十四名"；⑦ 巴县第五区的录取率更低，"参加考试者共一百七十八人"，经过笔试和口试，"结果共录取三十六人"。⑧

除公开招考外，部分民教主任是直接聘用的。如璧山县第三区因"人才缺乏"，经商议后"调本校小学部主任谭永泰接充斯职"；⑨ 江津县和平乡的民教主任夏慕寒，则是经过实验区果实蝇防治队的推荐而选任的。⑩ 此外，也有实验区聘任技术人员做民教主任的情形。如铜梁县西泉乡由于要

---

① 《四川省第三行政区平教会华西实验区农村建设计划》（1948 年），璧山区档案馆藏，档案号：09 - 01 - 022。

② 《璧山地方建设中心工作计划大纲》（1947 年 7 月），璧山区档案馆藏，档案号：09 - 01 - 075。

③ 詹一之等：《科教兴农的先行者——晏阳初华西实验区》，内刊，2001，第 33 页。

④ 张洪达：《乡建工作经验谈》（1949 年 11 月），璧山区档案馆藏，档案号：09 - 01 - 115。

⑤ 《巴县第三辅导区办事处报告》（1949 年 7 月 30 日），璧山区档案馆藏，档案号：09 - 01 - 059。

⑥ 《江北铜梁招考民教主任》，《乡建工作通讯》第 1 卷第 17 期，1949 年，第 3 页。

⑦ 晏升东：《从此处透视江北第二辅导区》（1949 年 11 月），璧山区档案馆藏，档案号：09 - 01 - 068。

⑧ 《巴县第五辅导区工作报告——二月下旬至七月下旬之综合报告》（1949 年 7 月 30 日），璧山区档案馆藏，档案号：09 - 01 - 059。

⑨ 《璧山县第三辅导区来凤乡辅导员 1949 年 4 月工作月报表》（1949 年 4 月），璧山区档案馆藏，档案号：09 - 01 - 099。

⑩ 徐韦如：《记江津的两位民教主任》（1949 年 11 月），璧山区档案馆藏，档案号：09 - 01 - 138。

兴办造纸合作社，其民教主任 10 人由华西实验区直接聘请造纸职业学校的学生担任。①

到 1949 年 7 月，华西实验区一共考选民教主任 1350 人，其中璧山 280人，巴县 580 人，北碚 114 人，江北 116 人，合川 98 人，綦江 101 人，铜梁 61 人。② 这些民教主任从资历上看，学识较为丰富，有的已经在国民小学"教了一年书，作过一期校长"。③ 总体上虽然"资历高低都有录取"，但都是热心乡建、具有领导能力的青年人才。④ 正如铜梁县第一区主任康兴璧在招考总结中所说，"县中优秀青年，已网罗不少"。⑤ 也正因如此，上述民教主任群体构成了本文所探讨的"本土知识人"中的"本土"要素。

那么这个由本土人构成的群体是否能被称为"知识人"？这还要从其学历背景来看。根据各辅导区的工作报告，民教主任大多具有"中等学校教育"经历，如巴县第六区两次录取的民教主任，有高中 29 人，后期师范 5人，高农 8 人，专科以上 2 人。⑥ 在 1948 年的统计中，璧山、北碚、巴县的413 名民教主任，有初中 132 人，高中 117 人，简易师范 50 人，师范 61 人，高农 33 人，专科 11 人，其他 9 人。⑦ 到 1949 年 7 月时，民教主任中拥有中等及以上教育经历的人更多，其具体情况见表 1。

表 1 华西实验区民教主任学历统计（1949 年 7 月）

单位：人

	璧山	巴县	北碚	江北	合川	綦江	铜梁	总计
初中	105	148	—	19	24	15	8	319

---

① 《为准函嘱代为征求优秀毕业学生廿名以备聘用一案复请查照由》（1949 年 3 月 9 日），璧山区档案馆藏，档案号：09－01－146。

② 《教育组七月份工作报告》（1949 年 8 月），璧山区档案馆藏，档案号：09－01－166。

③ 王承厚：《乡建工作经验谈》（1949 年 11 月），璧山区档案馆藏，档案号：09－01－115。

④ 陈贤良：《合一区九塘乡建工作经验谈》（1949 年 11 月），璧山区档案馆藏，档案号：09－01－138。

⑤ 《中华平民教育促进会华西实验区铜梁第一辅导区办事处工作报告（1949 年 4 至 6 月）》（1949 年 7 月 27 日），璧山区档案馆藏，档案号：09－01－153。

⑥ 《巴县第六辅导区一至六月份工作报告》（1949 年 6 月 30 日），璧山区档案馆藏，档案号：09－01－059。

⑦ 《中华平民教育促进会华西实验区工作报告》（1948 年 4 月），璧山区档案馆藏，档案号：09－01－068。

	璧山	巴县	北碚	江北	合川	綦江	铜梁	总计
高中	75	189	—	55	34	43	16	412
师范	38	69	29	22	14	20	13	205
职业教育	26	54	—	14	15	9	14	132
高级农业	4	97	65	2	3	3	8	182
简易师范	21	7	—	—	3	7	—	38
专科以上	11	16	20	4	5	4	2	62
总计	280	580	114	116	98	101	61	1350

资料来源：《教育组七月份工作报告》（1949年8月），璧山区档案馆藏，档案号：09 - 01 - 166。

这些民教主任之所以绝大多数是中等以上学历，是因为实验区有条件限制。根据实验区的规定，民教主任招录一般条件为："1. 须籍隶本保者；2. 年岁在二十五以上三十五岁以下者；3. 须具中等学校教育程度者；4. 身体健全，无不良嗜好者；5. 服务热心，有朝气者。"[1] 在实际招考时各地虽有所不同，但都强调学历，要求符合"（1）后期师范学校毕业者；（2）高级中学毕业并服务教育二年以上者；（3）教师检定及格者"之一的条件。[2] 正是由于实验区的条件限制，大量本土知识人参与到了华西实验区乡村建设之中。这也说明了"乡土中生根的读书人，终于成了民众自己组设之社团的领袖"，乡村知识人"动起来"参与乡村建设逐渐成为事实。[3]

民教主任之外的导生，是乡村建设中扫盲教育的重要角色。导生一般由民教主任自行聘请，在工作手册中实验区建议聘请"本乡本土""富有学习兴趣"的生产农民，[4] 但在实践中，导生大多是"选拔资深德重、学识较为丰富者担任"。[5] 这种情况之下，所聘请的导生多为"留在乡间的有闲的知识青年"或地方士绅，因而从学识上看这些导生也大多受过新式教育，

① 《巴璧实验区工作提要》（1947年），重庆市档案馆藏，档案号：0089 - 0001 - 00143。
② 《中华平民教育促进会华西试验区巴县第八辅导区办事处招考国民学校民教部主任简章》（1949年3月），璧山区档案馆藏，档案号：09 - 01 - 108。
③ 《关于机织生产合作社实务人员问题》，《乡建工作通讯》第1卷第16期，1949年，第1页。
④ 《工作答客问》（1949年），璧山区档案馆藏，档案号：09 - 01 - 057。
⑤ 《为呈送本区一至六月份工作报告表请鉴核备查由》（1949年7月30日），璧山区档案馆藏，档案号：09 - 01 - 197。

也能够算作本土知识人。① 如璧山县第五区的 2287 名导生，受过初等教育者 566 人，中等教育者 974 人，高等教育者 27 人，私塾等其他教育者 720 人。② 由此，以民教主任为核心，包括导生、本土技术人员等构成了华西实验区乡村建设工作的本土知识人群体。

二 本土知识人眼中的乡村与乡村建设

近代以来"地方精英向城市的单程流动"使得城市知识分子出现"冗余"现象，从而造成城市知识分子"进身无门"的严重社会问题，随着农村危机加深，知识阶层出现了新的转向——"下乡去"。③ 正如晏阳初所言，"知识分子回到乡村"是解决"人才没有出路"和"找不到人才"这个矛盾的关键。④ 这些"下乡"的外来知识人对于"三农"有着详细的描述，同样，本土知识人对"三农"与乡村建设运动也有着独特的看法。

（一）对农民与农村的认识

农村破败，农民生活不堪，这是近代以来知识人在描绘农村场景时的常用语句。早在 20 世纪 30 年代的中国乡村研究中就指明了导致这种现象的原因所在。⑤ 虽然这些研究或讨论"未达旨要"，但是近代以来学界对于中国乡村危机的普遍认识。⑥ 对于身在农村的本土知识人而言，首先是对农民痛苦、农村破败的切身感受，在体察这种痛苦之余，更在追寻其根源。

"愚、穷、弱、私"是晏阳初对于当时中国人基本缺点的总结，而"中国人民的最大多数是农民"，因此农民在这方面的问题更为突出。⑦ 本土知

---

① 《教育工作座谈会议记录（一）》（1949 年 10 月 4 日），璧山区档案馆藏，档案号：09 - 01 - 073。
② 《中华平民教育促进会华西实验区工作报告》（1948 年 4 月），璧山区档案馆藏，档案号：09 - 01 - 068。
③ 任金帅：《"归农运动"与乡村建设人才思想的转变》，《华中师范大学学报》（人文社会科学版）2012 年第 4 期。
④ 晏阳初：《目前乡村建设的重要性》，《乡建院刊》第 2 卷第 2 期，1949 年，第 2 页。
⑤ 陈醉云：《复兴农村对策》，《东方杂志》第 30 卷第 13 号，1933 年，第 112—113 页。
⑥ 王先明：《现代化进程与近代中国的乡村危机述略》，《福建论坛》（人文社会科学版）2013 年第 9 期。
⑦ 《中华平民教育促进会定县实验区》，宋恩荣主编《晏阳初全集》第 1 卷，第 595 页。

识人身在乡村，首先接触到的人就是农民，或者他们本身就是农民。在他们看来，一些农民确实"有愚、弱、贫、私的病根"，"他的脑精难作主张"，[①] 即便是一些勉强能够作为导生的识字者，也"多半教育程度甚低，知识浅薄，不明大体"，对于乡村建设"心有余而力不足"。[②] 但这些人也看到了老百姓的善良和"他那纯洁的心儿"，农民"没有什么反对，只有服从"，害怕抽丁与征粮；[③] 也认识到了农民的"能力并不像同我们理想中的那样薄弱"，对于他们有益的事，"他们无有不竭诚欢迎"且"能发挥出无限的潜力"。[④] 因此，这些工作者在乡村工作之中"当了老百姓的学生，当了儿童们的学生"，所学的东西比以往所受"教育似乎要实际得多"。[⑤]

对于农民的生活，在本土知识人看来确实相当清苦。由于"科学落后，工商业不发达"，"农村经济凋敝得连农民过最低劣的生活，几乎都不能维持了"。[⑥] 农民"完全过着牛马似的生活"，佃农一日三餐"都是干制的盐菜"，"说不上营养"。[⑦] 正是因为农民"找钱吃饭穿衣等问题为解决之先"，所以失去了受教育的机会。[⑧] 对于农民的痛苦，在本土知识人看来并非完全是农民自身不努力所导致的。农民固然有"智识不到"、服从"偶像"而造成的病态心理，使其不能自发从事乡村改造，[⑨] 但是"天灾、迷信、疾病的层层束缚"，"贪官土劣、党棍特务、政工人员压迫"的影响则更为直接。[⑩] 在工作中，本土知识人看到了乡村中"刁民""想吃人、害人"，了解了"现在的保民大会实际是为数人垄断"的情形。[⑪] 由此，他们更加强化了解

① 印笃清：《从如何办理合作社调查谈到开成立大会》（1949 年 11 月），璧山区档案馆藏，档案号：09 - 01 - 091。
② 《报告》（1949 年 11 月 2 日），璧山区档案馆藏，档案号：09 - 01 - 103。
③ 刘成禄：《乡建工作经验谈》（1949 年 11 月），璧山区档案馆藏，档案号：09 - 01 - 115。
④ 李靖东等：《歇马乡联合社的成立经过（续）》，《乡建院刊》第 2 卷第 4 期，1949 年，第 6 页。
⑤ 《下乡半年》，《乡建工作通讯》（增刊）第 2 卷第 1 期，1949 年，第 3 页。
⑥ 原真：《向乡建工作同志进一言》，《乡建工作通讯》第 2 卷第 12 期，1949 年，第 1 页。
⑦ 林扶：《乡村建设经验谈》（1949 年 11 月），璧山区档案馆藏，档案号：09 - 01 - 115。
⑧ 王文海：《我所遭遇的学生问题》（1949 年 11 月），璧山区档案馆藏，档案号：09 - 01 - 115。
⑨ 梁宗肃：《我对于乡建工作的意见》（1949 年 11 月 9 日），璧山区档案馆藏，档案号：09 - 01 - 122。
⑩ 梁桢：《璧山归来（续）》，《乡建院刊》第 2 卷第 8 期，1949 年，第 3 页。
⑪ 文贻宇：《乡村建设经验谈》（1949 年 11 月），璧山区档案馆藏，档案号：09 - 01 - 138。

除"苦力之苦"和开发"苦力之力"的信念。[1]

与农民生活困苦相对应的是农村经济的破败，这种破败可以从技术和环境上解释。"我国号称以农立国"，但是在农业生产上"大都以手工从事操作"，从而"生产品之收获鲜丰，品质亦乎不良"。[2] 加之匪祸蔓延、军阀割据、内战频仍的社会环境，从而导致"中国农业经济崩溃"。[3] 当然，在本土知识人看来制度因素是更为重要的原因，其中以土地制度影响最大。"土地是农民的生命，物质文明的发轫点"，而农村中"土地全集中于少数地主之手，真正从事耕种者不得不仰给地主"。[4] 农民"受了封建传统压迫和地主的剥削"，"无法温饱，受尽了饥寒的痛苦"，"农村悲剧愈演愈烈"。[5]

中国的根本在于乡村，在"向现代社会过渡的里程中，遭到无法排除的阻碍时"，"还得在乡村中奠定现代化的根基与途向"。[6] 对于正在濒临死亡的整个中国农村而言，"建设乡村在今天已成为最迫切的工作了"。[7] 正因如此，这些本土知识人看到了农村改革与建设的迫切性，他们主张"乡村建设固然应以教育为手段"，但更要"斟酌施以救济"，[8] 同时"在土地制度上去求改变"，"调整都市与乡村对立的矛盾"。[9] 由此，这些人高呼"一切建设事业，都在我们每一个乡村工作同志的肩上"，要"引发农民的潜在力量"，"改造为现代化的农村"。[10]

（二）关于乡村建设的认识

所谓乡村建设，并非"一般意义上的在乡村中的建设事项"，而是指

---

① 童象植：《从事乡建以来的回忆》（1949 年 11 月），璧山区档案馆藏，档案号：09 - 01 - 115。

② 张清昌：《建国基础在农村》（1949 年 11 月），璧山区档案馆藏，档案号：09 - 01 - 138。

③ 魏树森：《农业之我见》（1949 年 11 月），璧山区档案馆藏，档案号：09 - 01 - 138。

④ 齐永祥：《说农地减租》（1949 年 11 月），璧山区档案馆藏，档案号：09 - 01 - 122。

⑤ 黄良生：《青年应走上新中国的道路，合作起来建设乡村》（1949 年 11 月），璧山区档案馆藏，档案号：09 - 01 - 138。

⑥ 《旧问题新认识》，《乡建工作通讯》第 1 卷第 1 期，1949 年，第 1 页。

⑦ 郭才禹：《江津防蛆工作的检讨》（1949 年 11 月 11 日），璧山区档案馆藏，档案号：09 - 01 - 115。

⑧ 梁霁光：《社学区户口经济调查及办理传习处的经验》（1949 年 11 月），璧山区档案馆藏，档案号：09 - 01 - 138。

⑨ 彭公侯：《论泥土文化》，《乡建院刊》第 2 卷第 4 期，1949 年，第 11 页。

⑩ 周光裕：《我的乡村工作观感》（1949 年 11 月），璧山区档案馆藏，档案号：09 - 01 - 138。

"以乡村为本位的民族－国家建设"。^①就华西实验区而言,乡村建设"乃农村社会整个的建设,乃农村社会全体成员共同合作之建设",因而必由教育、经济、卫生、地方自治入手,"连环融合,同归于一"。^②正因如此,华西实验区四大建设配合实施的策略,"获得普遍之赞许"。^③对于本土知识人而言,不太可能对乡村建设理论进行系统性研究,他们更多的是从实际工作中阐述对于乡村建设的理解。

在从事基层工作的本土知识人看来,乡村建设工作的重要性是毋庸置疑的。若要中国"走上富强康乐之道,必先复兴农村",若要复兴农村,必然要进行乡村建设工作,此"亦为国人自力更生之先决条件"。^④因此,乡村建设成为解决他们所观察到的农村问题的直接手段。"我们要复兴国家,没有旁的道路可走,只有一方面从事于农村建设,从经济上改善人民的生活,一方面从事于教育工作,扫除文盲,提高农民的知识水准。"^⑤这些措施使得乡村建设工作兼具了"刷除腐败作风,肃清官僚习气,使社会有新进步"的作用。^⑥总之,他们认为乡村建设"是复兴农村、改进社会,来完成一个自由平等的国家的重要工作",虽然效率迟缓,但"其责任是非常艰巨"的。^⑦

正是这项工作的责任艰巨,"在进行的过程中,也许会受到困难和阻力",因此需要"有耐心和具有极大的抱负"的工作者来实施。^⑧作为建设工作的实际推进者,民教主任肩负着"整个乡建工作的成功失败","是人民的导师,作的是最基本最实际的工作"。^⑨为此,他们提出了"为使工作易于推动,必须免除农民所最厌恶之官僚气派","必须守正不阿,一切行

①　王先明:《中国乡村建设思想的百年演进(论纲)》,《南开学报》(哲学社会科学版)2016年第1期。

②　《四川省第三行政区平教会华西实验区农村建设计划》(1948年),璧山区档案馆藏,档案号:09－01－022。

③　《中华平民教育促进会华西实验区卅七年度工作计划》,《北碚周刊》第8—9期合刊,1947年,第9页。

④　《签呈》(1949年1月17日),璧山区档案馆藏,档案号:09－01－006。

⑤　原真:《向乡建工作同志进一言》,《乡建工作通讯》第2卷第12期,1949年,第1页。

⑥　《报告》(1949年6月),璧山区档案馆藏,档案号:09－01－110。

⑦　伍洋波:《说传习处》(1949年11月),璧山区档案馆藏,档案号:09－01－115。

⑧　陈克:《如何克服环境》(1949年11月15日),璧山区档案馆藏,档案号:09－01－115。

⑨　朱泽芗:《我们应有的抱负》,《乡建工作通讯》第2卷第8期,1949年,第4页。

动为人表率"的工作作风。① 虽然不能有官僚作风，但对于"我国这个农立国家来说，国家任何施政必需达到乡村为旨，所以乡村工作就是政治工作"。② 本土知识人在实际工作中也就强调要加强政教配合，"与当政者随时剖释，并约束同仁，只言工作"。③

当然，在乡村建设的实践中更为重要的工作方法是发动农民，"以外力引发自力"，使"乡村事业得到财力、人力的灌输而发展起来"，使"乡村的农民都能自动的、理智的、有组织的、有计划的来从事乡村建设"。④ 要将农民的力量开发出来，首先就要教育农民，华西实验区的平民教育就是"以引农民自发自动改造社会为目标的教育"。⑤ 这种教育"能破除人民心里的障碍"，使农民"由愚昧到觉醒，由被动到自动，由不会到会"，最终达到"提高他们的生产力，使其自力更生"的目的。⑥ 随后，在农民教育的过程中，又注意到乡村的卫生、经济、自治等问题，从而"不知不觉注意到整个的乡村问题的解决"。⑦

总的来说，本土知识人对于乡村与乡村建设有着基于自身经验的认识。在这个群体看来，农民"多属善良诚朴的，具农村风格的孩子，更天真可爱"。⑧ 但作为一个农业国，由于"循依着数千年来一脉相承的农业社会的轨道，违背时代发展的法则"，再加以"政府对于农民忽视和因循，八年抗战中直接和间接的损害"，农民"沉溺于贫、愚、病、弱的困苦境地"。⑨ 在此情形下，农民"无政治权利以自管，无教育机会以自教，无经济力量以自养，无坚固组织以自卫"。⑩ 或许这种看法与"外来主体"所描绘的情形大同小异，又或许他们并没有能够看到农村破败、农民痛苦的本质原因，

---

① 《报告》（1949 年 8 月 1 日），璧山区档案馆藏，档案号：09-01-110。
② 王华伝：《乡村工作经验谈》（1949 年 11 月 9 日），璧山区档案馆藏，档案号：09-01-122。
③ 何子清：《略论传习教育》（1949 年 11 月 12 日），璧山区档案馆藏，档案号：09-01-091。
④ 《我们的道路》（1949 年），璧山区档案馆藏，档案号：09-01-170。
⑤ 黄非：《传习教育之我见》，《乡建工作通讯》第 2 卷第 12 期，1949 年，第 2 页。
⑥ 朱泽芎：《建设为什么要从教育入手》，《乡建工作通讯》第 2 卷第 11 期，1949 年，第 1 页。
⑦ 《华西实验区工作述要》（1949 年 2 月 11 日），璧山区档案馆藏，档案号：09-01-041。
⑧ 罗本初：《我的传习工作》（1949 年 11 月），璧山区档案馆藏，档案号：09-01-115。
⑨ 周其书：《从本区工作话农村》（1949 年 11 月），璧山区档案馆藏，档案号：09-01-122。
⑩ 《平教会华西实验区璧山第二区工作座谈会记录》（1948 年 8 月 28 日），璧山区档案馆藏，档案号：09-01-219。

但在这群知识人的脑海中确实将乡村建设作为"解除这四大弊病独一无二的金丹",期待它能培养出"新的中华"。① 唯有如此,中国"才能有真正的和平、民主与安全,才能摆脱帝国主义、封建残遗的枷锁"。② 因此,这也就不难理解为何这群本土知识人会发出"深入农村,做一点对于社会国家有所贡献而现实的事业"的号召。③

三 乡村建设实践中的本土知识人

乡村建设工作是一项务实的工作,其"不难于得人,而难于得心",所谓得心,即"求事实之实际,事心如一而不变矣"。④ 乡村工作者只有具有"刻苦、硬干、实干的精神",以此去改造乡村社会,"才能收到乡村工作的实效"。⑤ 但"下乡"的知识人中有许多"并不是真心去作乡村工作",有的"想借此作引进之门",有的"本想去都市,然而找不到饭吃,只好去作乡村工作"。⑥ 与之相对,本土知识人则更多的是真心实意地想要去改造乡村社会,当然,在他们工作的过程中既有推进因素,也有困难障碍。

(一)工作者的心态

从事乡村建设工作,既可以"向农民大众学习","从实际生活中锻炼自己、提高自己",又可以"启发农民","服务农民,给老百姓做事"。⑦ 因此,大多数参加这项工作的本土知识人是十分兴奋的。江北县复兴乡的王鼎在考取民教主任之后被分配到复兴乡第一社学区工作,"我就是在一社学区土生土生〔长〕起来的人",自然是"怀着万分高兴的心情到这儿来工

---

① 王文海:《我所遭遇的学生问题》(1949年11月),璧山区档案馆藏,档案号:09-01-115。
② 《致系友》,《乡建院刊》第2卷第2期,1949年,第5页。
③ 梁霁光:《社学区户口经济调查及办理传习处的经验》(1949年11月),璧山区档案馆藏,档案号:09-01-138。
④ 游文志:《半年来之我见》(1949年11月),璧山区档案馆藏,档案号:09-01-122。
⑤ 《中华平民教育促进会华西实验区甜橙果实蝇防治队第九分队工作总报告书》(1949年10月),璧山区档案馆藏,档案号:09-01-155。
⑥ 千秋:《乡村工作经验谈》,《乡村建设》第6卷第20期,1937年,第2页。
⑦ 《中华平民教育促进会华西实验区甜橙果实蝇防治队第四分队工作总报告》(1949年10月),璧山区档案馆藏,档案号:09-01-155。

作了"。① 巴县陶家乡的周其书刚"离开了学校的怀抱"，便以"诚挚的赤心和纯真的热情"，"踏上了这为民造福的道途，从事乡村建设的实验"。② 从这些表述中，不难看出这个群体的兴奋之情。

本土知识人在兴奋之余，当然也明白乡村建设的困难，这种困难与其他工作所面临的困难还不一样。黄世均就认为"从受训时期起，深觉乡建工作是艰巨而荆棘过多，不易见效，较昔日教鞭生活大有差异"。③ 面对困难，他们坚定了"抱着大无畏精神，决心要干"的态度，常常警醒自己，"我们干基层的工作者，要抱定决心吃苦，忍受委屈"。④ 本土知识人除了表示决心外，也重视对平教精神的强调，有的民教主任在工作中就公开宣称，"我们是平教会培植出来的子弟"，"既来参加了这个事业，只有拼命地作下去"。⑤ 建设乡村工作"我们不怕困难，不怕没成绩"，"今后更当倍加的努力"。⑥ 对这些平教会提倡的传教士精神的重复表述，也说明了本土知识人对于平教会这个外来主体的认同心态。

强化精神支持的同时，本土知识人还在反思自身的能力是否能够满足乡村工作需要。首先摆在这些人面前的是身份认知问题，在以往的观念中，他们认为自己相对于下乡的城市知识人，"原本就是个乡坝佬"，但在实际工作中却发现做"乡坝佬""还没有十分够格"。⑦ 这样一来，原本"非常高兴""如愿以偿"地参加乡建工作的本土知识人，开始反思作为"一个学浅能低的人"在"文化落后偏僻"，"从来没有推行过乡建工作"的地方，"能否胜任其事"。⑧ 反思的结果是，既然"脚踏实地的工作于农业，我们就应该切实努力，使农业进入新式阶段"。⑨ 这些工作者"虽然遭

① 王鼎：《乡建工作经验谈》（1949年11月），璧山区档案馆藏，档案号：09-01-115。
② 周其书：《从本区工作话农村》（1949年11月），璧山区档案馆藏，档案号：09-01-122。
③ 黄世均：《乡村建设经验谈》（1949年11月），璧山区档案馆藏，档案号：09-01-122。
④ 邹声亭：《农地减租之一页》（1949年11月），璧山区档案馆藏，档案号：09-01-122。
⑤ 《校友通讯之一》，《乡建院刊》第2卷第2期，1949年，第13页。
⑥ 李廷荣：《三周年纪念杂感》（1949年11月），璧山区档案馆藏，档案号：09-01-138。
⑦ 陈德禄：《乡建工作经验谈》（1949年11月），璧山区档案馆藏，档案号：09-01-138。
⑧ 谭仲簏：《我是怎样推行乡建工作》（1949年11月），璧山区档案馆藏，档案号：09-01-122。
⑨ 廖精柏：《从事民教工作一年来的感言》（1949年11月），璧山区档案馆藏，档案号：09-01-138。

遇的困难颇多，到处摸不着头脑，但并未因此而灰心"。① 即便"本人做事能力不大"，只要"有利群众之事，即困难重重，总要设法突破或战胜"。② 同时，一些民教主任除了对"工作诸多荒怠，没有特殊的农村建树与工作表现"表示"深感抱歉"之外，更表示要"站在自己的工作岗位上，努力不懈"。③

此外，值得注意的是本土知识人对于乡村改造的心态。基于对"三农"的认识，这个群体在改造乡村社会的心态上比平教会上层更为激进。在华西实验区的工作中，晏阳初也认识到缓和农村阶级矛盾的重要性，强调乡村建设的成果不能为剥削地主所享有，否则"无异于助纣为虐"。④ 而在本土知识人看来，"如欲改良农民生活，提高农民生活水准，必须解除农民桎梏——地主坐享之地租"。⑤ 因此，他们不仅要"本着福利农民的服务精神"，"以最敏捷的手段，最迅速的方法"办理减租工作，⑥ 更要将乡村建设当作"改造社会的工作"和"革命工作"，"领导忠诚可怜的农民，使他们团结起来，对抗地主"。⑦ 即便是在地主眼中"好像成了仇人"，这些工作者也"希望全体农民起来向大地主作有效力的斗争"。⑧ 本土知识人的这种心态反映出其在乡村建设活动中有着自我革命的倾向。

正是在这种兴奋、反思与自我革命的心态之下，本土知识人希望"我们每个人都拿出最大力量来完成建乡的任务，复兴国家，复兴民族"。⑨ 同时，他们也为自己的乡建工作定下了抱负："一、认定启发民力建设乡村，乃目前中国刻不容缓之工作；二、吾人民教主任之工作，乃乡村中最基本最实际；三、惟处于人民里面，为民服务，扶植求得各种知能，方能发生

---

① 周成举：《导生的选拔问题》（1949 年 11 月），璧山区档案馆藏，档案号：09 - 01 - 091。

② 《巴县第一辅导区西彭乡第四社学区民教主任工作日记》（1949 年 9 月 1 日），璧山区档案馆藏，档案号：09 - 01 - 088。

③ 蒋文珩：《我的农村工作》（1949 年 11 月），璧山区档案馆藏，档案号：09 - 01 - 138。

④ 晏阳初：《乡村建设工作的展望》，《乡建院刊》第 2 卷第 4 期，1949 年，第 1 页。

⑤ 李克华：《复兴农村经济初步》（1949 年 11 月），璧山区档案馆藏，档案号：09 - 01 - 138。

⑥ 范基俊：《巴县陶家乡办理农地减租纪实》（1949 年 11 月），璧山区档案馆藏，档案号：09 - 01 - 122。

⑦ 《张浩致郭准堂的信函》（1949 年 9 月 20 日），璧山区档案馆藏，档案号：09 - 01 - 140。

⑧ 杜曲民：《平教工作在虎峰数月来之所得》（1949 年 11 月），璧山区档案馆藏，档案号：09 - 01 - 122。

⑨ 《巴县第八辅导区铜罐乡第四社学区民教主任工作日记》（1949 年 9 月 18 日），璧山区档案馆藏，档案号：09 - 01 - 174。

力量；四、吾人要有成事为荣，败事为耻之决心。"①

（二）乡村工作中的易与难

相对于"外来主体"，身处地方关系网络之中的本土知识人在参与乡村建设工作中，更能取得地方精英和普通农民的支持，因而其较"外来主体"更具优势。因而本土知识人尽管意识到了"今天的农村工作不好办"，但并没有"睁着眼就这样的看着它一天一天地坏下去"。② 作为"乡村建设的最低级干部，是建设乡村的生力军"，他们主动担负起农村振兴的重任。③ 当然，在这个群体的乡村建设实践过程中除了有易于开展的一面，也有诸多阻碍因素。

本土知识人易于开展工作，一方面是因为他们天然地能够得到农民的信任。他们本就生长于当地，"不时与农友们混在一堆，过着乡间朴素的生活，很体味出些他们的生活滋味"，农民也对其所从事的乡村建设工作看作"是他们的救星"，有着"无限的期望"。④ 即便本土知识人的工作地不在其常住地，但经过"把我们的工作，向乡下人表白一翻"，"他们都明了我们的工作，非常相信"。⑤ 另一方面则是利益的诱导。只有"拿实际的工作情形，摆在人民的眼前，他们才会相信我们的工作"，即便是一些小的利益也能让农民对乡村工作建立信仰。⑥ 刚开始工作时"有些人认为是不可靠的，那怕你用尽精力替他解释，他总是当成儿戏"，一旦实现之后，农民就会普遍的有"动心"的表现。⑦ 正是这个群体具有天然优势及其工作方式得当，使得开展工作较早的璧山民众"均已了解平教会实验区对地方无论人力、财力均有所帮助"，从而在实验区与农民之间建立了一种信任关系。⑧

---

① 罗祖勋：《民教主任应有之工作抱负》（1949 年 11 月），璧山区档案馆藏，档案号：09 - 01 - 122。
② 陆旭应：《怎样从事农村工作》（1949 年 11 月），璧山区档案馆藏，档案号：09 - 01 - 138。
③ 邹汝光：《社学区户口经济调查工作》，璧山区档案馆藏，档案号：09 - 01 - 115。
④ 毛金财：《半年来的工作漫谈》（1949 年 11 月），璧山区档案馆藏，档案号：09 - 01 - 138。
⑤ 刘守绪：《下乡》（1949 年 11 月），璧山区档案馆藏，档案号：09 - 01 - 138。
⑥ 周上禄：《查传习处》（1949 年 11 月），璧山区档案馆藏，档案号：09 - 01 - 115。
⑦ 《巴县第八辅导区铜罐乡第四社学区民教主任工作日记》（1949 年 9 月 7 日），璧山区档案馆藏，档案号：09 - 01 - 174。
⑧ 《八月廿四日第二次座谈会记录》（1948 年 8 月 24 日），璧山区档案馆藏，档案号：09 - 01 - 060。

本土知识人易于开展工作的另一个表现，是更容易网罗和争取到地方人士参与农村工作。由于这些工作者生长于本乡，与地方士绅、保甲长或多或少都有一定的关系，因此在聘请这些地方人士参加工作时，对方往往都是欣然同意。① 在实际工作中，也能得到地方人士的支持，并被"寄以无穷之希望"。② 当然，如果工作不在本乡且未曾有过联系，只要事先主动与地方人士联络，以"下乡拜访"和"坐茶馆"的形式向地方士绅、保甲长宣传，"使得他们更正确的明了我们办的工作情形"，工作也能顺利推进。③ 如游冠群初到白沙乡后，即与乡长建立起良好关系，"因而工作阻碍很少"。④ 正因为这种关系网络，本土知识人的工作得以顺利推进，因而有的工作者将私人感情作为推动工作的方法之一，认为"别的恐怕就找不到再好的方法了"。⑤

当然，本土知识人开展工作也并非一帆风顺。他们所进行的工作并不是一开始就为农民所接受，工作困难和进度迟缓也是常有的现象，⑥ 有的工作者在工作时，"还引起了他们（指农民——引者注）的猜疑和不安，甚至怨恨"。⑦ 这种情形也即说明，本土知识人在乡村建设工作中同样面临着某些困境。

本土知识人所面临的困境主要来自三个方面：农民误解、工作见效缓慢及自身局限。就农民的误解而言，一方面农民基于生活经验，不相信有人"肯掏出自己的钱来，帮助别人作乡建工作"，这只是"又在玩什么花头，以备将来榨取民财罢了"；⑧ 另一方面则是担心征兵、征税，"二三十岁

---

① 晏升东：《从此处透视江北第二辅导区》（1949 年 11 月），璧山区档案馆藏，档案号：09 - 01 - 068。
② 《巴县第六辅导区一至六月份工作报告》（1949 年 6 月 30 日），璧山区档案馆藏，档案号：09 - 01 - 059。
③ 彭永芳：《乡建工作经验谈》（1949 年 11 月），璧山区档案馆藏，档案号：09 - 01 - 115。
④ 游冠群：《开办传习教育简史》（1949 年 11 月 9 日），璧山区档案馆藏，档案号：09 - 01 - 122。
⑤ 邓自立：《办理平教工作以来的概况》（1949 年 11 月），璧山区档案馆藏，档案号：09 - 01 - 115。
⑥ 梁自南：《从社学区概况调查谈到传习处》（1949 年 11 月），璧山区档案馆藏，档案号：09 - 01 - 122。
⑦ 萧启禄：《乡建工作经验谈》（1949 年 11 月 12 日），璧山区档案馆藏，档案号：09 - 01 - 115。
⑧ 文贻宇：《乡村建设经验谈》（1949 年 11 月），璧山区档案馆藏，档案号：09 - 01 - 138。

的农民"害怕"以后差兵额恐怕会提调他们去"，[1] 财产上则担心"将来我们的田产是要被他们分划的"。[2] 工作成效方面，虽然通过平民教育能够增进农民的政治、经济、文化等意识，但更重要的吃饭问题未能迅速解决。如一个 1380 人的社学区，"每年收入黄谷在没有旱灾虫害中有一千多个老石，养牛一百卅头，养猪三百多只"，"每年有很多的人吃不饱、穿不暖"，多数农民不可能积极地去参加传习处的学习。[3] 因此，"采用识字教育作为乡村建设的入手，也就遭到最大的困难"。[4] 至于本土知识人自身的局限，一是这个群体中部分人并不重视乡建工作，对"工作之推进毫不理会"，从而造成工作出现问题；[5] 二是有的学识太专，"学稻作的就不懂包谷"，"不能解决农民的实际问题"；[6] 三是身处地方关系网络之中，虽然能够促进工作开展，但也不时受到牵制。以农地减租为例，本土知识人认为减租会影响到其与地主之间的关系和其他乡建工作，因而部分工作者不愿接受该项任务。[7] 即便是接受之后，这些工作者也面临着其身为地主的亲属所带来的压力，以致对于工作"大感辣手"。[8]

结　语

1935 年 10 月，梁漱溟在对邹平乡村建设研究院学生的演讲中称乡村建设所面临的一个难处是"乡下人漠不关心，只是乡村以外的人瞎嚷嚷"，由

---

① 《巴县第八辅导区铜罐乡第八社学区民教主任工作日记》（1949 年 9 月），璧山区档案馆藏，档案号：09-01-174。

② 陈来江：《乡建工作经验谈》（1949 年 11 月 8 日），璧山区档案馆藏，档案号：09-01-138。

③ 翟光庸：《我们的工作他们极需要但又混杂着一点阻碍的力量》（1949 年 11 月），璧山区档案馆藏，档案号：09-01-122。

④ 《报告》（1949 年 5 月 29 日），璧山区档案馆藏，档案号：09-01-172。

⑤ 《兼职兼差妨碍工作，民教主任甘鉴民撤职》，《乡建工作通讯》第 2 卷第 4 期，1949 年，第 3 页。

⑥ 《教育工作座谈会议记录（一）》（1949 年 10 月 4 日），璧山区档案馆藏，档案号：09-01-073。

⑦ 《华西实验区临时座谈会记录》（1949 年 11 月 15 日），璧山区档案馆藏，档案号：09-01-130。

⑧ 何质彬：《办理减租工作前后》（1949 年 11 月 14 日），璧山区档案馆藏，档案号：09-01-204。

此乡村建设是"号称乡村运动而乡村不动"。① 这种批评在一定程度上成为后来人的共识。从对下乡知识人的考察来看，乡村之所以"不动"，是因为下乡后的知识人变成了"外来的拿薪水的职员"，从而造成了乡村工作职业化和衙门化的趋势。② 然而，领导复兴乡村的工作始终需要"有较为高深的近代知识的人"去做，原有的劳动大众不可能肩负起领导农村复兴的重任。③ 在这种情形之下，本土知识人成了不可多得的、能够有效进行乡村复兴实践的基层工作群体。

对于平教会而言，在战后的实验中已经注意到了本土知识人在乡村建设中的作用，指出"政府与华西实验区只能作发动力，究竟完成地方建设工作者，还是地方人"。④ 这里所谓的"地方人"在很大程度上指的就是作为"推动社学区民众教育及农村建设之基本干部"的民教主任群体，即作为本乡本土成长起来且未完全脱离乡村生产的知识人。⑤ 这个群体既有对"桑梓间服务，作乡建工作是很感兴趣"的工作心态，⑥ 又有"促进社会改革、解除国人生活困窘"的志向抱负。⑦ 从这个群体的活动来看，目前虽然没有明显的证据表明这些农村工作者是共产党员或左翼分子，但从他们的认识和实践中却可以看出他们是真心实意地想要彻底改造农村和改善农民生活。

正如全面抗战初期杨开道所总结的那样，"乡村到底是农民的乡村，必需引起农民自动工作，产生农民自身的领袖"，这样才能称为"真正乡村建设工作"。⑧ 以此标准来看，在本土知识人参与下的华西实验区乡村建设，在一定程度上实现了乡村运动中乡村和农民"动起来"的目标。正是由于在此过程中农民被动员起来，华西实验区的乡村建设才有所成绩，地方民众"对于平教会有着或多或少的好感"，以至于解放之后"还存在着对平教

① 《我们的两大难处》，中国文化书院学术委员会编《梁漱溟全集》第2卷，山东人民出版社，2005，第574—575页。
② 江问渔、梁漱溟编《乡村建设实验》第3集，中华书局，1936，第493页。
③ 唐现之：《乡村工作者的培养之商榷》，《大公报》1935年3月10日，第3版。
④ 《平教会华西实验区璧山第二区工作座谈会记录》（1948年8月28日），璧山区档案馆藏，档案号：09-01-219。
⑤ 《总处通知各民教主任不得兼职兼差》，《乡建工作通讯》第1卷第24期，1949年，第2页。
⑥ 张锦藩：《工作简评》（1949年11月8日），璧山区档案馆藏，档案号：09-01-138。
⑦ 《签呈》（1949年1月17日），璧山区档案馆藏，档案号：09-01-006。
⑧ 杨开道：《乡村建设运动过去的检讨》，《现代读物》第4卷第8期，1939年，第10页。

会的关心"。① 当然，本土知识人参与下的乡村建设同样面临着某些困境，只是这些困境更易于解决而已。

[原刊《福建论坛》（人文社会科学版）2020 年第 10 期]

---

① 《原华西实验区农业组工作情况》（1950 年），璧山区档案馆藏，档案号：09 - 01 - 208。

乡镇政权与基层社会治理[*]

——以南京国民政府时期璧山县为中心

谢　健[**]

所谓治理，是指一个共同体中不同主体通过各种活动，进而促进其共同目的和公共利益的实现。[①] 如何实现有效的治理，是近代以来以乡村为核心的基层社会所面临的重大问题。随着社会演变的加剧，近代中国基层治理模式发生了极大的变化，乡镇政权[②]的出现使得基层治理更多地体现了国家意志。特别是在 1939 年新县制实施后，乡镇政权已经成为基层社会中"警察、保甲及国民兵三个体系的混合组织"，[③] 其"一方面承上级机关的命令执行国家行政的一部，一方面要依自己的意思，处理自己团体内的事务"。[④] 具体而言，乡镇政权承担着维持治安、协助司法、调解纠纷等基层社会治理职能。

既然乡镇政权是基层行政和地方自治的核心，其在社会治理中的地位又如此突出，那么其在基层治理中的作用及实践情形就有单独讨论的必要。近年来，学界对南京国民政府时期的地方自治、保甲制度、乡村警察、基

[*] 本文受国家社会科学基金重大项目"近代中国乡村建设资料编年整理与研究（1901—1949）"（17ZDA198）和重庆市社科规划抗战专项"战时璧山实验地方法院资料整理与研究"（2019YBKZ19）资助。

[**] 谢健（1988—），重庆璧山人，历史学博士，西南大学马克思主义学院讲师，主要从事近代中国乡村史研究。

[①] 陈家刚：《基层治理：转型发展的逻辑与路径》，《学习与探索》2015 年第 2 期。

[②] 近代乡镇组织类型及其演变都极为复杂，本文所使用的"乡镇政权"概念主要是指南京国民政府时期以乡（镇）公所为核心的县以下基层组织，包括区、乡镇、保甲等各级组织。

[③] 蒋天擎：《乡镇保处理警察业务须知》，商务印书馆，1944，第 1 页。

[④] 潘襄清：《乡镇立法行政司法的重要》，《浙江自治》第 1 卷第 27—28 期合刊，1937 年，第 10 页。

层调解等问题进行了深入的研究，其中也偶有涉及乡镇政权，但对于乡镇政权的基层治理作用未有单独、系统的讨论。[①] 基于此，本文拟以南京国民政府时期的璧山县为个案，以乡镇政权在基层治理中的角色为切入点，结合相关档案，试图对乡镇政权如何实现基层社会治理的几个问题进行梳理，以期推进对整个近代乡镇政权的认识。

一　社会治理框架下乡镇政权的职权

在梳理璧山县乡镇政权的基层治理实践之前，首先我们要明确南京国民政府的乡镇政权在基层治理中有哪些职权。在晚清、北洋两个时期演变的基础之上，20世纪30年代开始国民政府在基层逐渐建立起了"县—区—乡（镇）—保甲"的行政体系。在这个体系中，乡镇"随时应办之事项"包括警戒治安、查禁烟赌毒等与治安相关事项。[②] 与此同时，在地方自治理论之中乡镇政权又有调解纠纷的职权。

（一）乡镇行政的警察化

乡村警察"不仅为维持治安之用"，同时"一切政令之推进，……无不有赖于警察"。[③] 基于乡村警察的重要性，南京国民政府建政初期也曾积极致力于乡村警察的完善，但始终未能普遍建立。随着30年代保甲制度的复

[①] 在目前的相关研究中有很多涉及乡镇政权，其中有曹树基《乡镇自治中的国家意识形态——以1946年嘉兴县乡镇职员"甄别"试卷为中心》（《社会学研究》2002年第5期），张群《广东新县制下乡（镇）村基层政权建设（1940—1945）》（硕士学位论文，暨南大学，2003），管勤积、杨焕鹏《试论民国时期浙江省乡村基层警察之补助组织》（《东方论坛》2009年第3期），管勤积、杨焕鹏《民国时期警察体系在乡村基层运作的实态研究——以浙江省为中心》（《中国农史》2011年第2期），李精华《抗战时期国共两党农村基层政权建设比较研究》（博士学位论文，东北师范大学，2012），刘魁《民国时期湖北保甲制度与乡村社会（1932—1949）》（博士学位论文，华中师范大学，2014），张爱华《主体的双重缺失——社会治理视角下1930年代广西基层干部考核》[《广西师范学院学报》（哲学社会科学版）2015年第3期]，徐文娟《南京国民政府前期农村基层政治参与——以1927—1937年江苏乡村社会为例》（硕士学位论文，苏州大学，2015），等等。以上成果中管勤积、杨焕鹏的两篇论文从基层警政的角度，对乡村警察、团队与基层社会治安维护的相关问题进行了讨论，但其未能以乡镇政权为核心，围绕乡镇政权与基层社会治理展开讨论。

[②] 《乡（镇）分季办理主要事项草案》，中央训练团编《县各级组织及地方自治参考材料》，1940，"乡镇有关之章则"，第48页。

[③] 沈鹏：《县政实际问题研究》，正中书局，1944，第56页。

兴，县及以下的警察职权大多被乡镇、保甲取代。1936 年颁布的相关法规就规定"未设警察之乡村地方，得暂以保甲代行警察事务，派巡官或警长巡回指导"。[①] 新县制施行以后，乡镇公所代行警察权的情形更为普遍，实际上乡镇行政已经逐步警察化。

一是乡镇政权执行违警罚权。根据新县制的相关法条，县以下政权可以执行相应的违警罚权，内政部认为授予乡镇政权该项权力是"基于法令授权而执行违警罚法无不可"且"必要"。[②] 就人事设置而言，乡镇设立"受乡镇长之指挥监督，办理警察事项"的警卫股主任，保则设警卫干事。[③] 在四川省政府制定的单行法规中，规定条件简陋的乡镇"暂将民政股与警卫股合并为民政警卫股"。[④] 璧山县政府于 1940 年重划乡镇区域，在每个乡镇公所分别设置民政警卫、经济文化两股，其中民政警卫股主任由副乡镇长兼任。[⑤] 就职能而言，民政警卫股职责主要是"维持治安、肃清汉奸并督导人民实施自卫事项"及"其他有关警卫治安事项"。[⑥] 虽然随着基层行政职权的演变，乡镇公所执行违警罚权被一再强调为临时措施并在 1945 年被明确收回，[⑦] 但乡镇行政警察化已经成为一种为大众所接受的趋势。

二是区乡镇长执行司法警察权。所谓司法警察权，是指"犯罪发生后，根据司法法规，从事侦查、搜索及缉捕，以完成刑罚权为其目的"的警察职权。[⑧] 1935 年颁布的《中华民国刑事诉讼法》和相关司法解释就奠定了

---

① 《各级警察机关编制纲要》，《法令周刊》第 318 期，1936 年，第 11 页。

② 《内政部咨（渝警字第四二四五号）》，《浙江省保安处军法月刊》第 4 卷第 2 期，1941 年，第 8 页。

③ 《县警察组织大纲》，《警声月刊》第 5 卷第 6 期，1941 年，第 76 页。

④ 《四川省各县乡镇公所组织规程》，四川省政府秘书处法制室编《四川省现行法规汇编》，1940，第 511 页。

⑤ 《璧山县二十九年度新制实施办法》（1940 年），璧山区档案馆藏，档案号：01 - 01 - 0039。

⑥ 《四川省各县乡镇公所办事通则》，四川省政府秘书处法制室编《四川省现行法规汇编》，第 529 页。

⑦ 1940 年 12 月内政部解释中强调乡镇公所执行违警罚权是补救办法，1943 年新颁的《违警罚法》规定"未设警察局之地方，由地方政府行使违警处罚权"，1945 年 4 月司法院解释中明确指定"乡镇公所非地方政府"。由此，乡镇政权代行警察权从法律层面并不存在。参见《四川省政府训令（二十九年民二字第 32047 号）》（1940 年 12 月），璧山区档案馆藏，档案号：14 - 01 - 0154；《违警罚法》，《立法院公报》第 128 期，1943 年，第 106 页；《院字第二八五九号解释》，《法令周报》第 3 卷第 26 期，1945 年，第 219 页。

⑧ 郭宗弼：《中国警察》（下），警学编译社，1947，第 587 页。

区乡镇长执行司法警察权的基础。1936 年颁布的《调度司法警察章程》，则直接规定了"区长、乡长、镇长及保甲长关于犯罪侦查，以有法令特别规定者为限，应受检察官指挥"。① 到 1945 年颁布《调度司法警察条例》时，区、乡、镇长执行司法警察权再次得到确认。在实践中，璧山县政府也积极要求各乡镇政权长官认真执行司法警察权。如在袁林臣被劫案中，嫌犯卢金廷对所受控告提出异议，璧山县政府即要求丹凤乡联保主任再对该案进行查证，② 其间丹凤镇联保"时经数月"都未有呈复，县政府在随后的训令中对该联保主任大加训斥，要求迅速查复呈报。③

（二）警保联系下的地方治安维护

地方政权武装是伴随近代军阀割据而兴起的，南京国民政府建立之后在各级政权仍保留着各种武装力量。南京国民政府时期地方武装的职权，更多的是担负治安责任，"凡无警察管辖之区域，地方治安皆由保国民兵队负责维持"。④ 就四川来看，省政府在 1937 年就因"盗匪潜滋"而制定单行法规来"责成壮丁队维持地方治安"，其主要"分任搜捕、追击及防堵等任务"。⑤ 全面抗战爆发后，重庆卫戍区司令部多次强调驻军及地方部队"均有维持地方治安之责"，且"保甲人员对于治安有关事项，均应收驻在军队高级部队长之指挥"。⑥ 到 1946 年复员裁军时，对于地方团队被裁，重庆卫戍区司令部认为这是"自毁藩篱，殊与健全民众武力之旨相悖"。⑦ 与地方团队的职责类似，国民政府逐步恢复保甲制度的主要目的也是维护地方治

---

① 《调度司法警察章程》，《现代警察》第 3 卷第 2 期，1936 年，第 117 页。
② 《为饬查复袁林臣搂查卢金廷家情形一案由》（1938 年 7 月 12 日），璧山区档案馆藏，档案号：01 - 11 - 0052。
③ 《为饬遵照先令各令迅速查复卢金廷控袁林臣一案由》（1938 年 10 月 18 日），璧山区档案馆藏，档案号：01 - 11 - 52。
④ 《保国民兵队维持治安办法草案》，中央训练团编印《县各级组织纲要及地方自治参考资料》，1940，"保甲有关之章则"，第 48 页。
⑤ 《四川省各县壮丁队维持地方治安暂行办法》（1937 年 5 月），璧山区档案馆藏，档案号：01 - 10 - 0009。
⑥ 《刘峙致璧山县县长王世悌快邮代电》（1939 年 10 月），璧山区档案馆藏，档案号：01 - 10 - 0023。
⑦ 《重庆卫戍司令区第三分区司令部训令（卫云字第六四零二号）》（1946 年 5 月），璧山区档案馆藏，档案号：01 - 10 - 0256。

安，如"督促举发鸦片烟犯""督促禁止私开赌场及娼妓"等。①

警察、地方团队、保甲等几个系统分别担负地方治安的情形，在一定程度上导致了地方调度的混乱。同时，区乡镇长、保甲长等的能力也制约了相关业务的开展。因而在时人看来，应当采取"由保甲自卫之外，再以警察之保卫"的办法，如此"方克有济"。② 在如何加强基层治理的讨论中也就逐步形成了警保联系的概念，以此实现社会治安的维持。③ 1940 年国民政府中央对警察、保甲及国民兵维持治安进行了制度化设计，根据所颁办法，区、乡（镇）、保等各级团队与警察相互训练，合作查缉案件。④

在警保联系的原则下，地方治安系统开始有了综合性的发展，其中以地方武装为核心，警察、保甲为辅助。四川省政府就要求各市县政府积极编练壮丁队伍，这些队伍"平时关于地方公益及治安事项，……得照临时征用"。⑤ 到 1940 年时将壮丁队、保安队、警察队职能逐步整合，四川省政府要求"县区乡镇以下警察、保甲及壮丁队应依法密切联系，维持治安"。⑥ 实际上，在县级政权的行政中，更加重视对警保联系制度的运用。制度方面，璧山县于 1941 年扩充各乡镇公所，并规定"警卫股主任由乡镇国民兵队附兼任"，保长之下设四个干事，"保国民兵队附兼警卫干事"。⑦ 实践方面，更加注重地方武装的作用，如马坊乡"境内常有匪盗案件发生"，该乡公所就严令"乡保队附严密清查并转饬各保加紧巡逻防守工作"。⑧

---

① 《四川省第七行政督察区各县乡镇应办主要事项》，四川省第七行政督察区区署编《四川省第七区二十九年度新县制实施概况》，1941，第 85 页。
② 郑美轮：《地方自治与乡村警察》，《满地红》第 3 卷第 3 期，1941 年，第 25 页。
③ 闻钧天：《警保联系之理论与设施》，商务印书馆，1942，第 3、45 页。
④ 《警察保甲及国民兵联系办法》，《中国警察》第 1 卷第 2 期，1940 年，第 129 页。
⑤ 《四川省各市县国民兵义勇壮丁队管理实施细则》，《广汉县政周刊》第 28 期，1937 年，第 10—12 页。
⑥ 《四川省政府训令（二十九年建保民三字第 10925 号）》（1940 年 5 月），璧山区档案馆藏，档案号：01-10-0075。
⑦ 《四川省璧山县政府实施新县制工作报告》（1941 年），璧山区档案馆藏，档案号：01-01-101。
⑧ 《璧山县马坊乡公所工作报告书》（1945 年 4 月），璧山区档案馆藏，档案号：01-11-0276。

（三） 乡镇政权与日常纠纷解决的制度化

警察在职务上对民事案件和"依法得撤回告诉之刑事案件"拥有调解权，[①] 因而执行警察权的乡镇政权在一定程度上被赋予了执行纠纷调解的职权。随着历史的演进，乡镇政权的这种调解权逐步演变为乡镇政权对于基层社会日常纠纷的处理权，并逐渐形成了调解委员会制度。

根据孙中山的地方自治理论，乡镇政权是地方自治的基础单位，而"乡镇调解又是实施地方自治的要务"，因此乡镇政权在纠纷解决中具有重要地位。[②] 但值得注意的是，乡镇政权的案件处理权也有变化。虽然乡镇政权作为地方自治组织，拥有纠纷调解权，1942 年内政部也规定"乡镇保除执行上级官署之委办事项外，其应办之主要事项"中包括"调解纷争"，[③] 但是随着地方法治的加强，乡镇公所直接受理案件受到限制，特别是在实施基层调解委员会制度的省份，乡镇公所的案件调解权被逐步废除。

基层调解委员会制度是指县以下的区、乡镇政权所附设的专门用于纠纷调解的委员会，其法律来源是《区自治施行法》和《乡镇自治施行法》中分别规定的区、乡镇政权应附设调解委员会，办理纠纷调解事务。[④] 从 1931 年开始，国民政府制定了详细的组织规程，各省也制定了相应的单行法令。由于种种原因，至 1943 年调解委员会制度都"尚未普遍设施，且少成效"，因此国民政府又更新组织规则，试图在乡镇政权中完全确立起调解委员会制度。[⑤] 总体而言，无论基层调解委员会的组织情形、运作效果如何，其都突出了乡镇政权在基层治理中的重要作用。

二　乡镇政权维持地方治安的实践

在维持地方治安的实践中乡镇政权的作用如何？以往的相关研究并未有系统的论述。乡镇政权在维持社会治安方面主要有两个作用：一是清剿

---

① 李士珍：《警察服务须知》，1946，第 46 页。
② 刘霭凌：《乡镇调解与地方自治》，《中华法学杂志》新编第 6 卷第 1 期，1947 年，第 14 页。
③ 《乡镇保应办事项》（1942 年 7 月），璧山区档案馆藏，档案号：01 - 10 - 0145。
④ 刘振东主编《县政资料汇编》（上），时与潮社印刷所，1939，第 218—246 页。
⑤ 陈盛清：《我国调解制度》，《东方杂志》第 39 卷第 20 号，1943 年，第 32 页。

股匪，如对有匪警时，"督率壮丁队捕拿送办"；① 二是侦查刑事、治安案件。整个乡镇政权在刑事案件处理中的活动有三个：案情侦缉、案犯侦讯、案件移送。此外，乡镇政权在案件审理过程中同样具有协助作用。

（一）受理报案及侦查案件

对于违警案件而言，乡镇政权启动处理程序有三种情形：警察发现、人民告诉或告发、违警人员自首。② 同样，启动对刑事案件的侦查也基本基于这几种情况，不过其中以事主报案、保甲呈报两种情形最多。

事主直接向乡镇政权报案是刑事案件发生后启动侦查程序最为普遍的情形。1940 年 8 月八塘镇吴树荣以"图财害命，尸证确凿"为由控告临江乡吴茂卿杀人抛尸，临江乡乡长在接到控告后，"派民警股主任许时雍于四日前往勘验"，许时雍在大湾冷窖中发现无名尸体一具，但"不能认识面貌为谁"，同时吴茂卿亦以"借尸图搕，捏词诬陷"为由反诉吴树荣，经该乡长"召集原被两造及保甲、邻近到所查询"，认为案件"疑窦殊多"而将原被告双方拘押并送县政府。③ 以此案为代表，大多数案件是事主报案后乡镇政权进行侦查，然后上报县政权。当然，在一些案例中事主报案后并不能完全坐等案件侦破，对于案件侦查也要积极配合。如冯树家被劫案中，虽然事主在案发后即向石龙乡联保报案并由该联保主任"派巡查队丁贺建洲等三人前往缉捕"，在"鸣枪二十二发"的情况之下将嫌疑犯曾绍成"活擒"，④ 但因曾绍成等"供称周有德有通同串弊嫌疑"，检察官要求事主"负责将周有德交案以凭对质"。⑤

保甲呈报案件则是基于事主的报案并已做出一定的侦查或判断。1942 年三合乡先后发生三次抢劫案，事主向所在保甲报告后，"保长特命本保传

---

① 《璧山县县政府训令（民字第 210 号）》（1938 年 7 月 17 日），璧山区档案馆藏，档案号：01 - 10 - 0493。

② 蒋天擎：《乡镇保处理警察业务须知》，第 21 页。

③ 《为据情解送杀人嫌疑犯吴茂卿吴树荣等并查获吴茂卿为逃匿烟犯检其搜获烟灰等恳予依法澈究并转解法以靖地方而肃烟禁一案由》（1940 年 8 月 6 日），璧山区档案馆藏，档案号：01 - 11 - 0204。

④ 《为匪盗窝主相济为患曾绍成等请按律究治一案由》（1938 年 5 月），璧山区档案馆藏，档案号：01 - 11 - 0052。

⑤ 《为据送嫌疑犯周有德请备提讯以资审结由》（1938 年 10 月），璧山区档案馆藏，档案号：01 - 11 - 0052。

达兵徐森荣严密捕拿"，并在江津县捕获嫌犯杨友才。① 随后保长将嫌犯移送三合乡公所，乡队附根据杨友才的供述又逮捕涉案嫌疑人 5 名。② 同样，大兴乡发生劫案后，该乡第六保和第七保的保长在报案呈文中分析，认为该地因联防清剿部队撤销，土匪"乘机搂罗各方匪徒"抢劫。③

除了事主报案、保甲呈报外，在治安巡逻中发现线索也是乡镇政权侦缉案件的主要来源。如 1942 年 4 月城东乡连续两夜发生劫案，警备队在冷家凹巡逻时恰遇徐伯瑜被劫，因此展开追击。④ 又如 1938 年 8 月平安乡联保在查禁私烟馆时拿获了嫌犯范双合，其供认"上年同徐显廷、徐志卿抢劫本乡周炳三"，随后联保主任将徐显廷等传到联保办公处"当众讯问"。⑤ 该案经讯问后乡公所认为两人所供"并无确凿证据"，⑥ 周炳三在随后的呈文中也称"匪徒中有无徐显廷、徐志卿等不得而知"。⑦ 由此案可以看出，乡镇政权在整治治安过程中也会涉及对刑事案件的侦缉。

（二）侦讯和移送嫌犯

在接收或缉捕到嫌疑犯后，乡镇公所会对嫌疑犯进行初步审讯，其主要目的是对案件进行初步掌握，并进一步缉捕嫌犯。如戴安辉因匪嫌被逮捕后，经河边乡公所初步侦讯，其指控福禄乡王树槐为共犯，由此河边乡公所致函福禄乡公所，"派警带同该盗戴安辉前赴贵乡缉捕伙盗王树槐，并函请贵所派警协助"。⑧ 该案最后由福禄乡公所呈送到璧山县政府。

① 《为案经破获恳予提讯追还赃物并请依法严究以维治安由》（1942 年 10 月 18 日），璧山区档案馆藏，档案号：01－11－0387。
② 《为押送匪犯杨友才、张国权、喻正华、丁树林、徐达清、何占荣六名并检呈供词恳予依法严办由》（1942 年 10 月），璧山区档案馆藏，档案号：01－11－0387。
③ 《为电报本乡第七保及第六保住户张银臣等被匪抢劫情形恳予鉴核备查并恳迅予派队清剿以镇人心而安地方由》（1942 年 11 月 24 日），璧山区档案馆藏，档案号：01－10－0120。
④ 《为据报匪情请予设法维持治安由》（1942 年 4 月 2 日），璧山区档案馆藏，档案号：01－10－0051。
⑤ 《为匪属实协请依法严究由》（1938 年 10 月 10 日），璧山区档案馆藏，档案号：01－11－0057。
⑥ 《为据情转解匪犯徐显廷徐志卿二名恳请提讯法办由》（1938 年 8 月），璧山区档案馆藏，档案号：01－11－0057。
⑦ 《为据本乡居民周炳三呈为声明被劫转呈详加调查以免往返徒劳由》（1938 年 8 月 27 日），璧山区档案馆藏，档案号：01－11－0057。
⑧ 《为转送本乡窝户王梁氏一名并赃物一并呈请准予讯明究办由》（1948 年 8 月），璧山区档案馆藏，档案号：13－01－0130。

乡镇政权审讯嫌犯的另一个目的是要获得案件信息以填报作为嫌犯口供的"供案单",从而移交给上级机关进行处理。对于案件的移送,一般都是送交到县政府处理,但也有很多例外。在一些个案中,乡镇政权会将嫌疑犯移送给县政权以外的机构,如徐显廷抢劫案中嫌犯被平安乡捕获后,即移送到璧山县第二区区署"依法究办",[1] 后又由第二区区署移交璧山县政府。当然,乡镇政权也有将一般刑事案件直接移送到其他军警机关的情形,如蒋汉臣家在连续两次被抢的情况下,由来凤乡公所与第四清乡司令部联合侦查并逮捕嫌犯,其后来凤乡公所虽知"本应解送究办,以重行政",但还是"移解卫戍部第四清乡司令部法办"。[2] 这种移送混乱的情形到抗战后期更为严重,一些乡镇公所对于案件"多不考虑里程之远近及案情之轻重",随便移送到外来驻扎的军警机关,有的甚至径直送往重庆卫戍区第四分区司令部,从而造成了大量案件积压。[3]

(三) 案件审理过程中的作用

乡镇政权在刑事案件的审理过程中,也有很多辅助性作用,这些作用既有司法方面的,也有行政方面的。如张明高等违反《禁烟禁毒治罪条例》,在案件审理中"坚不认罪",因此璧山县政府认为"不传警到庭质讯,本府难见法办",随即训令正兴乡乡长"转饬查获该张明高、李龙氏二名之警丁"投案应讯。[4] 同样,在赖炳辉抢劫案中正是正兴乡公所作为检方呈交了枪支作为进一步的证据,[5] 才使赖炳辉"结伙抢劫"罪成立而被判处有期徒刑 12 年。[6] 这种情形即体现了在刑事案件审理中乡镇人员的检方地位。

---

① 《为据情转解匪犯徐显廷徐志卿二名恳请提讯法办由》(1938 年 8 月),璧山区档案馆藏,档案号:01-11-0052。

② 《为本乡第九保居民蒋汉臣被劫破获匪犯邓树轩等以送督察处解移第四清乡司令部法办去讫本所无法办理恳祈鉴核备查由》(1943 年 3 月),璧山区档案馆藏,档案号:14-01-172。

③ 《璧山县县政府训令(法字第 295 号)》(1944 年 5 月),璧山区档案馆藏,档案号:01-10-0213。

④ 《仰转饬查获烟犯张明高李龙氏二名之警丁盗案应讯由》(1940 年 11 月),璧山区档案馆藏,档案号:01-11-0156。

⑤ 《为转缴拾得匪枪有关匪案请予查核办理由》(1940 年 1 月),璧山区档案馆藏,档案号:01-11-0167。

⑥ 《璧山县县政府军法判决(廿九年度军字第六五号)》(1940 年 2 月 29 日),璧山区档案馆藏,档案号:01-11-0167。

除了以检方角色出现在刑事案件审理中外，乡镇政权主政人员还有对案件及涉案人员发表意见的情形。在卢金廷抢劫嫌疑案的侦查过程中，其所住太和乡第八保的保甲长等就呈文璧山县政府，称卢金廷"住居本保已有十载，向无违法行为，品行极为正大"。[1] 乡镇长等有时甚至会为嫌疑人洗脱嫌疑，如江盈科贪污受贿案的审理过程中，先由接龙乡乡民、保甲长联名呈文证明"江盈科无违法贪污及包庇情弊，……协恳钧府俯赐察核，恩准开释"，[2] 后由接龙乡乡长呈文称江盈科是"办理兵役及征谷等项，乃开罪于一二绅士江荣怀等，致被妄控"，"理合据实证明，仰恳钧府鉴核，秉公审讯宣判无罪"。[3]

在案件审理过程中或审理后，司法机关对于一些犯罪行为较轻的嫌犯都会准予取保候审，这就为乡镇政权保释嫌犯创造了条件。在杨友才抢劫案中，徐达清被指认为同伙，被捕后其所住第二保即呈文称徐达清"并无为匪情事，为特据实证明前来"请求保释。[4] 同样，上文中张明高等烟毒案嫌犯田明扬在初审后即"谕准保释"，[5] 随后由保甲长承保开释，而同案中的杨永亨犯有吸烟嫌疑，虽然保甲长在第一次呈文中称其"系职保良民，实无吸烟行为"，但在县政府批文中仍要求将杨永亨"交医查验"。[6] 在查验完毕后，保甲长以"如查处杨永亨有吸烟行为，职等愿受最严厉之处分"作担保使杨永亨被开释。[7] 无论是证明案情，还是保释嫌犯，都显示出乡镇政权在刑事案件审理过程中的重要角色。

总之，近代乡村警察制度的不完善为乡镇政权执行警察权提供了契机。

---

[1] 《为据转钱相云等公证卢金廷无辜受累请鉴核处理由》（1938年7月21日），璧山区档案馆藏，档案号：01-11-0052。

[2] 《为联名公证本乡前任乡长江盈科确无违法贪污及包庇情弊协恳开释以免冤抑由》（1945年2月12日），璧山区档案馆藏，档案号：01-11-0531。

[3] 《为据实证明本乡前任乡长江盈科并无抑留不发职务上应行发给财物之行为及移交业已完清请予鉴核秉公审讯宣判无罪由》（1946年3月9日），璧山区档案馆藏，档案号：01-11-0529。

[4] 《为据实证明恳予鉴核准保开释由》（1943年1月12日），璧山区档案馆藏，档案号：01-11-0387。

[5] 《正兴乡第二保保长左桂三甲长陈明达保状》（1940年10月），璧山区档案馆藏，档案号：01-11-0156。

[6] 《丁家镇第廿二保保长杨万发甲长任建之呈文》（1940年10月），璧山区档案馆藏，档案号：01-11-0156。

[7] 《为具保杨永亨请予开释由》（1940年11月），璧山区档案馆藏，档案号：01-11-0156。

作为国家权力的最下层机关，乡镇政权执行警察权时检查"最易窝藏匪类"的旅馆，"严行拿捕"盗匪，禁绝烟毒、流娼等成为其年终"重要考成之一"。[①] 1941 年城北乡乡长陈文卿因"任事未久，连获重要窃犯，足见该乡长对于地方治安防范严密"，受到"传令嘉奖"；[②] 而丹凤乡乡长则因处置盗匪案件不力而被撤职，并"罚洋六千九百元"。[③] 这种情形充分说明了乡镇政权执行警察权既是社会治理的急需，也是制度建构不完善的无奈之举。

三 乡镇政权与日常纠纷的处理

"农村中因家庭间的是非和邻里间的争执，……多属'鸡虫得失'"，诉讼程序的复杂导致纠纷解决的困难，因而乡镇调解是基层社会治理的急需。[④] 在熟悉基层行政的人士看来，乡镇政权对纠纷的调解"可以减少无数的讼累"，[⑤] 同时，就基层调解委员会的人员构成而言，调解委员"系由乡镇民代表会选出，多为地方公正士绅，……必能收事半功倍之效"。[⑥] 那么，乡镇政权对于纠纷处理的实际情形如何？按照调解主体的不同，乡镇政权对于日常纠纷的处理可以分为保甲、乡镇公所、调解委员会等三个部分，其效果也各不相同。

（一）保甲的调解

保甲是以乡镇政权为核心的县及以下基层组织中的基层，从地方自治与传统习惯的角度来说，保甲长的纠纷调解职能是毋庸置疑的，如在保甲长的训练中还有专门讲解保甲长如何调解纠纷的内容。从实践上看，保甲长也积极地履行了相关职责，如在陈广全与刘华廷的纠纷中，保甲长就积

---

① 《为冬防开始应迅饬所属整饬地方物力确保治安并以此为重要考成令仰遵照办理由》（1944年12月），璧山区档案馆藏，档案号：01 - 10 - 0205。

② 《璧山县县政府训令（军民会字第 17747 号）》（1941 年 3 月），璧山区档案馆藏，档案号：01 - 10 - 0126。

③ 《璧山县县政府训令（军民字第 1008 号）》（1942 年 5 月），璧山区档案馆藏，档案号：14 - 01 - 0179。

④ 刘霖凌：《乡镇调解与地方自治》，《中华法学杂志》新编第 6 卷第 1 期，1947 年，第 14 页。

⑤ 胡次威：《乡镇自治提要》，大东书局，1947，第 81 页。

⑥ 《推行乡镇调解制度》，《民意》第 1 卷第 6 期，1944 年，第 47 页。

极进行调解，使陈广全承诺赔偿刘华廷的损失。① 实际上，在一些纠纷发生后不经保甲或乡镇公所进行解决，是难以被认可的。以陈银清与雷震寰的纠纷案为例，陈银清被雷震寰以"纠集军人，前来民家滋扰胁迫"② 为由报请城南乡公所缉拿，其间城南乡公所即认为陈银清"下乡向雷姓索取什物既不投凭当地保甲，复不通知本所"，有勒索嫌疑。③ 当然，保甲长的调解并不一定是正式的，往往带有民间中人的性质，如与璧山毗邻的巴县"上浩一带设有保甲长开的茶馆9家，保内居民的民事纠纷，家庭琐事，往往到茶馆请保甲长解决"。④

保甲长的调解也具有多面性，有时甚至会出现强制调解的情形。如巫廖氏被盗案，案发后事主当即"投凭地邻王绍成、王巫氏、刘以顺，甲长沈锡之等来家验明属实，同行往报保长王林高前往逮捕"嫌犯王远达，但王林高并未立即逮捕或报告乡公所，而是在次日"挺身出头"解决该案，保证"负责退还原物"，以此试图调解该案，但最后未能解决。⑤ 巫廖氏以盗匪、强奸等罪向璧山县政府报案后，在县政府的庭审中王林高否认了对该案有调解。⑥ 同时保甲长的身份也会影响案件调解的公平性，如在黄秉钧与周忠桂的购地纠纷案中，虽然县政府一再要求由保甲长调解，但周忠桂"身居保长"，且调解人员都是其族戚，因此黄秉钧认为这种调解"不但难得公平，且中间难免有胁迫手段"而呈文拒绝。⑦ 由此可以看出，保甲长在纠纷中的调解更多的是一种初步措施，其受认可度较低且不具备执行能力。

（二）乡镇公所对案件的调解与评断

乡镇公所执行调解的主体是乡镇长，其对纠纷的调解往往是出于当事

---

① 《为故意伤害估耕欺主恳乞传案理究以儆刁顽而重主权由》（1945年7月13日），璧山区档案馆藏，档案号：14-01-0220。
② 《雷震寰呈文》（1942年3月），璧山区档案馆藏，档案号：14-01-0163。
③ 《城南乡公所审讯单》（1942年3月20日），璧山区档案馆藏，档案号：14-01-0163。
④ 钟山地：《解放前南岸的调解工作》，重庆市南岸区政协文史资料委员会编印《重庆南岸文史资料》第6辑，1990，第170页。
⑤ 《为毁门入室强奸劫财恳予签拘到案讯明严办追还赃物依法治罪以杜暴风而安闾阎事由》（1941年7月），璧山区档案馆藏，档案号：01-11-0317。
⑥ 《璧山县政府案件审理笔录》（1941年7月15日），璧山区档案馆藏，档案号：01-11-0317。
⑦ 《黄秉钧诉状》（1937年8月31日），璧山区档案馆藏，档案号：01-10-0010。

人的请求。如官兴发欠债纠纷案，因其经营失当、欠债过多而被叶顺祥等人起诉，随后官兴发向鹿鸣乡联保申请调解"以息讼端"，由鹿鸣乡联保主任徐伯徽"将兴发所拉债权人等召集开导"。① 此后，徐伯徽又召集债权人"逐将兴发所拉债项分别了结清楚，永勿翻异"，从而解决了这场债务纠纷。②

当然，除了由当事人邀请外，更有上级机关指派乡镇长进行纠纷调解的情形。如刘宗洪与萧璧枢典当纠纷案，由于涉及征属优待，璧山县政府训令正兴乡乡长张朝田"依照优待条例，秉公调处"。③ 正是这种指派调解的存在，使乡镇长的纠纷调解更具有合法性。这种合法性又使乡镇长在调解中有另一种角色，即核定调解结果。在林显生与曾恒丰贸易纠纷案中，丹凤镇镇长组织调解时曾恒丰藏匿不出，从而导致林显生起诉。④ 由于该案诉讼标的过小，被璧山县政府训令"镇长召集理息"。⑤ 最终由刘绍伯等中人调解，双方才达成和解，随后由丹凤镇镇长核准并呈文销案。⑥ 由此案可以看出，乡镇长在案件中仅具有核准、呈请销案的作用。

在乡镇公所对日常纠纷处理中，不仅其纠纷调解权得到县政权认可，在一些情况下乡镇公所更出具正式的案件评断书。以黄树清诉舒栋梁等贪渎案为例，黄树清在征兵过程中以其姨侄雷在发顶替入伍，雷在发潜逃后，黄树清被驻军班长贝金成等羁押并索要700元作为服装费。⑦ 黄树清认为保甲长与贝金成等串谋敲诈，由此向蒲元乡公所申请调解，乡长何保初对该案进行了调解并出具正式评断书。⑧ 虽然黄树清对乡公所的评判不认可并发

---

① 《鹿鸣乡联保主任徐伯徽呈文》（1935年10月8日），璧山区档案馆藏，档案号：12-03-0115。
② 《鹿鸣乡联保主任徐伯徽呈文》（1935年10月14日），璧山区档案馆藏，档案号：12-03-0115。
③ 《为检发原呈令饬示期召集刘宗洪与萧璧枢原被两造到场秉公调解典业纠纷具报查核由》（1941年5月10日），璧山区档案馆藏，档案号：01-10-0070。
④ 《林显生起诉状》（1935年10月），璧山区档案馆藏，档案号：12-04-0069。
⑤ 《璧山县县政府训令》（1935年10月），璧山区档案馆藏，档案号：12-04-0069。
⑥ 《丹凤镇联保主任林蜀康呈文》（1936年2月），璧山区档案馆藏，档案号：12-04-0069。
⑦ 《为公务人员拘捕恶搕荼毒小民不堪苦累请予传案讯办事》（1942年5月22日），璧山区档案馆藏，档案号：01-11-365。
⑧ 《璧山县蒲元乡乡公所评判（法字第59号）》（1942年5月25日），璧山区档案馆藏，档案号：01-11-0365。

起上诉，但璧山县政府在判决中认可了这次评判，判定保长舒栋梁等无罪。① 与之相对应，如果乡镇公所对纠纷处置不力，还会受到严厉申斥。在刘兴贵诉向汉臣等债务纠纷案中，由于该案涉讼金额较小，璧山县政府在接到诉状后即以"尽可径请各该管乡镇公所转饬如约照付"为由加以驳回。② 但随后丹凤镇公所并未调解该案，以至于在刘兴贵再次起诉时，承审人员即在批文中斥责该镇公所不善处理纠纷，导致"案件比其他各乡镇特别发达"。③

不过乡镇公所的调解结果往往也有违法的情形，一方面是乡镇公所调解的标准于法没有明确的规定，④ 另一方面则是乡镇长官的故意所为。如陈炳宣与王南轩坟地纠纷案中，因陈炳宣修坟的过程中将王南轩亲属坟墓损坏，清平乡乡长从中调处。调解结果是坟墓由陈炳宣出资修复，并对陈炳宣"罚洋六元作施药之需"，这种调解结果显然违背了"不得为财产上或身体上之处罚"的规定，而璧山县政府却"准予如请备查"。⑤

（三）基层调解委员会的调解

作为南京国民政府时期乡镇政权处理日常纠纷的核心组织，基层调解委员会处理纠纷的步骤被相关法规程式化，因此在实践中的情形大同小异。其大致步骤为，"第一步是提取报告及辩诉；第二步是进行调查；第三步是调解委员会之会商判断；第四步是缮发调解书"，同时，"凡已经法院受理之民事案件，经调解后，须依法定程序向法院声请销案"。⑥ 基层调解委员会在纠纷调解的实践中基本按此步骤进行，如前述陈广全与刘华廷纠纷案，在保甲调解未能执行的情况下陈广全向临江乡调解委员会申请调解，随后由主任委员鲁清平做出评断。⑦ 在调解纠纷的同时调解委员会对于中人调解

---

① 《璧山县政府审理军法案件判决书（第三八号）》（1943年10月27日），璧山区档案馆藏，档案号：01-11-0505。
② 《刘兴贵起诉状》（1934年10月），璧山区档案馆藏，档案号：12-05-0083。
③ 《刘兴贵起诉状》（1934年11月），璧山区档案馆藏，档案号：12-05-0083。
④ 如由货币贬值而引起的债务纠纷，乡镇政权在调解时"于法无据"。《为民间债务纠纷法无依据请予释示由》（1945年7月18日），重庆市档案馆藏，档案号：0110-0004-00521。
⑤ 《清平乡乡长王荣程等呈文》（1943年7月19日），璧山区档案馆藏，档案号：12-03-0103。
⑥ 安徽省地方行政干部训练团编印《基层行政纲要》，1940，第109—110页。
⑦ 《调解记录》（1945年7月15日），璧山区档案馆藏，档案号：14-01-0220。

往往也予以核准或追认。如汪廷梁与汪陈氏离婚案，双方结婚后发生矛盾，其间经由族戚调解，双方达成离婚协议并呈文丁家镇调解委员会要求"转呈县府备案"，虽然调解委员会认为"未便擅行转呈"，但以其"息事宁人之旨，不得不为之从权"，从而认可该调解并呈璧山县政府备查。①

基层调解委员会虽然在组织上能够使人耳目一新，但在实际运作中制约调解效果的因素却有很多，一方面有"屈死不告状"的传统厌讼思维和国家权力下移后地方精英"劣化"的影响，另一方面则是调解结果的非强制性。如赵淑伦与黎三合租佃纠纷案，在临江乡调解委员会的第一次调解中"着令该佃户于一周内打具收约以息纠纷"，赵淑伦"如另佃他人，应仍以黎三合耕种"。②但黎三合并未履行调解决议，随后双方当事人又要求调解，临江乡调解委员会在第二次调解中认为该案"碍难解决"，要求双方"自行向法院起诉"。③与此案类似，由于调解结果无强制执行权力，刘汉清与曹治轩的租佃纠纷案也曾经梓潼乡公所及该乡调解委员会调解，但"双方均不认可"，由此发生诉讼。④

结　语

为了应对近代以来地方精英劣化所带来的基层治理问题，南京国民政府建立后，一方面延伸和完善基层行政机构，努力"将其权力的触角渗透到基层"；⑤另一方面试图将地方精英纳入基层行政体系之中，从而实现国家权力与地方精英的融合，缓解国家在基层治理中的压力。⑥在这种背景之

---

① 《丁家镇镇长钟海涛等呈文》（1943年7月19日），璧山区档案馆藏，档案号：12-03-0104。
② 《赵淑伦呈文》（1945年7月），璧山区档案馆藏，档案号：14-01-0220。
③ 《调解记录》（1945年7月22日），璧山区档案馆藏，档案号：14-01-0220。
④ 《梓潼乡乡长曹明轩等呈文》（1936年2月），璧山区档案馆藏，档案号：12-04-0004。
⑤ 黄冬娅：《国家建设与基层治理变迁》，陈家刚主编《基层治理》，中央编译出版社，2015，第26页。
⑥ 关于国民政府在四川基层行政中引入地方精英的相关资料，详见高素兰注《蒋中正总统档案：事略稿本》（31），台北"国史馆"，2008，第547—548页；《对四川回籍绅耆之希望》，《峨眉训练集》（一），重庆黄埔出版社，1939，第787—788、793页；《蒋兼主席电告川省士绅奋起服务地方自治》（1940年5月12日），璧山区档案馆藏，档案号：12-01-1407。

下，南京国民政府时期的乡镇政权融合了地方自治与国家行政两方面的作用，成为近代基层社会治理中的新建制。

通过前文以璧山县为中心的考察，可以发现由于警察制度建设的缺失，南京国民政府时期的乡镇行政逐渐警察化。在这种趋势之下，乡镇政权蕴含了以维护基层民众共同利益为目标，维持社会治安、协助司法、调解人民纠纷是"乡镇公所和保办公处最先要担负起来的责任"的治理理念。①

虽然这一时期的乡镇政权在基层治理实践中还存在不少问题，甚至有重大缺陷，如人事制度不完善导致地方劣绅进入基层权力体系，② 滥用羁押权导致民众权利受损，③ 乡村传统习俗对国家治理的冲击④等。这些缺陷导致乡镇政权在纠纷处理过程中"常常玩忽调解法定的方法，把调解的方式变成讯断的方式"，⑤ 进而也使观察者产生了新县制施行后，基层社会法治未有"丝毫之改革"的结论。⑥ 但从历史演进的角度来看，乡镇政权的基层治理在整个近代以来国家权力下移的过程中所扮演的角色不可替代，其所产生的历史作用也不可忽视。随着学界对基层治理问题关注度的增加，相信这一时期乡镇政权的作用、地位将会被更多地阐述出来。

（原刊《中国农史》2020 年第 6 期）

---

① 李承谟：《乡镇保维持地方治安须知》，商务印书馆，1944，第 1 页。
② 相关问题参见金惠《新中国之县政建设》，改进出版社，1942，第 123 页；时事问题研究会编《目前政治机构的弊端与变更》，1940，第 73 页。
③ 《奉部令据报新都地方法院杨成正盗匪案卷宗令仰遵照由》（1948 年 8 月 14 日），重庆市档案馆藏，档案号：0110-0004-01047；《为非法拷打威逼取供函请依法严惩由》（1941 年 7 月 23 日），璧山区档案馆藏，档案号：01-11-0336。
④ 当代法律史研究者认为，自清末修律开始后，西方法律体系被引入中国，这造成了乡村与城市在法律实践上的脱节，上海等新兴大都市可能"较快地接受了这套国家司法方式"，但在乡村地区"反而选择固守厌讼与调解等传统解纷方式"，由此，即便创设新制、新法，在实际运作中"也会受到各种社会因素的制约"。相关研究见王志强《民国时期的司法与民间习惯——不同司法管辖权下民事诉讼的比较研究》，《比较法研究》2000 年第 4 期；温丙存、邢鸿飞《调解的百年嬗变：本原、异化、新生与重构——基于民事纠纷调处实践的历史考察（1912—2012 年）》，《中国农业大学学报》（社会科学版）2014 年第 2 期；张仁善《寻求法律与社会的平衡——论民国时期亲属法、继承法对家族制度的变革》，《中国法学》2009 年第 3 期。
⑤ 顾撷英：《乡镇诉讼调解的性质和方法》，《新赣南》第 4 卷第 9 期，1942 年，第 213 页。
⑥ 邓乃炕：《县政概论》，出版社、出版年份不明，第 204 页。

双途并举：民国时期华北乡村的人才建设

安 宝[*]

民国时期全面的、深刻的社会危机以乡村危机为表征，"经济基础急剧破裂，人民生活日益艰难，其惨状实有甚于亡国"的时状，深描出"各地农村已全部陷入危境"，[①] 故时人惶恐"长此以往，则民族前途，奚堪设想"。[②] 乡村问题遂引发社会各阶层的关注并形成共识，"中华民族唯一之出路是改造乡村。谓中国社会，大多数是乡村，必先使乡村兴盛，然后整个社会始能兴盛。如乡村无新生命，则中国亦不能有新生命。吾人只能从乡村之新生命中求中国之新生命，必不能希望从中国之新生命中求乡村之新生命"。[③] 于是，承载着民族振兴任务的乡村建设运动便应运而生，并席卷全国。

民国时期的乡村建设运动与乡村振兴、民族复兴的理想有很远的距离，然抛开"成败"的价值判断，其深入乡土社会的实践活动形成了诸多历史经验，尤其乡村建设运动中关于"人才"的问题，可为今日乡村振兴战略提供有益的借鉴。

一

20世纪二三十年代，"农村破产，农村衰落之声浪，充斥宇内，大有举国皇皇不可终日之概！"[④] 此时的农村经济问题已超越农村本身，成为关乎

---

* 安宝（1981—），辽宁大连人，历史学博士，天津医科大学马克思主义学院副教授，主要从事中国近代社会史和抗战史研究。

① 陈醉云：《复兴农村对策》，《东方杂志》第30卷第13号，1933年，第112页。
② 李树青：《中国农民的贫穷程度》，《东方杂志》第32卷第19号，1935年。
③ 卢绍稷：《中国现代教育》，上海商务印书馆，1934，第143页。
④ 谢大祉：《自农村回来以后》，《教育周刊》第206、207期合刊，1934年10月，第12页。

城市经济乃至全国经济发展的大问题，"农业生产力大被破坏，乡村购买力随以降低；国际贸易出口入口相率的急剧减退，影响百业，牵动全国"。① 乡村经济的严重衰落引发人们的普遍关注，成为"全国各行各业各阶层各部分一共同的问题"，② 而且强烈感觉到，"如果不能找到某种改进农业的方法，中国就永远不能独立和强盛，也将无法发挥其经济发展的潜力"。③ 这种认识汇成一股洪流，迅速蔓延至全国，"已形成了现阶段一切社会运动之主潮；在全国有六百多个团体从事乡建工作，有一千多个地方创办乡建机关，有数万知识分子直接间接的加入乡建阵线，风声所被，有如天马行空、水银泻地、澎湃震吼，无远弗届，可以说是已走到登峰造极的黄金时代了！"④

晏阳初在河北定县召开的第二次乡村工作讨论会上的报告指出，"时至今日，农村应该改造，国家急待建设，民族必须复兴。有志之士不但认识其重要，且在各处已由理论的探讨，转为实际的进行。其较著者如江宁、兰溪的实验县政，江苏无锡的教育学院，邹平、菏泽的乡村建设，广西全省的农民自卫，以及其他各省正在进行的建设事业，其观点与方法容有差异"。⑤ 这说明当时社会各界对于复兴乡村社会的认识和解决之策存在分歧，进而形成了不同的复兴乡村路径与模式。

发端于乡村危机和民族危机双重困境的乡村建设运动极为复杂，"并非是单一理论模式指导下进行的"，⑥ 也因此，简单地以某一种理论模式概括与复杂的乡村建设的具体实践运动有一定距离，然学者们基于对乡村社会的切入点和学术背景有异而形成完全不同的理论模式却为我们窥见乡村建设运动复杂的场景提供了有效途径。其中最为著名、最具代表性的是梁漱溟的乡村建设理论、晏阳初的平民教育理论、卢作孚的经济建设理论以及农村复兴中的统制经济理论。这些特色鲜明的复兴乡村路径与模式却有着

---

① 《答乡村建设批判》，中国文化书院学术委员会编《梁漱溟全集》第 2 卷，山东人民出版社，1990，第 628 页。
② 《答乡村建设批判》，《梁漱溟全集》第 2 卷，第 479 页。
③ 〔美〕马若孟：《中国农民经济——河北和山东的农业发展（1890—1949）》，史建云译，江苏人民出版社，1999，第 14 页。
④ 齐植璐：《现阶段中国乡建运动之检讨》，《农村建设》第 1 卷第 1 期，1936 年 12 月，第 7 页。
⑤ 宋恩荣编《晏阳初文集》，教育科学出版社，1989，第 79 页。
⑥ 王先明：《走近乡村——20 世纪以来中国乡村发展论争的历史追索》，山西人民出版社，2012，第 104 页。

一个共同的目的，"农村建设，质言之，无非为谋农村问题的解决"，① "无非是造福农村民众，改进农民生活，此正所谓'殊途同归'也"。②

复兴乡村路径与模式有别的乡村建设运动，不仅有着共同的目的，"不外培养与增进中国农村人口之经济及政治力量，实质上可谓举国一致的救亡图存之大运动也"，③ 而且在复兴乡村的实践活动中遇到相同的难题，即乡建人才的极度匮乏。

晏阳初对定县五年来的乡村建设工作总结时，谈到其在工作中所面临的诸问题："其成功究竟到了什么程度，实难断言。因为第一是人才的问题，这种改造全生活的实验，关系的方面太多，无处供给所需要的各种人才；第二是经费的问题，在这民穷财尽的时候，很难筹措这百年大计的实验费；第三是社会环境的问题，现在全国方在一个天灾人祸、内忧外患的环境中，国难如此严重，大家容易误认这种基本工作为不急之务；第四是时间的问题，这种改造民族生活的大计划，决不会一刹那间就能成功。有此四种困难，平教运动的前途，殊可栗栗危惧。"④ 由此可见，晏阳初将人才问题置于经济问题、社会环境问题和时间问题的前面，视其为乡村建设工作所面临的首要难题。

在乡村建设中以文化入手的梁漱溟，在复兴乡村的过程中尤为重视文化和人才的问题，认为"中国问题是整个文化问题，而包有政治问题、经济问题……因此，知识分子、教育工夫，遂为解决中国问题的要件"。⑤ 乡村建设活动的现实经验，以及在考察江苏昆山、河北定县翟城村、山西太原等地的乡村建设后，梁漱溟更加强烈感到"要作农村改进运动时，所最感困难的问题：一就是村中无人，一就是村中无钱"。⑥ 正因此，梁漱溟在乡村建设理论中着重强调人才的问题，"乡村问题的解决，第一固然要靠乡村人为主力；第二亦必须靠有知识、有眼光、有新的方法、新的技术（这

① 孙本文：《中国社会问题》，青年书店，1939，第40页。
② 言心哲：《农村家庭调查》，商务印书馆，1935，第2页。
③ 许仕廉：《中国之乡村建设》，彭家礼译，《实业部月刊》第2卷第6期，1937年6月10日，第9页。
④ 晏阳初：《平民教育与乡村建设运动》，商务印书馆，2014，第101页。
⑤ 《乡村建设理论》，《梁漱溟全集》第2卷，第459页。
⑥ 《北游所见记略》，中国文化书院学术委员会编《梁漱溟全集》第4卷，山东人民出版社，1991，第877页。

些都是乡村人所没有的）的人与他合起来，方能解决问题。没有第一条件，固然乡村问题不能解决；没有第二条件，乡村问题亦不能解决"。①

晏阳初、梁漱溟在乡村建设的实践过程中遇到的棘手问题，其实当时社会各界的乡村建设人士皆有同感，且将人才问题视为乡村建设运动的最大危险。"在中国，许多运动的进程，实在太快了……不多几年，农村建设与农村复兴的声浪，又已弥漫全国，似乎农村工作对于国家民族的前途有偷天换日的工夫，在很短期间就可以起死回生似的。然而农村建设不是变戏法，如何能这样容易！在这弥漫全国的农村建设声中，因为希望过奢，求功太切，潜伏着极大的危险。"这极大危险的境遇出现是由于"人才实在是欠缺得很"，导致乡村建设事业"工作空虚得很，零碎得很"。②

"乡村建设，实非建设乡村，而意在整个中国社会之建设，或可云一种建国运动。"③ 如此复杂、艰巨的乡村建设运动对人才的需求更大、更加迫切，"农村建设运动，到今日已成为国中普遍的现实要求。迈进既速，范围愈广，方面愈多，因之人才的需要愈感觉得很迫切"，④ 正所谓"有贝之才易得，无贝之才难求"，"人才缺乏，立刻就成了很大的问题"⑤。

二

传统社会的中国人因从政、经商、游学而离开故乡，可"安土重迁、故土难离"的传统思想让离乡者将在外的寓居地视为人生旅途之驿站，终将回归于"生于斯，长于斯"的故土，并致力于故乡之建设。正是这些"出则为官，退则为绅"者与乡土精英共同担负起了乡村发展之重任，成为在国家缺席的状况下乡村社会能够不断发展的关键。那么，轰轰烈烈的乡村建设运动为何会深陷人才匮乏之窘境？究其大端，约有三点，即社会环境恶劣、城乡发展不平衡和新式教育的发展。

① 《乡村建设理论》，《梁漱溟全集》第2卷，第351页。
② 瞿菊农：《农村工作的合作》，《民间》第1卷第8期，1934年8月，第3页。
③ 梁漱溟：《乡村建设理论》，上海人民出版社，2006，第19页。
④ 《中华平民教育促进会农村建设育才院缘起》，《民间》第2卷第4期，1935年6月，第20页。
⑤ 瞿仲捷：《农村建设与农村人才的培养》，《民间》第2卷第8期，1935年8月，第8页。

乡土精英离乡的首要原因是当时社会环境的极端恶劣。社会环境是个内容较为宽泛的概念，本文的社会环境特指 20 世纪前期中国社会的政治局面和社会秩序，即军阀混战。袁世凯去世之后，军阀林立，割据一方，战事不绝，战争的阴霾笼罩着中国大部分地区。据统计，"从 1916 年到现在 16 年间，军阀战乱没有一年休止。战争一次凶似一次，战争一次大似一次。1916 年至 1924 年间，每年战区所及平均有 7 省之多，而 1925 年至 1930 年这 6 年间平均更增至 14 省左右"。[①] 军阀混战的最大受害者莫过于农民，战争的巨额开支终会以繁多的赋税、沉重的摊派等形式由农民来"买单"。为了支付浩大的战事费用，政府加大征收力度，导致田赋骤增。据日本学者天野元之助的调查，1902 年山东省平均每亩的田赋指数如为 100，1925 年则上升到 268，两年后又激增至 468。[②] 田赋日趋沉重还表现在地方政府提前征税，河南、山西等地方多预征 1 年，陕西渭南预征 2 年，山东德州预征 3 年，直隶南宫预征 5 年，更有甚者，陕西沔县预征 7 年。[③]

除田赋外，田赋附加税于 1927 年之后，成为地方财政收入的最大来源，并形成了"省政府附加于上，县政府附加于下，层层相重，甚至当地驻军及乡镇区公所亦有附加"[④] 的图景。据 1936 年冀东 22 县的调查，不包括田赋等正税，杂捐杂税多达 423 种，[⑤] 数目繁重，令人骇绝。[⑥] 1931 年河南扶沟、巩县、涉县（当时属于河南）、商城的附加税额分别约占正税的 280%、410%、227% 和 600%。[⑦]

田赋及其附加税对于小农家庭来说，已是沉重的负担，然毕竟还有一定的数额，摊派则不然，"摊派与否，全在该辖区官之查明填名，某区官等，多借此为发财之路"，[⑧] 临时摊派的名目愈发繁多，令人眼花缭乱。财政部税捐整理委员会报告河南省的摊派情形："有由省令摊派者，有由县长

---

① 王寅生：《兵差与农民》，冯和法编《中国农村经济论》，上海黎明书局，1934，第 361 页。
② 〔日〕天野元之助：《中国田赋考察》，《满铁调查月报》第 14 卷第 2 期，1934 年 2 月。
③ 陈翰笙：《中国农民担负的赋税》，转引自王仲鸣《中国农民问题与农民运动》，上海平凡书局，1929，第 164—165 页。
④ 汗血月刊社编《田赋问题研究》上册，汗血书店，1936，第 170 页。
⑤ 朱平：《冀东伪组织下的苛捐杂税》，《东方杂志》第 34 卷第 15 号，1937 年 8 月 1 日。
⑥ 《论莱阳民变事》，《国风报》第 18 期，1910 年。
⑦ 章有义编《中国近代农业史资料（1927—1937）》第 3 辑，三联书店，1957，第 17—18 页。
⑧ 《本省新闻·曲阳·公债得贿买放，免予摊派》，《益世报》（天津）1929 年 9 月 2 日。

呈准摊派者，有由县长擅令摊派者，并有由区长呈准摊派，及区长私自摊派者。而每一摊派又层层加重，层层剥削；省方若需五千，人民所摊者至少在一万元以上。"①

田赋、附加、摊派、杂费等不知几何，"赋税繁重，民不堪命"。② 另外，与社会环境恶劣相伴的是"土匪便蠢蠢欲动"。③ 恶劣的社会生存环境让农民纷纷抛弃田地家宅，赴外求生，④ 乡村富者迁居城市。⑤ 据中央农业试验所在1931—1933年的调查资料，全国22省全家离村的农户1920746户，占调查各县农户的4.8%，有青年男女离村的农家为3525349户，占调查各县农户的8.9%。在22县离村农户中，地主占19%。⑥ 即被调查者每百户中至少有9人离乡，离乡人每百人中有19人是地主。有学者估计，在近代地主占全国人口总数的5%。⑦ 以这个比例来看，当时地主的离村率是相当惊人的。虽然地主并不完全等同于精英，但是乡村中的精英大多数是地主，同时又是有文化的。⑧

乡土精英离乡的另一重要原因是城乡发展的不平衡。近代以来，尤其是民国以后，在新式交通工具铁路的推动下，涌现了一大批新兴城市。与乡村社会日趋呈现衰败表征相反，凭借地理资源优势发展起来的城市却日趋现代化，城镇人口激增，工商业发展异常迅猛，街市不断扩张，城市建设方面也日益完善，先进的供水、供电、电信、道路等相应的基础配套设施开始应用于城市的日常生活之中。而且城镇的社会整合能力远远高于零散的乡村，国家和各种城市团体或各尽其事或相互合作于公共活动空间，诸如社会救济、社会治安、社会教育、公共事业、社会娱乐等，如此一来，与中国历史传统的代表——乡村，形成迥异的生活空间。

---

① 薛暮桥：《旧中国的农村经济》，农业出版社，1980，第79页。
② 江问渔、梁漱溟编《乡村建设实验》第3集，中华书局，1936，第63页。
③ 南雁：《小事化大的安徽匪乱》，《东方杂志》第21卷第14号，1924年7月25日。
④ 《各地农民状况调查：山东省》，《东方杂志》第24卷第16号，第136页。
⑤ 行政院农村复兴委员会编《河南省农村调查》，商务印书馆，1934，第108、119、126页。
⑥ 中央农业试验所编《全国农户离村统计》，《农情报告》第4卷第7期，1936年，第171—173页。
⑦ 〔美〕吉尔伯特·罗兹曼主编《中国的现代化》，陶骅等译，上海人民出版社，1989，第115页；张仲礼：《中国绅士——关于其在19世纪中国社会中作用的研究》，李荣昌译，上海社会科学院出版社，1991，第112页。
⑧ 郝锦花：《新旧学制更易与乡村社会变迁》，人民出版社，2009，第203页。

新兴城市的发展对周边农村存在诸多方面的吸引力，让农村人尤其年轻人在内心深处萌生了到城市去的意识。"台头村与青岛之间的人口流动急剧上升，在年轻一代中尤其如此。一些人离开村子去寻找农业以外的工作，一些人去接受新式或高等教育，还有一些人仅仅因为受新事物的吸引。结果，过去的人口稳定不能再保持。当老一辈还对所谓'外国恶魔'愤恨不已，父亲和祖父仍坚持没有什么生活方式比种地更好时，儿子和孙子却正想着工厂、铁路、机器厂或开始从商生涯和接受较高的教育程度。年轻人想去看看新世界，过过新生活。他们知道这种新生活不在村庄而在大城市，所以只要有机会他们就准备出去，这就是村里的情况。"①

进城者的新奇信息在亲友乡邻的传递下，迅速传遍整个村落，甚至附近村落亦能获得。"当第一批去城里的人回家探亲时，他们给村庄带来了更多新的吸引，他们的新衣服、新行李，他们带回来的钱，他们关于城市奇特事物的故事，都对那些仍留在村里的人产生了巨大影响。渐渐地，当村民看到邻居因儿子或女儿在青岛或其他城市工作寄回钱得到好处时，父亲开始鼓励儿子离家，去其他地方寻找机会。结果每年都有越来越多的年轻人离开村庄。"② 城市便成为乡村社会各阶层憧憬的"伊甸园"，向城市移居的社会现象成为此时代潮流的表征之一，导致了城乡人才的逆转性流动。

如果说社会环境恶劣、城乡发展不平衡是乡村精英离乡的动力的话，那么新式教育的发展就是一支加速乡村精英离乡的催化剂。"着即自丙午科为始，所有乡会试一律停止，各省岁科举考试亦停止"，③ 延续了千年之久的科举制度遂告废止，新旧学堂并行的局面也就此结束了。

在自上而下的国家制度支持下，各省纷纷创办了高等学堂、中学堂和小学堂，基本形成了大学、高等专门——都市省垣，中学、师范——府治，高小——县城，初小——乡镇这样的学校与行政梯次配备体系。④ 政府在新

---

① 杨懋春：《一个中国村庄：山东台头》，张雄、沈炜、秦美珠译，江苏人民出版社，2001，第196页。
② 杨懋春：《一个中国村庄：山东台头》，第196页。
③ 《光绪朝东华录》（五），中华书局，1958，第5392页。
④ 王先明：《变动时代的乡绅——乡绅与乡村社会结构变迁（1901—1945）》，人民出版社，2009，第33页。

式学堂的设置上改变了传统教育重心在乡村的布局，"多偏重城市教育，以粉饰取荣；置乡村教育于不顾，竟使适龄儿童，多半失学"。① 正因此，乡村学校仅占到全国学校总数的10%，② 即使是服务于乡村的农业学校也有近80%设在城区。③ 著名的教育家陶行知早已注意到这个问题："不落在劳苦人的田园里。中国的教育雨，专落在大都会的游泳池里给少爷小姐玩。中国的教育雨，不肯落到乡下去，灌溉农人所种的五谷。中国的教育雨，不肯落到边远的地带去滋长时代落伍的人民的文化。即使偶然顺着风势落它一阵，也是小雨，不能止渴。"④

新教育重心向城市的转移，吸引着大批乡村青年离乡进城求学。童润之对全国15省市普通中学生城乡来源的调查显示，河北13所调查学校中来自乡村的学生总数为2405人，占到所调查学校学生总数的61.3%；山东（不包括青岛）6所调查学校中来自乡村的学生总数为1499人，占到所调查学校学生总数的83.4%；北平8所调查学校中来自乡村的学生总数为1569人，占到所调查学校学生总数的56.2%；青岛2所调查学校中来自乡村的学生总数为152人，占到所调查学校学生总数的24.4%。⑤ 另中央农业实验所对全国22省农民离村后的调查表明，农民个人离村到城市者占离村总数的65.3%，而到城市求学者占到了17.5%。⑥

在城市中接受不同于传统教育内容的读书人，其生活方式也发生了深刻的变化。"农村的儿童脱离农村实际到城里上学，抛弃乡间朴实的生活，学生在学校里或学生在社会里养成的一种城市生活习惯，而且在城市里亦是完全不平民化的生活，使得乡间儿童到城里入了高等小学以后，便对他旧日乡村简朴生活不来；旧日饭亦不能吃了，旧日衣亦不能穿了；茶亦没得喝，烟亦没得吃，种种看不来，种种耐不得。而乡村农家应具有知识能力，又一毫无有，代以学校里半生不熟绝不相干的英文、理化等学科知识；乡间的劳作一切不能作，代以体操、打球运动与手足不勤的游惰习惯；在

① 《河南省第七区行政督察专员公署第三次行政会议记录》，1936，第128页，转引自郑起东《转型期的华北农村社会》，上海书店出版社，2004，第160页。
② 《师范教育之新趋势》，《陶行知全集》（一），湖南教育出版社，1986，第167页。
③ 〔美〕吉尔伯特·罗兹曼：《中国的现代化》，第551—563页。
④ 《陶行知全集》（三），四川教育出版社，2005，第222页。
⑤ 童润之：《我国中等学校乡村化程度的调查》，《教育杂志》第26卷第10号，1935年。
⑥ 《各省农民离村调查》，《农情报告》第4卷第7期，第17—178页。

小学亦如此，再进一步而中学，再进一步而大学，则其习惯濡染一级高一级，其所学之无裨实际，不合于社会需要，亦弥亦愈远……几乎要脱离现实社会……"①在城市接受新式教育的学生，不论知识技能还是生活习惯都已脱离了乡村社会，若离开现代文明的城市，既无适合新式教育内容的职业，又无已经习惯了的舒服生活环境，如此如是，新式教育加速了乡村人才外流的趋势，为乡村社会断送了人才，驱逐了人才，"人才来自田间而不归于田间"，"一个乡间出来的学生学得了一些新知识，却找不到一条桥可以把这套知识应用到乡间去……乡间把子弟送了出来受教育，结果连人都收不回"。②

由上述可知，随着20世纪初期以来社会环境的剧烈变动、城乡发展的不平衡、新式教育的发展，乡村社会中富裕阶层进城享受安逸的生活，贫者进城寻求生存，读书者进城接受新式教育，共同构成了农村人进城的"异因同途"之场景。"农村社会到城里去的人……多半是比较能干，有志气的青年。他们是农村社会的精华，他们跑了，农村社会没有适当的人才，生活的各方面，都要受很大的影响……农村社会人才缺乏，领袖短少。"③

三

随着乡村建设运动的蓬勃发展，人才匮乏问题愈发凸显，乡村建设领导者及各团体为解决人才困难问题及实现乡村建设的理想，将"知识分子下乡"和"培养乡村建设者"作为主要的解决之途。

呼吁知识分子下乡参与乡村建设是当时乡村建设领导者及乡建团体解决复兴乡村人才缺乏问题的共识。"在眼前中国乡村总破产的局面下，农民的愚蔽，以及在政治上所受到的种种压迫，和进一步的建设工作都期待着智识份子一齐回乡，去作一种拯救和谋画建设的工夫，农民方有复苏的希望。"④ 对于知识分子于乡村建设之作用，梁漱溟言道，"中国问题是整个文

① 梁漱溟：《我心中的苦闷》，鲍霁主编《梁漱溟学术精华录》，北京师范学院出版社，1988，第450—453页。
② 费孝通：《乡土重建》，观察社，1948，第72页。
③ 杨开道：《农村社会学》，世界书局，1935，第56页。
④ 李蒲：《论智识份子下乡》，《乡村建设》第3卷第25、26期合刊，1934年，第13页。

化问题，而包有政治问题、经济问题……因此，知识分子、教育工夫，遂为解决中国问题的要件"。[1] 而且，知识分子下乡拯救乡村在乡村建设者们眼里是应尽的社会责任，"今日救贫救弱之道，舍村治实无良策，而救贫救弱之志愿，舍知识阶级又将谁属，是则谓村治为知识阶级之责任，实碻当而无疑议也"，[2]"如果不能尽其天职，只顾自己贪吃便宜饭，而且要吃好饭，那便是社会之贼"。[3]

知识分子在传统乡村社会有着天然的优势，直到 1949 年，中国农民中的"大部分无疑是文盲"，[4] 文化知识的占有者往往成为乡村社区内尊敬和崇拜的对象，他们"乐近知识分子而不疑"，乡村民众能够获得"知识分子的指导，自然欣喜万分"，这也是知识分子为何能成为解决乡村建设问题要件的重要因素。知识分子能从城市走向乡村的另一个重要因素为新式教育与现实社会需求的严重脱节，尤其文、法类学生骤增以致出现严重的就业困难，"寻不到适当的职业"。[5] 1931 年调查显示，全国专科及以上学校中，文、法等文类院科数有 110.5 个，理工等实类院科数仅为 76.5 个；文、法等文类系组数有 395 个，理工等实类系组数仅为 281 个。就学生人数而言，1931 年全国专科及以上学生总数 44167 人，文科有 32940 人，占总数的 74.6%，其中更有 80% 以上为文哲与法政科毕业生。[6] 文科毕业生数量庞大，远超当时社会之需求，故"'毕业即失业'一句话变为学界中一个普通口头禅"。据李模生统计，1936 年全国毕业的 2104 名大学生中无确定出路的就有 1054 人，占总数一半强。[7] 知识分子求业不得，纷纷失业，渐酿成严重的社会问题，"以频年学校所造人材不合需要或由于残余封建势力所包围，以致新离学校之毕业生，每以进身无门，辗转于饥寒线上而不能自拔"，[8] 生活所迫竟成为"高等的无业流氓"，[9] 其造成的影响愈发恶劣，

---

[1]《乡村建设理论》，《梁漱溟全集》第 2 卷，第 459 页。

[2] 王惺吾：《村治之危机与生机》，《村治月刊》第 1 卷第 12 期，1930 年 2 月，第 3—5 页。

[3]《乡村建设理论》，《梁漱溟全集》第 2 卷，第 351 页。

[4] 〔美〕吉尔伯特·罗兹曼主编《中国的现代化》，江苏人民出版社，2010，第 537 页。

[5] 董汝舟：《中国农村经济的破产》，《东方杂志》第 29 卷第 7 号，1932 年 12 月，第 21 页。

[6] 教育部编《第一次中国教育年鉴》丁编《教育统计》，开明书店，1934，第 48、53 页。

[7] 李模生：《救济失业大学生》，《独立评论》第 207 号，1936 年 6 月，第 7 页。

[8] 胡鸣龙：《知识分子的失业救济与学术运动》，《中国新论》第 1 卷第 3 期，1935 年 6 月，第 29 页。

[9] 陈建业：《生产教育与政治教育》，《东方杂志》第 31 卷第 6 号，1934 年 3 月，第 2—3 页。

"至波及国家前途之安危……且为形成社会之种种危机"。[①] 乡村建设人才极其匮乏，而城市里的人才冗余，面对如此社会现实，复兴乡村的有识之士积极倡导和动员知识分子下乡，在尽责挽救乡村社会危机的同时，又完成了自我拯救。"青年下乡，确是目前最有希望的一条出路，因为现在的城市中满布着失业的青年，而乡村且闹着人才贫乏的恐慌，要解决这个矛盾现象，智识青年下乡是最妥当的办法。"[②]"下乡去"的时代性呼声在农村与城市的双重现实下逐渐高涨，得到了众多知识分子的响应，知识阶层新的转向也由此而生。

知识分子从城市走向乡村的归农潮，一定程度上缓解了乡村建设运动中人才匮乏的问题，但知识分子接受的服务于工业文明的新式教育与乡村建设之间有着鸿沟，而且，乡村建设需要的人才数量庞大，远非知识分子下乡就能解决。于是，乡建领导者及其团体开始就地取"才"，围绕乡建工作相关的知识与技能进行系统的培养和训练，以服务于乡村建设事业。

民国时期各地的乡村建设理论、理念以及实践路径有别，体现于乡村建设者的培养上便是各具特色，主要的培养模式有山东（邹平、菏泽、济宁）的研究院式、定县平民教育式、宛西乡村师范式、教育机构联合培养式。

山东的研究院式培养以研究院为核心，主要通过设置乡村建设研究部、乡村服务人员训练部、乡村建设试验区三个机构来承担乡建人才的专门培养工作。以从事乡村建设理论研究为培养目标的乡村建设研究部，多招收学历较高的大学毕业生或大专毕业生为学员，较为系统地学习乡村建设理论、乡村教育、乡村自治、农业经济等知识，毕业后多被分配到实验县任职。为乡村建设培养干部人才的乡村服务人员训练部，多招收中学毕业生为学员，共招收学员 1000 余名，学习乡村建设理论、乡村教育、土壤肥料、农业改良、水利建设、农家副业等科目，毕业后回归原县成为乡村建设骨干。位于自然条件优越、地理交通位置较为便利的乡村建设试验区，为山东乡村建设专门设立的实验之地。

---

① 胡鸣龙：《知识分子的失业救济与学术运动》，《中国新论》第 1 卷第 3 期，1935 年 6 月，第 29 页。

② 王赞源：《青年对下乡运动应有的认识》，《学校生活》第 98 期，1935 年 1 月，第 5—6 页。

定县平民教育以初级和高级平民学校为中心，以"推动乡村工作的中心力量"的"农村中的青年农民"为培训对象，[1] 通过系列培训和训练使其具备乡村建设的知识与技能，成为乡村建设的骨干力量。无论初级还是高级的平民教育均由四大教育构成，即文艺教育、生计教育、卫生教育和公民教育，它们之间只是在初级和高级教育中的比例上有差别。[2] 定县平民学校发展很快，1928 年有平民学校 24 所，1929 年平民学校增至 162 所，1930年平民学校有 316 所，1931 年平民学校有 417 所，1933 年平民学校有 472所，平均每个村落有 1 所。[3] 定县的平民学校教育"抓住了这大数量的青年，锻炼他，改造他"，培养了一批本地乡建工作者。

宛西乡村师范式培养以镇平、内乡、淅川、邓县四县联办的"宛西乡村师范"学校为培育中心，招收对象为四县的初中毕业生，学校经费由四县共担。其教育目的是为宛西乡村建设培养地方自治的基层干部，学员通过学习文化科学知识、农业知识、农业生产技能和军事知识，"既能文，又能武，既能当教师，又能种田，也能当兵打仗"。[4] 宛西乡村师范培养出了一批向民众传授乡村建设思想的校长、教师，而且毕业学生多成为各区乡的自治指导员、联保主任、保长、教育委员、农场或林场场主等，成为宛西乡村建设事业推行的重要保障。

教育机构联合培养是以南开大学经济研究所、清华大学、燕京大学、北京协和医学院、金陵大学和定县平民教育促进会联合成立的"华北农村建设协进会"为培养中心，南开大学担任经济及地方行政，清华大学担任工程，燕京大学担任教育及社会行政，北京协和医学院担任公共卫生，金陵大学担任农学，平民教育促进会则负连锁农村建设工作之责。华北农村建设协进会构建了一套"农民化"的培养方式，"训练具有专门知识技能而又有农民身手之建设人才"，学生在学校期间便真正融入农村的实际环境

---

① 《乡村运动成功的基本条件》，宋恩荣主编《晏阳初全集》第 1 卷，湖南教育出版社，1992，第 305 页。

② 任金帅：《聚同道于乡野：华北乡村建设工作者群体研究（1926—1937）》，山西人民出版社，2013，第 100—101 页。

③ 《中华平民教育促进会定县实验工作报告》，宋恩荣主编《晏阳初全集》第 1 卷，第 211—334 页。

④ 黄天锡：《宛西乡村师范回忆》，中国人民政治协商会议河南省委员会文史资料委员会编《河南文史资料》第 2 辑，1994，第 205 页。

中，使大学生充分知晓农村实际，习惯农民生活，学生毕业后可无障碍地从事乡村建设事业。[1] 其独特的乡村建设方式影响很大，"华北农村建设协进会，非但在国内为破天荒之创举，在全世界上亦未见先例"。[2]

以振兴乡村为己任的乡村建设领导者及各团体在面对乡村建设运动人才缺乏的实际难题之时，积极探求解决之良策，形成了通过宣传呼吁的方式动员冗余于城市的知识分子下乡和就地取"才"培养乡村建设人才的特色育人模式，这些卓有成效的探索一定程度上解决了乡村建设运动的人才缺乏问题，有力地推动了乡村建设运动的发展。

四

声势浩大的华北乡村建设运动慢慢沉寂于抗日战争期间，其失败的原因极为复杂，但是，"最为重要的问题就是国家政权的不合理而导致的乡村社会转型内驱动力的缺乏"，这既表现在国家政权未强大到能领导社会变革，也不能"及时消解变革过程中的各种外部压力和内部问题，避免社会的剧烈动荡"，又体现于国家政权的智识结构不适应社会现代性变革的需求，未确立社会变革的中心以及围绕这个中心培养内驱的变革动力。[3] 今天，进入了新时代的中国国家政权日益强大，国际地位日益提升，为乡村振兴战略的推进提供了良好的国内外环境，但在乡村振兴发展的实际过程中，许多农村陷入了人才瓶颈，如何解决乡村人才枯竭的问题，民国时期乡村建设在人才方面的实践活动有着诸多启示和借鉴意义。

第一，乡村建设者须有志在建设乡村的初心。乡建工作繁难，障碍重重，乡村建设者若工作动机不纯，不用说全力开展乡建工作，"能抱着'做一日和尚撞一日钟'敷衍态度的，已属难能可贵"。[4] 民国时期有人指出，在当时乡建运动中"许多乡村工作者，并不是真心去作乡村工作，有的是好奇……到乡村或者住上几个月，仍然离开了乡村工作！有的同志，

---

① 《华北农村建设协进会工作大纲（附录）》，《民间》第3卷第23期，1937年4月，第15页。
② 《华北农建协会创设济宁实验区》，《大公报》1937年1月9日，第10版。
③ 王先明：《乡路漫漫：20世纪之中国乡村（1901—1949）》（下），社会科学文献出版社，2017，第693页。
④ 尤蔚祖：《失业大学生下乡之五道防线》，《复兴月刊》第3卷第8期，1935年4月，第8页。

是想借此作引进之门，觉得如果到乡村去住一下，或者就可以像镀上了一层金也似的……有机会，就钻到另一种地位上了……另一种同志，实在是再无门可走，本想去都市，然而找不到饭吃，只好去作乡村工作，这种同志，有办法就不下乡！"① 为了全面推进乡村振兴发展，无论是"引进人才"还是就地取"才"皆须注意其从事乡村建设的动机，这直接关系到乡建者的去留和工作积极性。从生计出发的"生存型"乡建者在工作态度以及工作积极性等方面远远落后于从兴趣出发的"享受型"乡建者和从自身、社会需要出发的"发展型"乡建者，不利于乡村振兴事业持续稳步推进。

第二，乡村建设者欲"化农民"须先"农民化"。何谓"农民化"？首先，"农民化"指的是要适应农民的言行举止以及切合乡村社会的生活习惯，"如果在语言或行为上有时不觉的表现出某种态度，不合乡民的心理，便可立刻引起他们的怀疑与憎恶，这样在工作上就要受到莫大的影响"。② 其次，"农民化"还要深入了解农民的心理需求，"作农民运动的工作，须先明白农民的心理，农民的生活，农民的环境，农民的疾苦。换句话说，就是须先明白农民的种种问题，以及他需要的是什么东西。如若不管他的问题，不问他的需要，一味的因法生事，孤意冥行，就好比他脚上生痒，你硬向他头上去搔……这种干法，不惟不能得到一般农民的同情，而适足以招其反感；不惟不能增加农民的幸福，而反足以扰乱其生活"。③ 乡村建设者实现了"农民化"，才能消除自身与农民的自然距离和社会距离，乡建工作才会事半功倍。

第三，乡村建设的生力军非就地取"才"不可。在乡土社会的村民意识中存在强烈的认同观念，④ 外来乡建者们在工作时难以被当地人认同和信任，"如果是异乡人，则无论如何去努力联络当地人的感情，总因生活习惯不大相同，语言尤其隔膜，收效是不大好的，况且本地人的疑惑外地人，

---

① 千秋：《乡村工作经验谈》，《乡村建设》第 6 卷第 20 期，1937 年 7 月，第 2 页。
② 孟辉峰：《谈到乡村去》，《乡村建设》第 6 卷第 1 期，1936 年 8 月，第 2 页。
③ 王湘岑：《下乡后的一点感想写给作乡村运动的朋友》，《乡村建设》第 2 卷第 1 期，1932 年 8 月，第 31 页。
④ 安宝：《乡土社会中的村民认同——以满铁调查所及的华北区域为中心》，《历史教学》（下半月刊）2013 年第 1 期。

甚至排挤异地人，更是极普遍的事"，① 这严重影响了乡村建设事业。因此，
"盖农村建设，虽人人皆知其重要，而实际真能到乡村服务者，则非真正乡
村人不可"，"他们土生土长并易于生根于当地……被同胞村民信赖的村民
们比必须花费宝贵的时间来显示其可靠性的外来者更为有利"，② 而且，"聘
用本地人才，加以训练，以免人存政举，人亡政辍"。③引凤筑巢的"输血机
制"可以暂时缓解乡村人才匮乏的问题，但无法根本解决问题，对于乡村
人才振兴而言，要把"输血机制"变成"造血机制"，让乡村能有一个自我
育才、用才和尽才的肌体，如此方能更好地推动新时代农村的发展。

第四，乡村建设者需要良好的社会环境。社会环境是个内容较为宽泛
且与自然环境相对应的概念，包括政治局面、经济状况、文化传统、社会
舆论、社会秩序、社会治安等。民国时期的乡建运动开展于强有力国家政
权缺失之下，致使当时乡村建设的社会环境恶劣至极，政府"对于改进工
作，能予助力者，十不得一二，能敷衍门面，不闻不问，已属难得；甚或
处处予以难堪，阻其进行，竟或行其诡计，破坏不留余地"；④ 乡村经济处
于崩溃的边缘，又无国家财政的强大支撑；精英离村造成乡村文化荒芜；
社会舆论视乡村建设者为"吃乡建饭的新阶级"；⑤ 社会秩序严重失范，匪
患肆虐，恶劣的社会环境不仅严重干扰到乡村建设工作，更成为乡建运动
失败的重要原因。进入了新时代，中国"前所未有地靠近世界舞台中心，
前所未有地接近实现中华民族伟大复兴的目标，前所未有地具有实现这个
目标的能力和信心"，⑥ 乡村振兴在中国翻天覆地的发展和进步中上升为国
家战略，百年未有的良好社会环境为乡村建设提供了有力的保障。但是，
城乡发展不平衡依然存在，甚至差距在不断扩大，"让愿意留在乡村、建设
家乡的人留得安心，让愿意上山下乡、回报乡村的人更有信心，激励各类
人才在农村广阔天地大施所能、大展才华、大显身手，打造一支强大的乡

① 通哉：《乡村建设之理论与实际》，《陇铎月刊》第3期，1939年，第14页。
② 陈志潜：《中国农村的医学——我的回忆》，四川人民出版社，1998，第87～88页。
③ 章元善、许仕廉编《乡村建设实验》第1集，中华书局，1934，第69页。
④ 陆叔昂：《参加全国乡村工作讨论会后》，《教育与职业》第148期，1933年，第658页。
⑤ 陈序经：《乡村建设运动》，大东书局，1946，第36～37页。
⑥ 习近平：《建设一支听党指挥能打胜仗作风优良的人民军队——关于加强国防和军队建设》，中共中央宣传部编《习近平总书记系列重要讲话读本》，人民出版社、学习出版社，2014，第133页。

村振兴人才队伍，在乡村形成人才、土地、资金、产业汇聚的良性循环"，①需要考虑人才的精神需求，还要重视人才的物质需求，创建适宜乡村建设人才的良好社会环境，这是乡村人才振兴的必由之路。

---

① 习近平：《部署实施国家重大发展战略——关于我国经济发展的战略举措》，中共中央宣传部、国家发展和改革委员会编《习近平经济思想学习纲要》，人民出版社、学习出版社，2022，第 90 页。

近代山西"村政建设"运动与乡村社会变迁[*]

张启耀^{**}

一 问题的提出

从 20 世纪 20 年代初开始，在近代发展中较为落后的山西社会，政府以"村政建设"的制度设计与实践曾吸引过众多学者和政客到山西考察，山西省也因为这个运动而一度被誉为"模范省"，成为其他省份实施自治的榜样。"村政建设"是山西政府从民国初年开始推行的新政措施，包括最初的"六政三事"、"村制"改革到后来的"土地村公有"，从农村的生产技术到风俗习惯都在改革范围之内，因此是一个系统的农村改制计划。

到目前为止，学界关于近代山西"村政建设"的研究成果不算少，所论述角度也较为广泛，从"村政建设"的起因、内容、实施过程到基层政权建设等。如肖君的《阎锡山村政建设之实践》着重论述以"村本政治"、"用民政治"和"土地村公有"为中心的运动内容；成新文在《评阎锡山的村镇建设》一文中着重叙述了"村政建设"的发展阶段和实施过程；谢泳在文章《山西村政建设中的"制度设计"》中认为，虽然山西的乡村建设计划在实践上没有成功，但在理论上却有着独特的"自治"制度设计；祖秋

---

* 本文为国家社会科学基金重大项目"近代中国乡村建设资料编年整理与研究（1901—1949）"（17ZDA198）、山西省哲学社科规划项目"乡绅区域特性比较与乡村文化建设研究"（2019B388）、山西省社科联重点项目"近代河东乡绅乡村社会救济问题研究"（SSKLZDKT2019151）阶段性成果。

** 张启耀（1967— ），历史学博士，运城学院河东文化研究中心教授，主要从事中国近代乡村社会史与区域史研究。

红的博士学位论文《"山西村治"：国家行政与乡村自治的整合（1917—1928)》在分析山西"村政"性质的基础上，论述了国家与基层社会的融合渗透状况；任念文在《民国时期山西"村政"改革绩效透视》中探寻运动过程中出现的主要问题，以此分析运动的体制建设与实际功能之间的巨大差距；等等。①

　　以上成果从多方面对"村政建设"予以阐释，极大地丰富了相关研究内容，但关于这一运动对近代山西乡村社会的影响以及运动无果而终的原因至今学界并无定论，也很少有人专门论及，即使有学者提及，也没有专门的分析。在当前国家日益重视"三农"问题的背景下，深入探讨近代山西乡村的相关问题具有重要意义。基于此，笔者以相关资料为基础，在前人评价和学界研究的基础上，进一步探讨"村政建设"在近代山西乡村社会变迁中的作用以及影响运动在乡村实施效果的因素，以期促进这一研究领域获得新的进展。

二　运动对山西乡村经济与农民生活的影响

　　辛亥革命后，阎锡山逐渐控制了整个山西政局，并随后在全省范围内开始实施"村政建设"。这些"村政"措施在实施过程中到底效果如何？这场运动与近代山西乡村社会变迁之间的关系又是怎样？这是拙文重点探讨的问题。下面首先从运动对农村经济与农民生活的影响展开论证。

　　对于"村政建设"早期的实施效果，曾有学者给予高度赞扬，认为运动的实施使山西全省"盗匪绝踪，穷乞罕见，社会秩序为各省所不及"。②即使在进入 20 世纪 30 年代之后，类似这样的赞扬仍不绝于耳。

　　不过，通过对史料的全面分析，笔者认为，以上对运动的正面评价有些是处在 20 世纪 30 年代早期之前，有些是从某一特定方面，如军工行业发

---

① 肖君：《阎锡山村政建设之实践》，《山西档案》1992 年第 5 期；成新文：《评阎锡山的村镇建设》，《晋阳学刊》1995 年第 1 期；谢泳：《山西村政建设中的"制度设计"》，《博览群书》2003 年第 7 期；祖秋红《浅析民国初期山西"村政"运动》，《晋阳学刊》2007 年第 2 期；祖秋红：《"山西村治"：国家行政与乡村自治的整合（1917—1928)》，博士学位论文，首都师范大学，2007；任念文：《民国时期山西"村政"改革绩效透视》，《历史教学问题》2014 年第 1 期。
② 《建设村本政治》，《村治月刊》第 1 期，1929 年。

展、政府对乡村社会控制等来评价,并不能完全、真实地反映当时运动在乡村实施的效果。

1929 年,时任山西省政府主席的赵戴文在讲话中不无忧虑地说,现在"民生困穷,达于极点,不事设法救济,则弱者转于沟壑,强者铤而走险,其祸自不敢设想也!"① 全省整体情况可见一斑。下面分区域详细分析。先以晋西北为例,当地农民甚至在三四十年代所使用的生产工具依然十分简陋,"绝大多数农民终岁辛劳,也只能维持最低层次的生活标准"。② 山西中部的太谷县,20 世纪 20 年代中期,当村政人员调查该县时,当地乡民愁容满面地说:"你们是整理村范的,你们是调查太谷社会情形的,但是弊村这般没有生气的样子,真是教人凄惨!"③ 太谷县北堡村原来较为富裕,有 1300 户人家,商号有 36 家,但到了 30 年代中期,就"只有六十户,商店连一家也没有了",因为这些人家"绝少迁移,大部分都是死亡了"。④ 而晋中农村的情况是,到 30 年代,"断炊之家,大批地在农村里面出现了"。⑤ 即使是较为富足的地方如晋南的永济县,在 30 年代初也是"哀鸿遍野,穷黎失业,民间困苦情状不堪言喻"。⑥ 就连阎锡山本人也说:"年来(指 1935 年以来——引者注)山西农村经济整个破产,自耕农沦为半自耕农,半自耕农沦为佃农雇农,以至十村九困,十家九穷。"⑦

除此之外,"村政建设"的目标大多时候往往落空,尤其是方案中提到的对乡村下层民众的承诺多未实现。如阎锡山曾于 1920 年 10 月把自己的改革方案递交给大总统,提出了改革的具体步骤,认为乡村要实现自治必须经过四个阶段。在其中的第二阶段,阎锡山提出的目标是:"以编村为抚恤团体单位,救济那些鳏寡孤独疲癃残疾,实在无自觅生活能力,而又无亲属可依赖的贫乏之人。"⑧ 但政策实施的结果"却是少数的当局要人"成为

① 《赵戴文等发起穷民生计实进会》,《山西村政旬刊》第 5 期,1929 年,第 27 页。
② 张玮:《三四十年代晋西北农民家庭生活实态——兼论"地主阶层"经济与生活水平之变化》,《晋阳学刊》2005 年第 1 期,第 86 页。
③ 杨蔚:《太谷社会生活的状况》,《铭贤校刊》第 1 期,1924 年,第 2 页。
④ 荫萱:《山西中路农村经济底现阶段》,《中国农村》第 11 期,1936 年,第 73 页。
⑤ 荫萱:《山西中路农村经济底现阶段》,《中国农村》第 11 期,1936 年,第 75 页。
⑥ 《晋陕甘三省苛征捐税情形》,中国第二历史档案馆藏档案,全宗号:1,案卷号:2711,缩微号:16J2384,第 1391 页。
⑦ 申报年鉴社编《申报年鉴》,申报年鉴社,1936,第 898 页。
⑧ 周成:《山西现行政治纲要》,上海泰东图书局,1921,第 83 页。

最大的利益获得者,① 广大贫苦农民在日益沉重的税费负担之下生活更加苦不堪言。太原县乡绅刘大鹏在1927年1月31日的日记中记载："山人见予即言：支应军差，摊派甚巨，即极贫之家亦摊十余元大洋，苦甚矣。"② 可见，阎锡山连那些普通农户的基本生活都无法保证，更不用说那些"鳏寡孤独疲癃残疾，实在无自觅生活能力"之人了。

以上农村经济和农民生活状况正是当时山西乡村社会的真实写照，体现了阎锡山乡村建设的基本成果。这期间，"村政建设"从发端时期对农村社会的美好设想最终走向破产，其结局令人唏嘘，个中原委容后再详细分析。

三 运动对山西乡村财政管理的影响

晚清时期，中国官场贪污成风，严重影响着基层社会的管理和运行。清末民初，虽然各地自治机关纷纷成立，但官场的腐败恶习仍旧存在。由于阎锡山的纵容及其特殊的用人制度，"村政建设"实施过程中财政管理的腐败现象并没有较大改观，极大阻碍了近代山西乡村社会的发展和变迁。

阎锡山搞"村政建设"的其中一个目的，就是从农村获得更多的财富。为了达到这个目的，他不惜默许甚至怂恿村政领导阶层公款吃喝。阎锡山在讲话中曾以府十县为例说，虽然村费花得很多是一件坏事，"但村人乐于当纠首，为在社会上吃一年好饭，因而把村中应办的亦就办了"；如若不让"纠首"在社会上吃饭，这些人"便不到社会上，为公家办事之心亦懈矣"。③

20世纪20年代末30年代初，山西村财政管理一度较腐败，各地村长副贪婪成性，村中公款耗费有增无减。如各地民众提到，浑源村长之鱼肉乡民，祁县村长之营私舞弊，介休村长之以暴易暴，武乡村长之剥削贪婪，

---

① 赵永强：《民国时期的山西：政治发动与经济剥夺——兼议同期之山西社会发展主线》，《山西档案》2005年第1期，第55页。
② 刘大鹏遗著《退想斋日记》，乔志强标注，山西人民出版社，1990，第350页。
③ 《山西省第二次村政会议记录》，吴树滋、赵汉俊辑《县政大全》第5编，世界书局，1930，第102页。

屯留村长之无耻敲诈，汾阳村长之黑幕重重，等等。① 类似这样的腐败现象愈演愈烈，严重影响着阎锡山政权的声誉和统治秩序，以致政府不得不对腐败行为采取一定的约束措施。1933—1935 年的清理村财政报告中就提到："村款糜滥，为数极巨，切肤之痛未除，固不足以言建设而图救济。"②

阎锡山的用人制度在某些方面又对基层管理人员的腐败行为起着纵容作用，导致基层腐败现象越来越多。阎锡山曾公开表示："使功不如使过。"他认为在一个人犯罪或者犯错后重用他更能使他为己所用。如晋南夏县县长赵良贵因贪污腐败情事被民众捆缚，身插白纸旗，游街数十时，沿街自叫"我是贪官赵良贵"，轰动全省，但如此贪官被重新任为县长后不知悔改而再以贪污陷法网。③ 再例如，阎锡山掌握了曾任平遥县长的孙焕仑的严重腐败证据后，孙痛哭流涕，请求赦免死罪。令其始料未及的是，阎不仅免其死罪，且在几年后大升其官，又将此犯擢升为省民政厅长。④ 如此腐败的用人制度直接导致了政府官员贪污行为的盛行，加剧了行政制度的黑暗。

基层腐败愈演愈烈，但阎锡山把这一切都归因于乡民对村长副选举时的不慎。他在《告示各县人民慎选村长副文》中就提到，"近年以来，控告村长副的案子，各县常有"，但"与其选出坏人，受了他的害，再去控告，何如未选之前，大家斟酌谁是本村的好人，到村民会议，亲自投票，就把他选出来"。⑤ 如此这般，腐败源头得不到根除，乡村社会的财政秩序也不会有大的改观。

此外，虽然"村制建设"第一次真正将国家权力下移到村一级，但必然造成官僚机构不断膨胀。⑥ 结果，随着政府官僚机构的日益庞大，再加上前述阎锡山本人对地方官员任命的随意性，加剧了行政腐败的发生。因此，"虽然政府在近年来，高唱'廉洁政治'，其实全属空谈"。⑦

---

① 参见《监政》第 4—5 期，1934 年，第 3—10 页。

② 山西省政府村政处编《清理村财政报告》(1933—1935 年)，无出版地和页码，北京农业大学图书馆藏。

③ 马乘风：《最近中国农村经济诸实相之暴露》，《中国经济》第 1 期，1933 年，第 9 页。

④ 林登辑《侯外庐谈阎锡山》，《山西文史资料》第 60 辑，1988，第 8 页。

⑤ 山西省政府村政处编《山西村政续编》第 1 册，1929，第 9—10 页。

⑥ 董江爱：《军阀首脑与村治领袖——论山西省治与村治的关系》，王先明、郭卫民主编《乡村社会文化与权力结构的变迁——"华北乡村史学术研讨会"论文集》，人民出版社，2002，第 297 页。

⑦ 张雨亭：《中国农村破产的实况》，《醒农半月刊》创刊号，1934 年 4 月 5 日，第 16 页。

四 运动对山西乡村民风和社会秩序的影响

南京政府前期，"村政建设"对山西乡村行政体制的完善起了一定作用，再加上当时整个山西基本上处于阎锡山统治之下，军阀势力单一，统治权相对集中，使山西农村的生产和生活秩序相对其他很多省份来说较为安稳。[①] 从民风来看，20 世纪 20 年代，山西社会"人知自好，鲜蹈法犯刑之事"，因此"有模范省之誉"。[②] 曾有一些学者对民初山西与邻省的治安环境做过比较，如梁漱溟先生在 1929 年考察乡村社会时就对照山西、广西、广东、湖南、四川、陕西等地方，并赞扬"山西在这方面，无论如何……有一种维持治安的功劳"。[③] 还有学者认为"山西一隅，村村有制，邻邻相安，苟莝绝迹，民无游惰"，"有此治绩，亦非一朝一夕之力所可几及也"。[④]

不过，以上所言都是"村政建设"早期的社会秩序，从整个运动来看，"村政建设"的正面作用仍然是非常有限的，就连一向极力对之称赞的梁漱溟后来也说这一运动基本是"盛名之下，其实难副"。[⑤] 而那些到过山西的名流，"由他们言辞间很可以看出，是出于至诚，谓山西政治前途无望"。[⑥] 他们之所以有这样的看法，是因为当时山西的所谓"秩序"正体现了阎锡山严密控制的行政网络。阎锡山曾毫不掩饰地说："大凡世界各国，其行政网愈密者，其政治愈良好、愈进步。"[⑦] 通过县、区、乡、村、闾、邻的层级结构，阎锡山构建了严密的组织和警察力量，"好像能把每个人都置于他的控制之下"。[⑧] 乡民从婚丧嫁娶到吃喝拉撒，从婆媳吵架到种地打柴，统统有人监视着。

---

① 张启耀：《南京国民政府前期山西农民生活水平分析》，《中国经济史研究》2009 年第 1 期。

② 周宋康编《山西》（分省地志），中华书局，1939，第 77 页。

③ 中国文化书院学术委员会编《梁漱溟全集》第 5 卷，山东人民出版社，1992，第 445 页。

④ 杨天竞：《乡村自治》，曼陀罗馆，1931，第 242 页。

⑤ 中国文化书院学术委员会编《梁漱溟全集》第 4 卷，山东人民出版社，1991，第 892 页。

⑥ 静之：《所谓模范省的政治措施》，《山西农学会刊》，1939 年，第 5 页。

⑦ 山西村政处编《山西村政汇编》，1928 年校印，山西省档案馆藏，类号 A，编号 0195，序，第 1 页。

⑧ 〔美〕唐纳德·G. 季林：《阎锡山研究——一个美国人笔下的阎锡山》，牛长岁等译，黑龙江教育出版社，1990，第 139 页。

另外，虽然当时山西军火工业发展了，政府财政收入也增加了，但贫苦百姓的生活依旧，所谓的某些"建设"对穷人来说甚至是"祸民"。以当时对晋南河津县的一份调查报告中所提到的保卫团为例。调查提到当地的保卫团"实为空增负担、无裨事实之秕政。盖所谓团丁者，皆点验时临时雇佣之夫"，"间有少数长雇之人，亦不过供村长驱使"。① 当时梁漱溟先生分析说，长此以往，"村民一面对于村政，亦有疲累厌烦之意"。② 即使如刘大鹏那样生活条件较好的乡绅也在日记中说："阎锡山系晋人，而其把持晋政，无一非祸晋人之政。予向乎阎锡山，人皆恶闻之，今乃皆谓阎祸山西日甚一日，较甚于前矣。"③

随着这场改制的推行，农村贫困百姓的负担日重一日，这从各县呈送省府村财政清理报告中也可知一二。据1933年山西省政府统计，全年全省"各村支出总数为一千一百三十五万六千一百八十七元，按全省总户数二百一十七万七千八百八十六户计，平均每户负担五元二角一分，其中徐沟、榆次、太原等县每户竟负担在十五六元以上，乃至二十四五元，似此情形，民何以堪"。④

通过以上三方面的论述可以看到，阎锡山"村政建设"的实施成效并不明显，很多措施并没有落到实处，所以，"村政建设"并没有给山西乡村社会带来明显的变化，山西社会封闭、落后的状况也没有较大的改变，尤其是农村中下层民众的生活并没有什么改观，甚至到20世纪30年代中期，整个山西乡村社会陷入了普遍的贫困化。⑤ 对此，阎锡山本人曾说："各县办理村政人员，忙于办差筹款，不暇顾及村政，以前成绩难免退步。"⑥ 而整个村政"创办以来，因时会上种种关系，未能收圆满效果为可惜耳"。⑦

---

① 严慎修：《山西河津县上井村晋祠十三村自治进行之概况》，章元善、许仕廉编《乡村建设实验》第2集，中华书局，1935，第427页。

② 梁漱溟：《漱溟卅后文录》，上海商务印书馆，1930，第272页。

③ 刘大鹏遗著《退想斋日记》，第463页。

④ 邢振基：《山西村政纲要》，晋新书社，1929，无页码。

⑤ 参见张启耀、王先明《民国自治运动与基层社会的贫困化——对1927—1937年的山西乡村社会的考察》，《华中科技大学学报》（社会科学版）2012年第1期。

⑥ 山西省政府村政处编《山西村政续编》第1册，1929，第4—5页。

⑦ 《阎锡山对山西各县知事讲话》，吴树滋、赵汉俊辑《县政大全》第5编，第10页。

五 影响运动乡村实施效果之因素

由于历史进程的复杂性，任何对于历史事件的分析和评论都不免带有一定的偏差。以现代人的眼光来探析"村政建设"失败的原因当然也不免会"走样"，但是，带着审慎的态度尽量多地搜集和研究相关史料以做到尽力贴近史实，是对历史应有的尊重。由于近代中国社会的转折性和复杂性，研究山西近代"村政建设"失败的原因就具有了一定的挑战性。

虽然这场运动失败的原因可能很多，但由于篇幅所限，笔者在此想重点阐述以下几点，以作抛砖引玉之用。

首先，从农村和农民一方来看，"村政建设"并不具备实施和推动的土壤。一方面，近代以来国家在掠夺社会资源过程中与基层社会已逐渐形成对立局面，尤其是农民对晚清以来各类运动具有了天然抵触性。因为"自清季到民国历次举办新政，卅余年间无一次不是欺骗农民，农民听到新法新政就厌嫌头痛"，"退缩逃避之不遑，则向前参加之机益以绝"。[1] 所以，农民从心底里并不认同政府倡办的任何运动，对于政府的一切工作均不抱好感，反正都是迫害农民的东西。农民与政府人员打交道不是恐惧便是抵触，如农民们说，"一听见调查员到了，我们的大腿就发抖"。[2] 这一情况正是"村政建设"没有在基层取得成功的主要社会因素，而并非像政府人员所言"村制区制之设，事属创举，地方绅民，不明宗旨所在，难免疑虑丛生，有所阻碍"。[3]

另一方面，从举办的内容来看，运动只涉及村容村貌、乡民的日常举止行为等，并没有对乡民的糊口问题过多关注和解决，而且政府对农村发展也没有投入多少资金，反而以各种方式对农村实施剥削。[4] 如当时梁漱溟就说过，"他所办的事情，只不过筹经费、定章程、立机关、派人员，人员

---

① 梁漱溟：《敢告今之言地方自治者》，《村治》第1期，1930年，第4页。
② 松年：《我们为什么怕调查》，《农民周刊》第6期，1930年，第1页。
③ 郭葆琳：《山西地方制度调查书》，山东农业专门学校农业调查会，1926，第20页。
④ 笔者在另一篇论文《民国前期山西乡村税收策略问题研究》中，较为详实地阐释了"村政建设"过程中，山西政府以较强的网络性、隐蔽性和策略性剥夺山西乡村的财富。除了征收粮食、经济作物等实物外，山西政府的剥夺手段还表现在对乡村实施频繁的"兵差"、劳役、公差等。

虚掷经费即完了"。① 比如说，1935 年山西省政府曾在《乡镇年度财政支出概算表》中大致罗列了乡村主要年度花费。这些花费虽巨，但都为乡民所缴纳，并无政府拨款。② 可以说，政府是拿了乡民的钱去办了所谓的"自治"事业。再如，自治机构人员的办公薪金也由乡民支付，一些新奇的机关不断涌现，"像防共保卫团啦！主张公道团啦！棉花检查委员会啦！"③ 面对频繁索取，乡民哪里还有心思参与到运动中呢？所以，当局慨叹，两年来的"一切新兴政治之设施，一般人多不了解，且多惯于多年旧习，安于偷闲放任，因之非难阻碍者多，而推动赞助者少"。④

其次，运动在乡村失败的另一重要原因是地方上缺乏热心能干的办事人员。

县长一职在山西基层政权建构中占据主要地位，是省政府政策实施的关键核心，受到山西当政者的高度重视，因为"山西的村政虽是由省府当局提倡起来的，但其着眼点也完全在县上"。⑤ 但是，"清季以来，上下以公文相欺，吏治遂以日坏"。⑥ 而县长则首先受到吏治败坏的直接影响，这一情况直到民国时期依然如此，严重影响和制约了阎锡山"村政建设"的实施效果。

阎锡山曾在训令中说："近闻各县仍有蹈前积习，私做虎盘情事……似此上下相蒙，尚复成何事体？"⑦ 对于"村政建设"的宣传和推动工作，各县县长很多时候都是敷衍塞责，不甚认真，无怪乎政府在下达的训令中指责"各县县长多不下乡，以致诸政均形废弛"。⑧ 而左云县"共有编村九十

---

① 梁漱溟：《中国之地方自治问题》，《乡村建设论文集》，乡村书店，1936，第 162 页。
② 这些冗繁的费用主要包括教育费、警卫费、乡镇公所办公杂费、差务费、建筑费、行政杂支、社事费等大项，每一大项下面又分为若干小项，可以说，费用层出不穷。详情可参见1935 年山西省政府汇总的《山西省单行法规汇编》中的《乡镇年度财政支出概算表》。
③ 《乡镇年度财政支出概算表》，山西省政府编《山西省单行法规汇编》，1935，第 298 页。
④ 闻莺：《山西新政下的农村经济》，《中国农村》第 2 期，1937 年，第 80 页。
⑤ 张之杰：《现今山西社会经济之穷困与出路》，《太原日报三周年山西书局一周年联合纪念册》，1935，第 26 页。
⑥ 陈敬棠：《村政与县治》，《山西村政旬刊》第 23 期，1929 年，第 52 页。
⑦ 《训令各县知事实心任事文》，山西省长公署统计处编印《山西省长公署令文辑要》，1920，第 1 页。
⑧ 《训令各县县长勤于下乡认真整顿庶政文》，山西省政府村政处编《山西村政续编》第 2 册，1930，第 2 页。

二，而表内仅列七村，足证该县长对于填报表册漠不关心，殊属玩忽已极"。① 此外，"各县对于村长副之人选，事先不甚注意，选举之后，又不勤加指导，以致专横舞弊者在所不免，敷衍塞责者，又复滥竽从事，阻碍村政，莫此为甚"。② 其他县长在运动实施过程中的表现，令文里也多有批评，如兴县县长杨希唐"办事疏忽，舆论欠佳"，武乡县长白连三"能力薄弱，声名平常"，夏县县长彭启泰"才具平平，经验亦差"，虞县县长赵联珩"优柔寡断，贻误要政"，等等。③ 更有甚者，省政府派出视察村政的一些委员竟在光天化日之下实施腐败行为，如训令中记载，"各县知事对于上级官厅委员到境，每多饯送筵宴及其他应酬情事，其不肖委员亦往往借端需索，甚或折收车马费希图肥己，知事一有拒绝，遂敢不毕乃事，中道而返"，④严重影响了"村政建设"的实施效果。

面对实施困境，山西省政府曾不断对各地方官员予以引导、批评甚至处罚，试图挽回颓局。在 1928 年到 1929 年省政府送达晋南猗氏县知事的两个公文中有明显的表现。《据报该县第一区区长懒于下乡饬据实报核并撤换王寮村间长杨维长由》认定"该县第三区王寮村一间间长杨维长品行不端，间人反对并应撤换另选以顺舆情"；⑤《山西省政府致猗氏县知事对于烟禁应努力前进函》批评猗氏地方官员"因循敷衍，上下相蒙，各适其适，此正从前官僚积弊所在"。⑥ 对于这些官场上的弊端，阎锡山痛心地说："无论多少办法，多少团体，知事心力不到，俱是假的！"⑦ 阎锡山在这一点上的认识还是比较到位的。

区段村负责人的好坏，关系到最基层民众的利害，影响极大，而不良区长、段长、村长副对"村政建设"实施效果必然产生极大负面作用。"右玉县第三区区长阎传不能遵章服务，竟派遣警士到各村询问村长如无浮滥

① 《指令左云县因玩忽填报村禁约表册严予申斥文》，《山西村政续编》第 2 册，第 49 页。
② 《训令各县注意村长副之人选并按制发各县区长督察村长副奖惩规则实行考核文》，《山西村政续编》第 2 册，第 31 页。
③ 《山西省民政厅考核二十一年份现任各县县长成绩等次表》，山西省民政厅编《山西省民政刊要》，1933，第 64 页。
④ 《训令各县知事对于委员到境不准有饯送筵宴情事文》，《山西省长公署令文辑要》，第 16 页。
⑤ 参见《山西村政旬刊》第 5 期，1928 年，第 8 页。
⑥ 参见吴树滋、赵汉俊辑《县政大全》第 4 编，世界书局，1930，第 123 页。
⑦ 《山西省政府指令介休县办理村政要心力俱到文》，吴树滋、赵汉俊辑《县政大全》第 4 编，第 126 页。

开支即行取结了事,并对吴家马营村长韩英俊侵吞村款八十余元事前未能察觉,后经村民报告亦不予深究。"① 晋南绛县"缘区各员多属萎靡办事,涉于敷衍,各项成绩均无进步"。② 永济县"第二段主任展希惠、第八段主任尚友连懒于下乡,废弛村政。第九段主任祁居铨借口下乡时常居家,并有吸烟嫌疑"。③ 如此这般,上面的命令一道接着一道,地方的办事人员敷衍潦草、虚与委蛇,"村政建设"办了十余年自然难有成绩。

除了以上两个重要因素之外,运动的失败原因还有一点需要注意。从表象上看,"村政建设"是振兴山西农村的一系列实施方案,但实际上,阎锡山赋予了这场运动以极强的"自治"色彩。既然其本质上是自治运动,那就很可能避免不了那个时代各类自治运动的相同命运。

民国初期,各地纷纷举办自治运动,"当局者尤其呕呕从事","国民政府督促于上,各省政府赶办于下,即要'克期完成'"。④ 如此,自治运动办了十多年,政府也是十分的努力,"可是我们若从实际方面去观察,又觉得各省筹备地方自治的结果,确实没有多大的进步"。⑤ 究其根源,是因为"各县的自治机关,等于虚设","只做些纸面文章,不与民众接近。农民疾苦,向不知晓;公共事业,根本不问"。⑥ 长此以往,所谓的"自治"得不到民众真心支持,等待它的也只有消亡的命运。

① 《处办右玉第三区区长清查村财政敷衍情形》,山西省政府秘书处《山西省政府行政报告》,1937,第8页。
② 《行知绛县知事该县村政成绩多无进步饬趁农暇率属切实办理由》,《山西村政旬刊》第6期,1928年,第6页。
③ 《行知永济县严饬第二第八两段主任认真下乡并撤第九段主任之差传县调验文》,《山西村政旬刊》第3期,1929年,第4页。
④ 梁漱溟:《敢告今之言地方自治者》,《村治》第1期,1930年,第1—2页。
⑤ 杨孝达:《对于党国推行地方自治以来之总观测》,《自治周刊》第74期,1930年,第7页。
⑥ 祝三:《地方自治为一切建设之基础》,《自治月刊》第1册,1932年,第36页。

由城入乡：20 世纪 30 年代青岛的乡村建设[*]

王兆刚[**]

　　城市与乡村是国家基本的地域单元，二者的均衡发展对于国家的治乱兴衰至关重要。传统中国城乡的分野主要是政治与军事功能的差异，在经济、文化等方面则保持着高度的一体性。[①] 鸦片战争后中国在内忧外患的交迫之下走向现代化之路，在这一进程中都市兴起和乡村衰落"像是一件事的两面"，[②] 城市成为现代化的中心和领跑者，农村却日渐衰败，沦为城市崛起的背景，城乡之间的平衡被打破，城乡二元分立的格局开始显现。

　　面对这一趋向，以复兴农村为中心的城乡关系问题成为近代中国面临的一个亟须解决的难题，即如何拯救农村进而实现城乡的均衡发展。民国建立后，关于都市与乡村的关系问题曾引起广泛争论。[③] 但不管如何争论，不争的事实是 20 世纪上半叶中国的城市发展高歌猛进，农村的危机却日益严重，"徒见都市之日趋繁荣，而不知农村则凋敝破产矣"。[④] 在这样的形势下，不同的政治、社会力量曾进行种种努力以图拯救农村，但这些努力主要是借助国家政权或是知识分子的外部力量对农村进行改造与建设，城乡

　*　本文为国家社会科学基金项目"近代中国政治制度的变革逻辑与借鉴意义研究"（18BZZ048）的阶段性成果。

　**　王兆刚（1974—），山东曹县人，历史学博士，青岛大学政治学与公共管理学院教授，主要从事政治学理论与政治制度研究。

　①　胡如雷先生认为中国封建社会城市的政治、军事特点特别突出，可以称之为"郡县城市"。参见胡如雷《中国封建社会形态研究》，三联书店，1979，第 249 页。

　②　费孝通：《乡村·市镇·都会》，《费孝通文集》第 4 卷，群言出版社，1999，第 314 页。

　③　如李炳寰《评吴景超之〈发展都市以救济农村〉》，《众志月刊》第 2 卷第 1 期，1934 年；吴景超《发展都市以救济乡村》，《第四种国家的出路》，商务印书馆，2010，第 93—95 页；朱通九《都市经济与农村经济》，《经济学季刊》第 5 卷第 2 期，1934 年。

　④　祝霖：《青岛市政考察记》，《现代社会》第 1 卷第 6 期，1932 年。

之间基本上是相互独立与隔膜的。而 20 世纪 30 年代在沈鸿烈担任市长期间，青岛曾尝试了一条与当时流行的乡村建设模式颇不相同的城乡一体发展道路，是民国乡村建设运动中较为独特的实践，其中的经验教训值得总结。学界对民国青岛乡村建设的已有研究强调其特点在于“以城市引领乡村”“政府主导”，将其概括为“青岛模式”。① 本文则进一步认为 20 世纪 30 年代的青岛并未把城市与乡村看作此消彼长、相互对立的两极，而是注重城乡之间的关联性和一体性，努力以城市的资源和标准来治理和建设乡村，实现城乡发展的均衡与一体化。基于此，本文从城乡协同发展的视角，对沈鸿烈主政时期青岛乡村建设的理念、措施及其经验教训进行探讨，为深入认识中国城乡发展的规律，实现城乡之间的协调发展提供历史借鉴。

一　20 世纪 30 年代青岛乡村建设的措施

民国初年的青岛虽名为市，但与一般城市不同，“工商市场所占面积，尚不及全区域十分之二，所余十分之八，至今犹属农村，则农务一项，实亦为治理青市者切要之图”。② 德日占据青岛时期，对农林发展曾有一定作为，但整体来说“注意于市区的繁荣，全不注意于乡村的建设”，“即中国收回以后，多仍德日之旧，致市区成畸形之发展”。③ 可以说 20 世纪 30 年代之前青岛市区发展迅速，而乡区则发展缓慢，城乡差距日渐扩大。1931年底沈鸿烈担任青岛市长后，针对青岛的实际情况，提出了一套较为系统的乡村建设理论和政策措施，其核心理念是以城市的体系和标准治理乡村，借助城市在组织、管理、人员、资金等方面的优势发展乡村，形成了一套颇具成效的制度措施，为城乡的一体发展确立了基础。由于这些措施的实行，青岛的乡区发展没有被市区远远甩在后面，而是保持了一定程度的同步，避免了城乡严重的二元分化。

---

① 参见魏本权、柳敏《青岛模式与邹平模式——民国山东乡村建设模式的比较研究》，山东人民出版社，2013；郑国《“都市化”：民国乡村建设运动中的青岛模式》，《东方论坛》2009 年第 4 期；鹿金伟《政府主导下的青岛乡村建设运动》，《东方论坛》2008 年第 5 期。
② 《青岛市农政建设概况》，《农业周报》第 1 卷第 19 期，1931 年。
③ 袁植群：《青岛邹平定县乡村建设考察记》，球新印刷厂，1936，第 4 页。

（一）"市管乡"体制——乡区建设办事处

沈鸿烈认为我国大多数的人民生活在乡间，如果只注重城市建设而忽略乡村，那就是舍本求末，因此"对于市乡一视同仁，双方兼顾，而于乡区建设，则尤为注重"。他主政青岛后，鉴于"市府离村区较远，深恐村民不便接洽"，"乃设办事处，俾与村民相接近"。① 具体措施是将青岛农村分为若干乡区，分设乡区建设办事处，作为市政府的派出机构负责乡区建设事宜。② 每个办事处近乎一个具体而微的市政府，下设社会、教育、公安、工务、财政、农林等股。办事处主任由市府派员兼任，主任以下各职员由市府及各局所抽调，各支原薪服务，给予一定的交通补贴，"故一处月费办公七十元外，无他开支，而办事各员，则率皆具有高等学识技术，此则他处所不易办到也"。③这一体制可称为"市管乡体制"，即城市治理体系向乡村延伸，将乡村纳入城市管理的范围之内，以城市政府的人力、物力、财力来治理乡村，"各办事处与市府及各局息息相通，为市府及各局所之耳目喉舌手足，将市政工作推向民间"。④ 这在一定程度上实现了城乡治理体系的一体化，降低了治理成本，避免重设一套机构而面临诸多不可知因素的风险，保证了乡村建设的顺利展开。

（二）以城市标准建立乡村公共服务体系

沈鸿烈主政青岛时期市政府注重建立农村的基本公共服务体系，没有因农村的落后而有所保留。这些措施对当时的农村来说有一定超前性，但满足了农村和农民的实际需要，使得乡村居民也能在一定程度上获得城市居民所享有的公共服务和生产生活条件。这些措施包括建立乡村卫生体系、乡村社会保障制度、乡村教育体系等。

第一，建立乡村卫生体系。农民由于生产生活习惯等原因，在卫生方

---

① 张范村：《青岛最近建设之印象》，《浙江省建设月刊》第 8 卷第 5 期，1934 年。
② 1932 年 4—9 月先后设立李村、沧口、阴岛、薛家岛、九水等五处，10 月在水灵山岛设立乡区建设救济办事处，山东省将即墨县境内崂山一带区域划归青岛市政府管辖后，又设前崂、后崂两个乡区。
③ 问渔：《近年青岛市乡建设成绩之一斑》，《复兴月刊》第 4 卷第 2 期，1935 年。
④ 张锐：《青岛市政实况》，《清华周刊》第 38 卷，1932 年。

面往往不加注意。为此青岛市政府拟定《整理乡村一般清洁以重卫生案》①，督促乡村街道居民组织起来定期打扫街道，在街道要路添设垃圾箱，保持街道清洁。有的村规定由住户每日扫除门前，有的村分段轮流扫除，每段由若干农户组成，由街首事或地保负责监督。② 也有的是雇用民夫，由公众出资，专门负责扫除工作。③ 针对村民习惯把粪堆置在街道路旁的做法，劝谕村民移至村外空旷处。在人口较为集中的街区修建厕所，禁止随地便溺，禁止儿童裸体。④ 街道上的泄水沟因向来无人管理，积满污秽，一遇大雨泥泞难行，对此会同公安局督饬村长设法疏浚。为监督街巷清洁，市社会局每星期派职员抽查各村，周而复始，轮流督饬，以期养成清洁习惯。⑤ 各乡区还组织灭蝇运动，净化环境。⑥

市政府在改善乡村卫生条件的同时，还通过多种方式进行卫生宣传，普及卫生常识，提高农民的卫生意识。如以每年 5 月为卫生宣传月，举行卫生运动。⑦ 在夏季各种传染疾病高发期，"印备传染病预防法及夏季卫生要点等宣传刊物发给各乡区民众并从事演讲以重保健"。⑧ 同时由各乡区举办卫生常识训练班，"召集各村村长予以训练，由本局遴选警务人员担任教授以期卫生知识得以普遍灌输借收实效"。⑨李村区还于 1934 年举办夏季卫生运动大会，演讲举行卫生运动之意义并分发各种防疫药品；讲演毕由学校军乐队前导，各界领袖及职员率领全体民众约 400 人游行各街各巷，并每人携带扫帚抬筐及铁锹等。⑩ 这些多元化的措施在一定程度上改善了农村的卫

---

① 《乡村建设》第 1 卷第 2 期，1933 年。
② 《青岛市办理乡区街巷清洁简则》，《乡村建设》第 1 卷第 2 期，1933 年。
③ 青岛市社会局编印《青岛市社会局业务特刊》(1933 年)，第一编"总务行政"，青岛市社会局，1933，第 83 页。
④ 如 1932 年在沧口四方筹设公共厕所 9 处，见《青岛市社会局业务特刊》(1933 年)，第 101 页。
⑤ 《青岛市社会局业务特刊》(1933 年)，第一编"总务行政"，第 83 页。
⑥ 如沧口区 1934 年组织捕蝇队 130 队，发给蝇拍 500 个，蝇袋 2000 个，宣传品 2300 件，分给各校轮流工作。《沧口乡区建设办事处 1934 年份社会行政总报告》，青岛市社会局编印《青岛市社会局业务特刊》(1935 年)，1935，第 237 页。
⑦ 《青岛市社会局业务特刊》(1935 年)，第六编"卫生行政"，第 19 页。
⑧ 《青岛市社会局业务特刊》(1933 年)，第一编"总务行政"，第 45 页。
⑨ 《青岛市社会局业务特刊》(1933 年)，第一编"总务行政"，第 16 页。
⑩ 《李村乡区建设办事处 1934 年经办社会行政事项》，《青岛市社会局业务特刊》(1935 年)，第 226、227 页。

生状况和农民的卫生习惯，缩小了城乡之间在卫生水平上的差距。

第二，建立乡村医疗体系。近代以来随着传统乡村社会秩序的解体，乡村的医疗资源难敷所需，乡村医疗体系亟须重建以满足农民需求。青岛市政府尝试把城市的医疗资源引入农村，实现城乡医疗资源的共享。为此在偏远乡村设立巡回医疗队，配置一定数量的医生与药品，为平常难有机会赴医院看病的村民提供医疗服务。同时在各乡区中心地区设置市立医院分院，在较偏远地区设置诊疗处或诊所。在乡区设立的市立医院分院"规模颇不小，即以李村一院而论，有医师三人，助手、看护，不下十人。村民来此看病，取费极廉，贫民全不取费，重病住院，亦是如此"。① 鉴于乡区医院设立后"各乡村人民或尚不知之，或知之而以路途遥远不肯往诊"，"拟每日实行巡回施药一次，俾乡人知医院之所在，医药之效用，以期医药救济得收普及之效"。② 有的乡区还要求村长劝导村民就医，并通过民众教育馆力加宣传。③ 为慎重人民生命起见，逐步取缔旧式医疗，禁止没有执照的药摊或医生继续营业，劝阻农民在庙宇等处求医问药。④ 此外还训练新式产婆，由社会局聘请产科专门人员担任教授，授以清洁消毒法、接生法、脐带扎切法等各种接生上之必要知识。针对乡村的传染病采取措施避免扩散，例如防治天花，由政府购买痘苗，组织村民集体种痘。⑤

第三，建立乡村社会保障体系。由社会局调查乡村中鳏寡孤独残疾贫民等需要救助群体的人数和情况，经核实批准后每人发给补助金。1933年10月，社会局视察各乡区后察知乡间贫民困窘状况，当经拟具推广慈善事业意见呈奉市府令准兴办，分令各乡区建设办事处将该区鳏寡孤独残疾者详为调查具保，经调查符合条件者564人，由社会局按名发给救济费3元，分别发交各办事处购买粮食。⑥ 此后这一做法成为固定政策，每年实施一次。这一政策所覆盖的范围和保障的力度虽然有限，但反映出政府主动履行社会保障职能的取向，是符合农村需要和城乡一体发展趋向的。

---

① 袁植群：《青岛邹平定县乡村建设考察记》，第25页。
② 《青岛市社会局业务特刊》（1933年），第一编"总务行政"，第68页。
③ 《薛家岛乡区建设办事处1933年份社会行政事项》，《青岛市社会局业务特刊》（1935年），第264页。
④ 《青岛市社会局业务特刊》（1933年），第五编"医疗卫生"，第29页。
⑤ 袁植群：《青岛邹平定县乡村建设考察记》，第26页。
⑥ 《青岛市社会局业务特刊》（1933年），"特种公益事项"，第80页。

第四，发展乡村教育。青岛在德日管辖时代，只注重工商业发展，对于教育则不加重视，虽曾设有学校，亦不过敷衍局面而已。[①] 沈鸿烈主政时期极为重视乡村教育，规定每村至少设小学一所，并筹集资金重修或建设新校舍。以李村为例，除设有市立中学外，全区有 95 村，有小学 20 所，初级小学 10 所，分校 41 所，凡人口在 35 户之村庄，平均每一村庄有一小学校，人口最少之村庄虽无学校，但附近村庄必有学校可入，且距离最远不过四五里，乡民受学之机会极大。国民党要员李宗黄曾率考察团赴李村及九水两区参观河西村等十余校，认为"各学校均用最新式教法，办法甚佳"，"校舍整洁美观，一如城市，为他市县乡村所不及"，"所有市立学校，俱免收学费，使贫寒之家，易有就学机会"。[②] 另一方面，注意发展乡村社会教育。如市政府派员至各乡区讲演，并举行化妆讲演，所表演的《农人的模范》《今日的农民》等新剧，颇受乡民欢迎。在乡村设立民众阅报牌和各民众教育馆，其中设立民众阅报牌是为弥补民众阅报室之不足，约计百个，由教育局订购报纸，逐日张贴。在各乡区还设有流动书库，专在乡区各校流动，后又在阴岛、薛家岛两区单独设书库流动组。[③]

第五，修筑乡村道路。地方交通关系人民生计，德占时期虽曾修筑数条乡村马路，但多为观赏风景而建，并未普及。沈鸿烈主政时期由工务局积极推行，规定各乡村道路分为干道、支道、村道，未有者即时兴修，已有者设法改良，务期各乡四通八达，农工商输运均臻利便。[④] 修筑方以政府为主，民众辅助，乡民于农暇时帮助工人，所有桥梁、涵洞、水溪及一切石工、木工等应需款项均由公家承担。[⑤] 在抗战全面爆发前，"该市汽车在乡区及市内，布满全境，如丝网之繁华，可为华北之冠"。[⑥]

（三）运用城市资源发展乡村经济

农业发展需要资金、技术支持，而这些条件是当时贫困衰败的乡村无

① 袁植群：《青岛邹平定县乡村建设考察记》，第 19 页。
② 李宗黄：《考察江宁邹平青岛定县纪实》，作者书社，1935，第 158、159、167、168 页。
③ 袁植群：《青岛邹平定县乡村建设考察记》，第 19、23 页。
④ 《青岛市社会局业务特刊》（1933 年），"特种公益事项"，第 75 页。
⑤ 《青岛市社会局业务特刊》（1933 年），"特种公益事项"，第 73 页。
⑥ 宋青云：《青岛农村经济概况》，《民间半月刊》第 2 卷 23 期，1936 年。

法自己解决的。对此青岛市政府投入大量资源改良农业，培养农业人才，传播农业知识，调解农村金融，防治农作物及果树病虫害等，从多个方面推动农村经济发展。

在改良农业方面，在李村设植棉场，试验美国金字美棉，颇有成效。1934年曾购棉种100担，无偿分给各村农民试种，并派员指导栽培及管理方法。农林事务所又设植棉训练班，培养推广植棉人才。① 1933年春开始租用民地设置农业推广试验区，积极推广各种优良品种，指导农民经营技术，使农民得以就近观摩考察，作为推广之先导。② 此外，还设置了特约农田，以补李村农场及推广试验区运用之不足，一切耕种管理均归农民自理，而由农林事务所派员指导，并发给优良种苗，保证其相当之收益。③ 为推广农业经营知识，"使农民对于事业经营上重要事项，得以全般领略起见"，农林事务所自1932年起每年利用农闲举办冬期农事讲习会，以广宣传。由所内技术人员担任讲演员。除按日发给听讲人员膳费2角外，并各发浅说1本，使易领会。④ 为满足未来听讲的农民需要，又将讲演材料印刷成册，令各小学就近由教员向村民宣传，同时发给中学生以便寒假归里宣传。⑤ 此外于1934年秋开办农业技术训练班，训练已离学校之农村青年，使学得最新的农业知识，散布乡间，成为农业改进之先导。⑥ 除上述努力外，并新编各种农业刊物，分发乡民，"取费甚廉，或竟不征费"。⑦

此外组织各种合作社，满足农民生产生活需要。成立的计有消费、交通、信用、牛乳推销、糊制火柴盒、染织产销、水果仓库等各种合作社，为农民的生产生活提供便利。为调解农村金融，成立了农工商银行，在各乡区设立办事处，为农民发放贷款，减少农村高利贷对农民的剥削。在农村设立习艺工厂，培训工人，为工人联系工作场所。调查农民糊火柴盒的状况，对中间商压低价格的行为进行干预，保护农民收入。取缔旧制度量

---

① 问渔：《近年青岛市乡建设成绩之一斑》，《复兴月刊》第4卷第2期，1935年。
② 青岛市农林事务所编《青岛市农林推广事业概况》，青岛市农林事务所，1934，第2页。
③ 《青岛市农林推广事业概况》，第9页。
④ 《青岛市农林推广事业概况》，第15、16页。
⑤ 《青岛市社会局业务特刊》（1933年），第一编"总务行政"，第88页。
⑥ 袁植群：《青岛邹平定县乡村建设考察记》，第13页。
⑦ 袁植群：《青岛邹平定县乡村建设考察记》，第15页。

衡，推广新制度量衡。① 举办农产品博览会，动员农民广泛参加，市长亲自为获奖者颁奖，通过这种形式鼓励农民努力进行农业生产。

（四）改良乡村风俗习惯与伦理道德

沈鸿烈认为，"目下我国市乡习惯之最坏者为鸦片、赌博二种，其次游手好闲不事生产，骄奢淫逸败坏家风均属家庭之败子、社会之罪人。至于求神拜佛医治疾病、粪堆秽物布满街巷，以及妇女缠足儿童充当苦力各事，小者可使身体衰弱，大之则害及种族"。② 要求采取措施改良农村的风俗习惯和伦理道德。其中为禁止缠足，组织成立各村劝禁妇女缠足委员会，于调查户口时挨户劝导解放，印刷禁止妇女缠足规则，不时前往各村演讲缠足之害，分赴各村召集村长首事开会，选举委员办理，组织专门人员赴乡村督查禁止妇女缠足执行情况。③ 查禁吸食鸦片、赌博等恶习，查禁旧历新年燃放爆竹，取缔乡村在旧历年节演出内容陈腐的不良戏剧。④ 与此同时提倡乡村正当娱乐，如计划于九水村筹设公共娱乐场所一处，内设书报旧剧及国术表演等事务，使乡区民众日渐明了正当娱乐有益于身心，以期逐渐扩充。调解村民纠纷，成立息讼会，减少村民之间讼案的发生，避免流氓讼棍从中渔利。组织年高德劭、热心公益的乡村耆绅赴市府参加收回青岛纪念，发给奖品，培养乡村良好风气。破除迷信，编印传单分发各村并派员赴乡解释以期革除。此外还采取措施禁止不合时宜之礼节，劝戒烟赌，禁止养奴蓄婢，禁止庆贺废历年节，限制社会酬酢以裕国民经济，查禁各庙寺设置药签以重卫生而祛迷信。⑤

综上所述，20世纪30年代青岛乡村建设的突出特点是城乡一体发展，这种一体化不仅体现在经济上，更重要的是体现在治理体系、医疗卫生、社会保障、教育文化等公共服务体系的一体化建设上。近代中国城乡互动的惯常模式是城市经济、社会、文化等先行发展，之后带动乡村经济、社

---

① 《青岛市社会局业务特刊》（1935年），第一编"总务行政"，第215页。

② 《青岛市社会局业务特刊》（1933年），"特种公益事项"，第72页。

③ 《青岛市社会局业务特刊》（1935年），第一编"总务行政"，第214—215页。

④ 乡村旧习每于废历年后演唱本地戏剧以取娱乐，不法之徒利用此时机聚众赌博，为防止流弊起见，曾规定各村请求演戏者一律禁止。

⑤ 《青岛市社会局业务特刊》（1935年），第一编"总务行政"，第239、240页。

会的变迁，这种拉动并非城市主动为之，乃是城市经济发展需要乡村为之提供劳动力、原料、市场等的结果，即"为城市经济的进一步发展提供了有利的社会环境和物质条件"。[①] 至于农村社会、文化等的发展方面较少有城市主动投入大量资源，而这恰恰是青岛乡村建设的重要方面。

二 20世纪30年代青岛乡区建设的意义

20世纪30年代青岛的乡区建设"不重标榜而重埋头苦干，对邹平、定县之长处，兼取并用"，[②] 取得了令时人瞩目的成绩。当前我国的城乡一体化发展方兴未艾，回顾青岛曾经的乡村建设路径与举措仍有一定的现实意义，其中下述几个方面是值得注意的。

第一，在近代中国农村出现全面危机的情况下，国家与社会的各种力量进行了多种尝试力图挽救农村，这些不同的努力可以归结为几种有代表性的模式，包括由国家政权主导的全国性乡村改造，以国民党政权的县自治为代表；由地方政权主导的区域性乡村改造，以阎锡山在山西的村治实践为代表；以晏阳初、梁漱溟为代表的知识分子下乡的乡村改造；以米迪刚父子为代表的乡村士绅主导的改造模式；等等。其中的政权下乡与知识分子下乡模式在20世纪30年代曾广泛实施，其共同特点是外部力量进入乡村，对乡村实行自外而内、自上而下的单向改造，外部力量与乡村的结合遇到了诸多困难。而青岛的乡村建设虽也是由外部力量对农村进行改造，却与同时期的其他模式有所不同，其突出特点是市政府在农村建立分支机构，运用城市的制度、人力、物力与财力资源改造和建设乡村，是一种比较自然的由城入乡的乡村建设模式，城市与乡村之间的衔接较为合理与紧密，避免了城乡之间的隔阂所导致的诸多问题。

第二，沈鸿烈主政青岛时期的乡区建设是以乡村为中心，城市为辅助，不仅注重复兴乡村经济，而且重视建立与城市一体的乡村公共服务体系，推动了城乡之间的均衡发展。沈鸿烈主政青岛时期乡村建设的主要内容集中于两个方面：一为繁荣乡村经济，一为建立乡村公共服务体系。前者主

---

① 戴鞍钢：《近代上海与周围农村》，《史学月刊》1994年第2期。
② 袁植群：《青岛邹平定县乡村建设考察记》，第126页。

要依靠政府的投入与引导，建立适合青岛乡村特点的农林牧副渔业体系，在这一过程中，对农业技术的宣传普及、对病虫害治理方法的指导、对农业的改良等措施都具有长期的效果，从而赋予了乡村一定的可持续发展能力，改善了农民生活，也为青岛城市工商业的发展提供了支持。另一方面是建立乡村公共服务体系，改变青岛"历来乡区居民对于市税有负担，而对于市政权利之享受则异常薄弱"的状况。① 这一措施从短期来看未必能够给城市发展带来多大益处，而且需要市政府的大量投入。这一思路在当时的中国颇为超前，但事实证明城市化初期在农村建立和城市大致相同的公共服务体系是可行的，农民极为欢迎和支持，它能够使农民在一定程度上享受到现代城市文明的成果，避免城乡之间在经济发展水平之外产生更大的鸿沟，这对减少城乡隔阂和矛盾有着积极意义，同时也能为将来城市化的深入发展减少阻力。

近代以来舆论界与学界在论及城乡差别时，多注重于经济层面，而忽略了城乡之间在教育、医疗、卫生、交通、社会保障等公共服务方面的差距。这些方面直接影响着城乡居民的日常生活内容与生活质量，相比经济发展更为民众所关注。如果只重视经济问题，所造成的城乡差距不仅是在经济层面，更重要的是在公共服务层面，想要弥补这方面的差距需要更高的成本和更长的时间。因此在乡村建设中经济建设和医疗卫生、教育文化、社会保障等方面应一体发展，避免一味追求经济效益而使教育、养老等方面的社会问题不断累积，影响乡村的健康稳定发展。这样的发展模式在初期需要政府较多的投入，但可以为乡村的长远发展奠定良好的基础。

第三，在青岛的乡区建设中，市政府的主动作为是关键因素，推动着整个乡区建设的发展。近代以来，随着科举制的废除与城市的发展，财富、知识、人才大规模向城市集中，传统城市与乡村之间资源的双向流动变为不均衡的单向流动，在此情况下充分发挥城市在经济、教育、人才等方面的优势，利用城市资源来发展乡村是极为必要的。沈鸿烈主政青岛时期努力以城市的人员、制度、资金来治理乡村，将城市治理体系向乡村延伸，通过城乡治理的一体化来实现城乡一体发展的目标。其优势在于政府的权力能够比较集中的行使，政府的人力、物力、财力等能够集中运用，政府

---

① 张锐：《青岛市政实况》，《清华周刊》第 38 卷，1932 年。

的政策能够比较充分的贯彻实施。在此过程中市政府担负着乡村建设的整体规划、组织动员、宣传推广、督促检查，以及提供资金、技术和人才等工作，是乡区建设的核心力量。这表明在城乡一体发展中，由于城市率先发展，乡村相对落后，在初期有必要充分发挥市政府的引领、扶持作用，如果仅仅依靠市政府的自觉是很难保证的。在国家范围内全面推进城乡均衡发展过程中，城市有其自身的利益考虑，其主动性、积极性是有限的，在此情况下需要国家进行合理的顶层设计，通过稳定的制度措施建立城乡均衡发展的制度体系，方能为城乡的均衡健康发展确立长期稳定的基础和保障。时至今日，我国的乡村发展已取得了巨大成就，同时我们也应看到目前乡村的自我管理、自我发展能力依然有限，乡村的发展还离不开国家强有力的领导与扶持。近期国家发布关于加强和改进乡村治理的意见，明确指出要以党组织为基础建立完善的村级治理体系，这是对历史经验的总结与对现实的有力回应。通过党组织的有力领导保障乡村治理的有序进行和把握乡村发展的正确方向，是乡村振兴的基础。

第四，青岛的乡区建设较为契合农村实际，不尚空谈，目标具体，因此实施起来阻力较小。20 世纪 30 年代中国依然面临着内忧外患的巨大压力，在此情况下国民党政权主导的乡村改造运动无不追求速效，目标高远，措施多而实行少。而青岛的乡村建设则较为脚踏实地，措施少但实行多，取得了一定的实际效果。如青岛的乡区建设注重解决农民的生计问题，沈鸿烈指出，"平民生计不解决，社会问题便未解决，政治也不算成功"，[①] 可以说抓住了农村问题的关键。而同一时期国民党政权所推行的县自治、农村复兴等运动则多脱离农村实际，内容空泛甚至超前，因此少有成效。青岛的乡村建设并未完全照搬国民党政权的相关政策，而是有所变通，如对于国民党中央大张旗鼓推行的县自治，青岛市政府并没有急于推行，尤其是青岛的乡建措施因贴近农村实际，易于为农民接受，因此在推行过程中较少使用强力，而是以宣传引导为主，即"以教化为治而非以法为治，利用自动的理性作用而不用被动的机械力量，统制个人行动而不放任之"。[②]在借助国家力量自外而内改造乡村的过程中，相关政策多为自上而下制定，

---

① 《论沈成章先生》，《都市与乡村》第 23 期，1937 年。
② 编者：《政教合一之最高意义》，《都市与乡村》第 21 期，1936 年。

容易脱离农村实际，因此如何保障农村政策在农村的适应性、可行性是关乎农村发展的关键问题。

第五，从国家治理的视角看，20 世纪 30 年代青岛的乡村治理注重的是基本制度建设，从而为青岛乡村的发展提供了一套较为有效的制度基础。这一系列基本制度充分利用了市政府的制度、人力、财力与物力资源等，没有给乡村增加额外的负担，如当时百姓所言"不要民间的钱，专办民间的事"。①这是青岛乡村建设的特色所在。借助青岛市政府的推动，各乡区在公共卫生、义务教育、社会保障等方面制定了一系列较为稳定的制度，为将来乡村的发展确立了制度基础。对于乡村发展而言，长久的制度建设远比多变的政策举措重要。国民政府的县自治、农村复兴运动等乡村改造运动实施过程中法规繁多，政策多变，没有留下太多真正起作用的制度，这是其成效不著的重要原因。

另外，20 世纪 30 年代青岛的城乡一体建设虽然取得了一定成绩，但这些政策只是限于一隅，没有上升到国家的顶层设计层面，其意义是有限的。沈鸿烈主政时期青岛市政府的作为与沈鸿烈的思想意识密切相关，可以说是一种政治精英主导下的乡村建设，仍属于"贤人政治"的范畴，要加以推广并非易事。正如时人所言："此少数贤人，能否久任其职，而不至于中途发生挫折，更属疑问。此又不独一地方为然，推而至于全国大都不免。以此论之，青岛之建设如何，全国之建设如何，前途正难乐观矣。"②随着抗日战争的全面爆发，沈鸿烈撤离青岛，青岛的乡村建设由此中断，抗战结束后沈鸿烈任职农林部，青岛的乡村建设未能延续下去。由此可以看出，在改革过程中地方合理的制度创新只有通过国家层面的综合、提升、推广，上升成为国家层面的制度设计，才能获得稳定的制度基础和长久的生命力，走出因人而治的误区，推动乡村建设的长远健康发展。

结　语

20 世纪上半叶社会各界在中国的现代化道路问题上，围绕以城市为中心还是以农村为中心争论不休，青岛的乡区建设则彰显了另外一种不同的

---

① 《社会局储局长与沧口区乡老谈话》，《乡村建设》第 1 卷第 2 期，1933 年。
② 大中：《青岛近二年之新建设》，《复兴月刊》第 2 卷第 9 期，1934 年。

发展道路，即城乡同步发展，相互促进，避免顾此失彼，造成城乡之间的过大差距。20 世纪 30 年代青岛的乡村建设可看作中国在现代国家建设进程中实现城乡一体发展的初步尝试。青岛的乡村建设模式在一定程度上表明，在现代化的早期阶段，实现城乡的同步发展是有一定现实性与合理性的。

在各国现代化进程中，城市的兴起与率先发展是普遍现象，在这一进程中如何在城市崛起的同时发展乡村也是一个共同的难题。如果任其自然发展，可能的结果是城市发展一骑绝尘，乡村发展步履蹒跚，城乡差距不断扩大。西方资本主义国家在原始积累阶段借助开拓海外市场和殖民地，为资本主义工商业尤其是城市经济的发展攫取了巨量资源和广阔市场，从而在一定程度上避免了对农村的过度攫取，城乡的差距虽然存在但没有持续扩大。而对中国这样的后发展国家来说，城市发展是现代化的重心，其所需的资源无法通过开拓海外市场来获得，而只能来自于农村，城市尽享现代化之利，农村却不得不承受现代化带来的种种冲击。如果能在现代化之初，注意城乡的均衡发展，则有助于实现城乡之间的良性互动，避免城乡差距的持续扩大，从而为将来现代化的深入、城市化的推进准备条件，使农民更早更充分地享有现代化的成果。这需要国家从宏观层面对城乡发展进行调控，合理分配用于城乡建设的资源。这在开始阶段可能会放慢城市发展的速度，但从长时段来看则可以防止城乡严重的二元分化，促进城乡一体化，避免乡村落伍，而当现代化进程进入纵深阶段的时候，农村不仅不会成为障碍反而会成为社会进一步发展的稳固基石。中国地广人众，各地农村情况千差万别，乡村的发展很难有统一的模式。青岛的乡村建设说明在国家治理转型过程中，地方政权可以根据本地实际，积极探索适合本地情况的农村建设道路，这不仅是可能的，也是必要的。这种尝试可以弥补国家顶层设计的不足，为国家治理乡村道路的探索提供参考。

（原刊《东方论坛》2020 年第 4 期）

民国大学与县政建设[*]

——以燕京大学汶上实验区为个案的考察

王 雪[**]

20 世纪 30 年代，由民间力量发起的乡村建设运动迅速发展，随着政府力量的逐渐介入，"乡建工作遂与县政建设打成一片，完全变成了县单位建设，构成县政的内容之一"。[①] 因此，许多乡建团体单位的实践活动，由"乡村建设"转向"县政建设"。其中，大学是此时代浪潮的积极参与者。1935 年，燕京大学在山东主持建立了一个县级实验区——汶上实验区。大学全权作为县政建设的策划者和主持者，在民国历史上极为少见，具有独特意义和探讨价值。有鉴于此，本文将以燕京大学汶上实验区为个案，力求相对完整地呈现该实验区的建设活动，进而尝试对其进行评价和反思。

一 燕大教授与汶上实验区的设立

燕京大学是民国时期一所较为注重研究和服务中国乡村的教会大学。早在 20 年代末，燕京大学社会学系就在北平近郊的清河镇开展乡村调查，并在此基础上成立了清河实验区。30 年代以后，燕京大学还与平教会的定县乡村建设实验区联系密切，在政治研究、农村建设人才训练、农业改进等方面开展合作。燕京大学主持清河实验和参与定县实验的相关经验，为

---

* 本文为国家社会科学基金重大项目"近代中国乡村建设资料编年整理与研究（1901—1949）"（17ZDA198）阶段性成果。

** 王雪（1989— ），山东东营人，历史学博士，山东师范大学马克思主义学院讲师，主要从事中国近现代乡村史研究。

① 王先明：《民国乡村建设运动的历史转向及其原因探析》，《史学月刊》2016 年第 1 期，第 118 页。

后来汶上实验区的成立奠定了基础。

张鸿钧①是促成燕京大学汶上实验区建立的重要推手和关键人物。1929年，张鸿钧留美归国，成为燕大社会系教师，并曾担任清河实验区办公处主任，熟谙乡村建设。他在工作中发现清河实验存在着一个常见的现象，即"与地方政府机关的关系，需要小心避免误会和混乱"。具体来说，"提倡社区服务本来是地方政府的责任，但在既无人也无钱，自己不能做的情形下，眼看别人在做并且做得很成功的时候，就不免嫉妒而不合作"。②概而言之，张鸿钧捕捉到大学在参与乡建运动时的一个主要问题是，大学屡屡与地方政府发生抵牾，原因是政府部门不愿放权，使得大学在乡村实验中被束缚手脚，进而导致双方合作不畅。

面对与地方政府的矛盾，张鸿钧计划以"县"为单位，组织建设实验。民国时期县是中国基层行政单位，县政府握有执行法律、维持治安和促进人民生计等方面的权力和责任，其影响能够覆盖全县人民。也就是说，只有握住一县之权，才能方便各项建设全面开展。张鸿钧正是精准抓住了这一点，他逐渐认识到"如要使乡村建设有效发展，必须要从县开始"，③后来他更是明确透露出想当县长的"情结"。1934年夏，他私下跟友人直言："想到山东弄个县长干干。"④

此时的山东正在梁漱溟的领导下开展乡村建设，山东的乡建活动由此闻名全国。对张鸿钧来说，之所以选择山东省，主要原因是可以仰赖在鲁省"办乡村建设的梁"。不过，此"梁"非梁漱溟，而是山东乡村建设研究院首任院长梁仲华，"这位梁与那个梁地位名誉都相等"。⑤梁仲华是推动山东乡村建设运动的功臣之一，数年来一直与梁漱溟协同共行，在山东政界颇具影响力；此外，梁仲华与燕京大学的关系也十分密切，曾兼职讲授该校乡村建设方面的课程。恰是在1934年，梁仲华卸任山东乡村建设研究院

---

① 张鸿钧（1902—1973），字秉衡，直隶宛平人（今北京），燕京大学社会学系毕业。1929年，在芝加哥大学社会服务行政研究院获硕士学位后，回国担任燕京大学社会学系教授，参与和主持乡建设实践活动。后任国民政府社会部福利司司长、联合国中东社会发展办事处主任等职，晚年兼任台湾大学、东海大学等高校教授。

② 《张鸿钧先生社会发展言论汇编》，台北大华印务部，1974，第80页。

③ 《张鸿钧先生社会发展言论汇编》，第81页。

④ 谷蓬园：《同张君鸿钧一段密秘谈话》，《燕大友声》第7期，1937年，第18页。

⑤ 谷蓬园：《同张君鸿钧一段密秘谈话》，《燕大友声》第7期，1937年，第18页。

院长，一度停留北平。张鸿钧是否与梁仲华密切交往虽未可知，但是就此时间点、梁仲华的燕大讲课经历和张鸿钧直言不讳的表述，不难发现，梁仲华在燕京大学汶上实验区的成立过程中发挥了重要作用，有了他的支持，必然会减少与山东省政府交涉的诸多阻碍。

与此同时，张鸿钧一直为主持县域建设做着准备。1934 年秋，张鸿钧在美国洛克菲勒基金会的支持下，启程访问欧亚 12 国。此行考察的目的就是"研究各国农村建设的制度、组织、工作和方法，每种问题都从这几方面去着眼，再没有余力顾及每一种专门技术的探讨"。[①] 由此可见，张鸿钧已经开始注重从整体角度思考和统筹乡村建设。考察期间，爪哇的水利工程建设、新加坡和印度的合作制度、锡兰和南斯拉夫的卫生建设、丹麦的农会等都给他留下了深刻的印象。他逐渐意识到，"各国均知注意农事，深知过去零星改革之无用，亟图用通盘计划，统制保护，增进生产"，"此外如注意妇女运动，谋交通工业治安三方面之合作，以振兴农事，积极训练青年人材，皆为各国共同趋势，我国自当刻意模仿，以拯救农村，济于濒危"。[②] 模仿和学习西方乡村建设各领域的长处，并加以通盘规划，将救济乡村与培养人才相结合，应用于我国实际建设，逐渐成为张鸿钧县政建设实验的一个思路。此外，他还曾特意访问国内的定县、邹平、南京、广州等地的乡建实验区，以作比较和参考。

1935 年 7 月，大约与张鸿钧考察归来同期，山东发生了两件大事，与后来燕京大学汶上实验区的成立和建设密切相关。一是山东鄄城黄河决口，引发了包括汶上在内的多地洪涝灾害。黄灾爆发后，张鸿钧受华洋义赈会的委托前往灾区调查。他"遍历鲁西"，直观感受到了灾后乡村"极尽悲惨"。[③] 张鸿钧此行对鲁西乡村的观察，为他几个月后主政汶上及采取相关措施提供了有利条件。二是在山东省政府第四一三次政务会议上，通过了将汶上等县划入济宁县政建设实验区的决议。同年 9 月 16 日，山东省政府发布训令，由张鸿钧代任汶上县长。自此，燕京大学汶上实验区的建设工作正式起步。

---

① 张鸿钧：《欧亚各国今日之农村运动概观》，《社会研究》第 51 期，1935 年，第 4 页。
② 张鸿钧：《欧洲农村经济之状况》，《农村经济》第 10 期，1934 年，第 102 页。
③ 《视察鲁灾见闻惨况》，《救灾会刊》第 12 期，1935 年，第 59 页。

二　燕大在汶上实验区的建设情形

汶上是鲁西的一个大县，在山东素有"一滕，二曹，三汶上"之称。全县约40万人口，[1] 是清河实验区人口的二十倍之多。在如此大县开展工作，又面临灾后重建和秩序恢复，对燕京大学来说是一个不小的挑战。如何超越清河实验囿于乡村的局面，拓展到更多公共领域开展建设和治理，进而"把这个旧式县城建设成一个现代县城"，[2] 成为燕大在汶上面临的主要课题。

（一）改进县府建设

破除旧式县衙弊病，改进县府建设是汶上实验区建设的重要内容。燕京大学入汶后的首要工作，即安排师生担任县政府主要行政职务。张鸿钧以燕京大学教授的身份，出任汶上县长。县政府共分三科（后改为四科），负责管理全县民政、财政、建设、教育等事项，由来自燕大社会学、教育学、经济学、政治学和社会工作等系的师生担任科长、秘书等行政职务。此外，普通学生也以实习实践的名义，参与汶上的工作。

具体来说，一是通过各种方式筹增县府财政收入，并加以灵活运用。在汶上，"县政府办公费很少，事业费更谈不到"。[3] 张鸿钧在入汶前就曾立下宏愿，"既不用老百姓的钱，也不用省款"。[4] 他主政后，亦极力践行，"运用智慧"开展工作。一则，张鸿钧自掏腰包补贴财政。张鸿钧既能享受燕大的薪俸，又能每月从山东省政府处得到500元薪金，因此他将后者作为全县特别工作的经费。"钱数虽然不多，但却是非常有用。很多好的工作即是用这些额外款项做成的。"[5] 二则，募集慈善资金援建汶上公共工程项目。黄灾过后，汶上开展了大规模的水利兴修工程，其中部分物资援助和工赈指导争取到了华洋义赈会的支持。三则，灵活运用政府资金。如在教育建

① 山东省汶上县志编纂委员会编《汶上县志》，中州古籍出版社，1996，第86页。
② "Mission School Graduates and Rural Reconstruction," *The Chinese Recorder*（Aug. 1936）：517.
③ 王化成：《济宁汶上游记》，《独立评论》第219期，1936年，第16页。
④ 谷蓬园：《同张君鸿钧一段密秘谈话》，《燕大友声》第7期，1937年，第18页。
⑤ 《张鸿钧先生社会发展言论汇编》，第82页。

设中，教育科将查禁和取缔旧式私塾的罚款，用以充实新式教育建设的经费；还采取补助金和奖金制度，鼓励建设新式学校。燕大入汶一年后，全县征收"约四十五万元，节省者约二十三四万元，余则留作地方机关与事业之开销"。①

二是革除传统县衙陋习，燕大师生身体力行参与建设。张鸿钧到任后，对传统县府衙门的陋习加以革除，促进廉政建设。在办理民情申诉工作时，此前民众遇到求见县长不得或呈递诉状时，往往以塞钱贿赂。张鸿钧遇此类事后，"责其不应出此鄙行，并掷以还"，故有"张氏到汶，一改此风，洵足多者"之说。②在财政开支上，县政府的储款利息，绝对用于地方公益事业；对各机关薪金经费绝对按时发放，所有省款整理就绪。此外，燕大师生身体力行督导和参与地方公共事业建设。在汶堤工程修建期间，张鸿钧以梁仲华借增之马匹为代步工具，"每日骑以出"，督修巡查；1936年3月，包括张鸿钧在内的县府工作人员发起了街头清洁运动。时有评论称："难道还有另一个县，可以看到县长亲自挥镐，建设他的城市之路？"③燕大建设汶上之决心和努力可见一斑。

（二）推广新式教育

"此地教育情形，甚为落后，全县千百余村店，学校共计不及二百所，入学儿童只占学龄儿童约十分之一。"④燕大师生来汶后，"以义务教育之推进，为一切建设之基础，乃极力提倡"。⑤燕京大学在汶上实验区的教育建设，不唯扫除文盲、鼓励孩童就学等一般性的文教建设举措，其特色之处是取缔私塾和培训新式教员。

汶上是孔子出仕之地，该地儒教兴盛，私塾普遍。民国成立后，读圣人书的观念仍根深蒂固，私塾教育继续盛行。尽管此前历届县政府均采取措施试图取缔私塾，但是成效甚微。燕大师生来汶后，采取了较为灵活的教育改革举措。他们先是择优将部分私塾改为代用小学，其次对于拒不合

① 梁桢：《我们在汶上一年半的实验结果是些什么》，《燕大友声》第7期，1937年，第17页。
② 亦如：《汶阳琐记》，《燕大友声》第7期，1937年，第20页。
③ "Wen Shang Hsien," *The Chinese Recorder*（Oct, 1936）：664.
④ 《廖泰初君自汶上县致教育学系主任周学章先生函》，《燕大友声》第2期，1936年，第5页。
⑤ 张折桂：《县教育建设之师资训练》，《大公报》（上海）1937年7月27日，第12版。

并或拒不改良的私塾处以罚金。① 通过改良、合并、削减和取缔等措施，私塾渐消，新式小学逐渐建立起来。

新式学校建立后，又出现了一个新的问题，那就是新式教员数量严重不足，而新加入的前塾师资质和教学能力又较差。有鉴于此，自 1936 年 6 月开始，县政府专门开办了三期"小学教师培训班"，每期三到四个月，以提高小学教员的教学能力。为了充实师资并极大增强培训效果，县政府甚至采取了"征调"等强制性举措。此外，为防止教员逃避训练，特别规定对于避不受训的教员，一律严格予以撤职处分。训练期满且考试合格后，才可以返回原学校教课。

在新式教师培训班的课程体系中，除常规性的教学法、算数、儿童心理、常识等课程外，还有几个独到的举措。一则，融入军事和卫生教育。培训班专门聘请了县政府警卫队队长指导行军操训练，邀请了县立医院护士讲授卫生知识，以期动员教师协助治安和使儿童掌握卫生常识。二则，注重精神训话。安排县长张鸿钧以及县政府秘书和各科科员，轮流在周一对学员演讲。三则，专设"农村社会调查"课。主要讲授调查统计的基本知识和技能，此课被县政府寄予厚望，认为"不但对政府有益，而教师借办理调查机会……于应付环境上，自然增加相当力量"。教师返乡后，通过开展乡村调查，"俾得刺激鼓励儿童，对于本乡社会发生亲切兴趣，其在教育上之价值，自属重大"。② 实际上，"农村社会调查"是与乡村建设密切相关的课程，燕京师生希冀借小学教员之力，协助县政府开展各种调查，促进汶上乡村建设。

通过取缔私塾和训练师资，汶上的基础教育成果十分显著。一是小学数量大量增加。至 1936 年 9 月，私塾几已不复存在。根据 1937 年 4 月的统计，相较于实验县成立前，小学总数增长了 4 倍，在校学生人数增长了 6 倍多。③ 二是通过教师征训考试，一方面，基本淘汰了水平太差的教员；另一方面，私塾取缔后的塾师往往仍保持着在乡村社会中较高的社会地位，召集他们进行训练，有利于增进他们对新式教育的了解，帮助减少推行新式

① 廖泰初：《动变中的中国农村教育：山东省汶上县教育研究》，燕京大学社会学系出版，1936，第 15 页。
② 张折桂：《县教育建设之师资训练》，《大公报》（上海）1937 年 7 月 27 日，第 12 版。
③ 张折桂：《在汶上的一年》，《燕大友声》第 7 期，1937 年，第 14 页。

教育的阻碍。燕京大学在汶上的教育举措施行后，"一般老百姓对教育态度和看法，根本改变了。以前他们是信仰私塾教育，现在则对学校教育起了很大的兴趣"；"从前官府用命令他们设立学校都不容易办到，现在却自动的呈请设立起来"。[①] 由推崇传统私塾教育，到逐渐信任新式小学教育，是汶上教育由传统向现代转变的鲜明体现。

（三）兴修水利工程

早在 1934 年，当张鸿钧的友人问他："以一个大学教授的资格地位，干个县长太爷作煞!?"张当即表示："我想做一件永久可说的事，让老百姓们总纪念着：挑河咧！挖渠咧！水利方面。"[②] 1936 年春，他在汶上县长任上遂将此宏愿落于实践。

泉河是流经汶上县的一条主要河流，纵贯县境南北，是汶上主要排涝和回灌河道。清末罢漕运，堤防失修，汛期常引发水患。1935 年黄河泛滥后，汶上灾情严重，淹没村庄计 400 余处，难民计 20 万左右。[③] 疏浚泉河，加固堤防，安置灾民，成为初来乍到的燕大师生面临的特殊考验。然而欲要修河，资金和工人是主要困难。为解决这两个问题，此前曾作为华洋义赈会鲁西勘灾特派员的张鸿钧，函请华洋义赈会举办工赈，资助疏浚。该会随即派员勘察，"认为该河一经挑挖，十六万亩田地可免水患，直接受惠之农民达四万人"。[④] 华洋义赈会遂决议拨款 25500 元及面粉 1000 袋，[⑤] 与汶上县政府共同办理工赈。燕大师生借慈善组织之手赈灾，既有利于解决工程资金问题，又可以安置黄灾过后的大量难民。

1936 年 1 月，汶上县政府开始筹备泉河水利挑挖工作。为征询民意，县政府特意召集沿河附近有利害关系的五区所辖七十八乡镇长及十二社长举行大会，通过了挖河计划。与此同时，经张鸿钧呈请，山东省政府批准成立了"汶上县泉河挑挖工程事务所"，"凡关于工程之设计，实施之程序，

---

① 张折桂：《在汶上的一年》，《燕大友声》第 7 期，1937 年，第 15 页。
② 谷蓬园：《同张君鸿钧一段密秘谈话》，《燕大友声》第 7 期，1937 年，第 18 页。
③ 山东黄河水灾救济委员会编印《山东黄河水灾救济报告书》，1935，第 120 页。
④ 《挑挖鲁西泉河》，《救灾会刊》第 6 期，1936 年，第 39 页。
⑤ 《国内劳工消息》，《国际劳工通讯》第 20 期，1936 年，第 58 页。

以及款项收支，文书撰缮等等，均由该所专责办理"。① 专设"顾问委员会"和"设计委员会"为该所辅助机构，前者由地方公正士绅和熟悉河工者担任，负责反映地方民情；后者由上级人员和外请专业人员担任，负责统一指导、工程计划和分配、技术疑难攻克等工作。鉴于河道较长，又分段设立"事务所临时办事处"，负责处理各段具体事宜。3月下旬，泉河挑挖工程正式动工。征工主要分为两种，一为征调服役性质，由各乡镇社摊派民夫。为此，县政府专门制定了《汶上县挑挖泉河各乡镇社出夫须知》，知照各乡镇严格遵照办理。二为灾区募集的赈工，由华洋义赈会管理指导，拨发工资，县政府予以行政协助。每日在工人数达13000人，"互延百余里，锹筐齐举，前呼后应，哼呵与欢呼之声，不绝于耳"。②

1936年6月中旬，泉河挑挖工程基本竣工。同年7月，山东省政府派员验收通过。此前最近的一次大规模修缮，是在清康熙年间。这次泉河疏浚，仅在三个月内就完工，解决了汶上的水灾后患，张鸿钧也实现了自己入汶前"挑河挖渠"的诺言。

（四）其他建设内容

推广现代医疗。实验区建立前，汶上县的现代医疗水平十分落后。燕京大学推广了此前在清河实验区的相关经验，大力开展新式接生和疫苗接种。新式接生在汶上的推广，起初并不顺利。跟随燕京大学来汶的北平国立第一助产学校的冯新贞，是当时唯一的助产专业人员。由于一般民众对妇女生育问题有迷信看法，于是她和燕大实习生一道下乡讲解和宣传。在冯新贞的带领下，他们开展了训练接生员、推动产前检查和新法接生、宣传妇幼卫生常识等工作，"妇幼卫生工作逐步推动起来"。③ 在疫苗接种方面，燕京大学在汶上主要采取了两方面举措。一是在各乡镇挑选学生参加疫苗接种培训；二是在一般学校建立疫苗接种常规制度。不到一年时间，"为学校的男女孩注射了300次伤寒和霍乱疫苗，130次天花疫苗"。④ 此外，

---

① 《山东省政府训令　建副水字第二五号》，《山东省政府公报》第383期，1936年，第48页。
② 梁桢：《国民工役》，商务印书馆，1941，第78页。
③ 冯新贞：《在汶上的日子里》，严仁英主编《杨崇瑞博士——诞辰百年纪念》，北京医药大学、北京协和医科大学联合出版社，1990，第59页。
④ "Wen Shang Hsien," *The Chinese Recorder* (Oct, 1936): 664.

汶上县还与济宁一所由长老会开办的医院合作，由院长司福来（Dr. Scovel）定期来汶，推广西医治疗。

整顿公共秩序和公共卫生。鲁西历来是匪灾严重的地区之一，"盗匪横行"，"山东汶上之'梁山'，谓其例"。[①] 黄灾过后，为防匪于未然，特别加强了民团自卫训练，拥有"十小时之内可以集合起来两千受了四个月军事训练的全副武装的壮丁"。[②] 同时，严厉查禁烟毒，设有鸦片门诊，建立了禁毒协会。实验区将禁毒工作视为要务之一，在汶上仅五个月，就逮捕了70名贩毒者，其中5人被判处死刑，[③] 一年多的时间帮助"四百人戒除了烟毒嗜好"。[④] 此外，为改善公共卫生，县政府主持清理旧厕所，重建新厕所，组织城市街道清理。

发展公共文教事业和兴办农村合作社。在公共文教活动方面，为提高一般民众识字率和教育水平，汶上县政府利用冬时农闲，开设了七所由小学教师教授的成人学校。同时注重妇女教育，通过调查家庭生活、组织妇女会等方式，在女子小学办暑期民众学校，组织了妇女识字班，"极受妇女界之欢迎"。[⑤] 此外，汶上县政府还注重建设公共文化设施，建立了一座公共图书馆，藏书5492册。[⑥] 在农村合作经济方面，由燕大师生担任合作指导员，劝导农民组织互助社，用一年多的时间，"组成了互助社七十四社，贷款二万七千七百元"。[⑦]

三　燕大在汶上实验区的建设活动评析

首先，燕京大学利用行政力量，克服了建设过程中的种种阻力。燕大之所以能够相对顺利地在汶上开展各项建设事业，主要原因在于较为充分地把握了地方行政权力。在汶上实验区建设中，燕大师生参与者立于"官"的地位，具有地方公务员的性质，他们可以通过行政力量强力推行举措。

---

① 张鸿钧：《县政建设关系论》，《时代精神》第4期，1941年，第23页。
② 梁桢：《我们在汶上一年半的实验结果是些什么》，《燕大友声》第7期，1937年，第15页。
③ "Mission School Graduates and Rural Reconstruction," *The Chinese Recorder*（Aug. 1936）：518.
④ 梁桢：《我们在汶上一年半的实验结果是些什么》，《燕大友声》第7期，1937年，第15页。
⑤ 徐雍舜：《由汶上而济宁》，《燕大友声》第7期，1937年，第2页。
⑥ "Mission School Graduates and Rural Reconstruction," *The Chinese Recorder*（Aug. 1936）：518.
⑦ 梁桢：《我们在汶上一年半的实验结果是些什么》，《燕大友声》第7期，1937年，第15页。

当面对地方阻力时，与一般民间乡建团体相比，他们更容易克服。实验区在取缔旧式私塾淘汰塾师、征调民力兴修大规模水利工程、强制禁毒枪毙毒贩等方面取得良好的成效，正是借助行政强制力量才得以实现。举例言之，地方传统权威是推行乡村建设的一股常见阻力，平教会在推广乡村实验时就曾与地方势力发生不小的争执。在汶上一带，还有一股强大的地方势力，就是孔子后裔。孔家人虽在曲阜，但孔家圣泽社的粮地在汶上。因孔家地位特殊，可免差徭。在泉河挑挖工程修筑期间，燕大主持的汶上县政府就面临与孔家的矛盾。按照规定，孔家虽应摊工240余米，而鉴于优待政策，他们多次呈请免差。燕京大学主持的汶上县政府认为修堤一事为义举，圣泽社应积极响应倡导，树立榜样。于是，县府强力施压，该社"不得已"出款千元，交由县府兑工代办。① 在此场博弈中，燕京大学凭借自己所处"官"的立场，打破了传统惯例和地方阻力，较为顺利地推行了建设举措。

其次，燕京大学以汶上实验区为学生实习基地，有利于学术研究和学生训练。一方面，燕大师生以汶上为调研基地搜集资料，完成了一大批研究课题。这些课题内容涉及地方教育、土地、工程、农民生活、自然生态等各个方面。如梁桢曾任县政府第三科科长，主管建设和教育，在泉河挑挖工程中积累的经验，为其完成《国民工役》一书提供了案例素材；田兴智曾负责全县田赋征收，工作中累积的经验助其写成《汶上县田赋征收制度研究》；廖泰初担任汶上教育指导员期间，对汶上的乡村教育有深刻研究，费孝通读罢廖所著《汶上县的私塾组织》后，表示"更使我对社区研究有坚决的信仰"，② 可见其学术价值之高。另一方面，参加汶上实验的许多燕大师生，经过学做并举的训练后，成长为诸多领域的佼佼者。曾任汶上县政府第一科科长的瞿同祖，后来成为著名的社会史学家；梁桢、任宝祥等人，在40年代成为私立乡村建设学院的主力教师；参与汶上征税工作的田兴智，后来担任了江西基督教农村服务联合会的副总干事；组织汶上妇女工作的高毓馨和杜含英在后来亦大有作为，前者参加了上海和湘西的

---

① 梁桢：《国民工役》，第75页。
② 费孝通：《写在〈汶上县的私塾组织〉前面》，《费孝通全集》第1卷，内蒙古人民出版社，2009，第480页。

妇女救亡，后者作为地下党员加入了中共妇联会。燕大在汶上的训练成效，由此可见一斑。

再次，燕京大学将学术研究与地方建设紧密联系起来，师生研究成果协助改善政府施政举措。燕大师生在汶上的调研结果用以协助解决汶上县政建设实际问题，特别体现在师资培训方面。任宝祥在汶期间，曾担任教师讲习班讲师，他利用教师结业考试之机，将其调研项目融入其中。任宝祥直言："我们愿意知道他们的困难，特别负责教育的行政机关第三科，更亟欲知道，作为改进汶上教育之根据，这种小小尝试，是解决问题的诊断。"① 通过此测试，一来研究者可以得到一手调研材料助以完成乡村教育方面的学术研究，二来此举可以测验教师的培训效果，帮助县政府教育科对症下药，可谓一举两得。不唯如此，燕大师生在汶上乡村考察后，针对大量土地荒芜问题，又着手研究小麦、棉花的生产和分销，昆虫生产习性等，② 用以帮助改进农业生产。此外，燕大师生在汶上开展一线工作时，北平校内的师生也大力支持。如黄灾过后，燕大国剧社团特意排演赈灾剧，以演出所得的一百一十二元四角汇交张鸿钧，③ 以微薄之力支援实验区灾后建设。

燕京大学的汶上实验依托政治力量，在短时间内取得了十分明显的成效，但是缺乏长期规划，这对汶上的后续建设发展十分不利。燕大师生在汶上的实习时间有限，并不能全然投入；且人员调离频繁，很多工作往往虎头蛇尾。燕大设立汶上实验区的主要目的在于为学生提供训练基地，学生往往分批前往，做完相关的课题研究后即行离开。对于学生来说，他们利用一到三个月时间参与汶上实际工作，当然能够以此为契机，搜集论文素材和了解乡村社会；但是对于汶上县发展来说，没有可持续性的计划和固定班底，其后续成效不容乐观。如泉河工程其实只实现了目标的前两步，最后希望达成的目标是"灌溉"，并且"已呈请批准，并已查勘测量完竣，均应次第举办，庶能完成泉河疏浚工程"，然而"全部计划是否曾继续执行，未曾闻也"。④

---

① 任宝祥：《乡村小学教师所遇到的困难》，《大公报》（天津）1936 年 9 月 7 日。
② "Mission School Graduates and Rural Reconstruction," *The Chinese Recorder*（Aug. 1936）：518.
③ 《燕大国剧社赈灾演剧收支结清》，《大公报》（天津）1935 年 11 月 2 日，第 11 版。
④ 梁桢：《国民工役》，第 84 页。

尽管燕大师生在汶上整体工作勤勉，甚至比当地一般职员更为辛劳。据张鸿钧的助手回忆，"自早六时至晚十一时，毫无休息机会，有时夜半尚不暇入睡，每日仅睡眠时五六小时，政府机关工作紧张若此者，恐未之见"。① 但是，这恰恰反映出燕大方面并未储备真正能够帮助当地持续发展的本土人才队伍。一方面，燕大为本校师生成长打造出良好实习基地和研究平台，而且因为山东省政府的支持，学生成长和学术进展十分顺利；另一方面，却又十分明显地体现出在培养当地建设干部和基层工作者方面，并未采取有效举措。

结　语

1936年下半年，燕京大学等单位联合成立的"华北农村建设协进会"开始筹措山东济宁实验区。该协会"仿照燕京大学和山东省政府在汶上县的合作办法"，② 仍以学生实习与地方建设并举。变化在于主持单位由燕大一校扩展到五校，③ 实验区由汶上县扩展到整个济宁。"济宁工作既开展扩大，汶上遂劳难兼顾，于是不得不舍汶上而集中济宁。"④ 1937年初，随着济宁实验区的正式成立，张鸿钧等燕大主力团队也逐渐离开汶上，调往济宁担任要职。自此，燕大在汶上的县政建设仅仅经历了短短一年半的勃发后，宣告结束。

总体来看，燕京大学的汶上实验是民国时期乡村建设运动向县政建设过渡的一个历史缩影，有其特色，即仰赖政府行政力量，注重现代公共建设，通过学生"一面学一面做"的方式，期以在人才训练、学术研究和地方建设上均有裨益。这些身处象牙塔的燕大骄子主动投身贫苦乡村，在乡村建设中历练，这种精神是值得肯定的。"从燕京宫殿式的校舍与住宅，一旦搬到纸糊的草房中，他们个人的牺牲真是不小，而他们的精神也真可佩服。"⑤ 燕大的实践工作将大学人才培养与地方现代化发展融为一体，短暂

---

① 《徐雍舜君自汶上县来函》，《燕大友声》第2期，1936年，第5页。
② 《张鸿钧先生社会发展言论汇编》，第85页。
③ 五所高校包括燕京大学、清华大学、协和医学院、南开大学和金陵大学。
④ 徐雍舜：《由汶上而济宁》，《燕大友声》第7期，1937年。
⑤ 王化成：《济宁汶上游记》，《独立评论》第219期，1936年，第16页。

促进了汶上县的现代化建设，然而由于缺乏可持续规划，忽视培养地方自生力量，因此汶上实验有头无尾，仓促结束。

（原刊《河北广播电视大学学报》2021 年第 2 期）

"国家与社会"视野下的近代农村合作运动[*]

刘纪荣[**]

引 言

在中国近代合作运动史上，相对于全国其他区域来说，唯有华北农村合作经历了近代中国农村合作运动由发生、发展到高潮的全过程。因此，考察华北农村合作运动就具有某种整体意义上的代表性。近年学术界有关这一历史研究领域的成果较多，例如有从社会经济史角度对近代合作运动的整体分析，[①] 以及专就民国时期农村合作社的发展与评价；[②] 有先后就南京国民政府农村合作运动的成因、过程以及政府与合作社及乡村社会的关系等所做的深入研究；[③] 也有对华洋义赈会或河北、山东等区域农村合作运动所做的个案论述和评价；[④] 李金铮等、[⑤] 王先明等[⑥]还就二三十年代华北

---

[*] 本文为安徽省教育厅人文社科研究基地（安徽财经大学合作经济研究中心）资助项目"我国农村合作金融的制度变迁研究"（课题编号：2008SK196ZD）的阶段性成果。本文写作先后得到了导师王先明教授和张晓山研究员的细心指导，特致谢忱，当然文责自负。

[**] 刘纪荣（1968—），湖南茶陵人，历史学博士，安徽财经大学中国合作社研究院副研究员，主要从事农业经济与合作经济研究。

① 赖建诚：《近代中国的合作经济运动——一种社会经济史的分析》，正中书局，1990。

② 潘劲：《民国时期农村合作社的发展与评价》，《中国农村观察》2002年第3期。

③ 姜枫：《抗战前国民党的农村合作运动》，《近代史研究》1990年第3期；赵泉民：《政府·合作社·乡村社会——国民政府农村合作运动研究》，上海社会科学院出版社，2007。

④ 杨菲蓉：《梁漱溟合作理论与邹平合作运动》，重庆出版社，2001；刘招成：《华洋义赈会的农村合作运动述论》，《贵州文史丛刊》2003年第1期；薛毅：《华洋义赈会与民国合作事业略论》，《武汉大学学报》（人文科学版）2003年第6期；蔡勤禹、侯德彤：《二三十年代华洋义赈会的信用合作试验》，《中国农史》2005年第1期。

⑤ 李金铮、邓红：《二三十年代华北乡村合作社的借贷活动》，《史学月刊》2000年第2期。

⑥ 王先明、张翠丽：《二三十年代农村信用合作社借贷资金的构成及其来源——20世纪前期中国乡村社会变迁研究》，《天津师范大学学报》（人文社科版）2002年第4期。

乡村合作社的借贷活动及借贷资金构成和来源等做了广泛探讨，并以此揭示了近代乡村社会变迁的一个侧面；潘培志[①]、郝宏桂[②]分别就晏阳初、梁漱溟等历史人物的合作思想及其活动有过简要论述。但是，关于考察近代中国农村合作运动进程中的国家化，以及阐释国家与社会力量在农村合作运动中的相互作用这一问题的成果似乎还不多见。陈意新[③]在讨论20世纪早期西方合作主义在中国的传播与影响时对此略有提及，但未做详论。时至今日，依旧未见学术界相关的专题讨论。然而，近代农村合作运动的国家化趋势是如何提出、演变并得以逐步形成的？这一发展趋势究竟有何利弊？对此后中国农村合作运动有何深远影响？同时，以民间社会力量为倡导，肇端于华北地区的近代农村合作运动对当今中国积极发展农民专业合作社、促进社会主义新农村建设又有何历史借鉴？对于这些事关历史认知与现实发展的重大理论问题，学术界应做出客观解答并详加讨论。笔者拟在国家与社会的框架下，力图就上述问题做专门论述。

需要说明的是，本文的"国家"，即世俗政权力量，包括中央政府和地方政府；"社会"或民间社会，即游离于世俗政权之外的在野力量，特指具有一定法人资格、从事社会公共（益）事业的民间团体。在现代化进程中，"公共领域"或"市民社会"的形成，即"国家"与"社会"的分解，是社会现代化[④]的重要标志。从中国近代以来合作运动发展形态自然演进的全过程来看，华北农村合作运动似乎沿着一条具有内在规律性的轨迹次第推进，分别历经了三个形式不同、内容有别、结果迥然相异、整体上却又是互为关联的发展阶段或发展模式，即初期由中国华洋义赈救灾总会独立倡导的民间社会"合作防灾"实验，比较自然地过渡到社会团体，例如定县的中华平民教育促进会、山东邹平的乡村建设研究院等，缘于南京国民政府的县政建设实验，得以与地方政权联合实施并积极推行农村合作事业，

① 潘培志：《梁漱溟乡村建设模式透视》，《学术论坛》2006年第8期。
② 郝宏桂：《晏阳初的乡村建设理论与实践的历史启示》，《民国档案》2006年第4期。
③ 陈意新：《二十世纪早期西方合作主义在中国的传播和影响》，《历史研究》2001年第6期。
④ 学术界有关"现代化"的讨论非常丰富。张静如先生认为，"现代化"应表现为社会的物质生活和精神生活的各个方面呈先进状态；只有整个社会是先进的、发达的，才能称得上是"现代化"，因此他更赞成用"社会现代化"的提法。笔者认同并支持这一提法。参阅张静如《中国共产党与社会现代化》，《北京师范大学学报》1991年第3期；高力克《历史与价值的张力——中国现代化思想史论》，贵州人民出版社，1992，"序"第2页。

从而开创出社会与地方政权联合的实验，直至最后发展为由政府全面控制，国家颁布统一的《合作社法》及其"实施细则"，制定合作政策，规范合作体系，强力推行并严格限制社会团体独立性的所谓"规范化"合作运动。在华北农村合作运动的整个发展过程中，国家权力的作用逐步加大，因而可以说，特定于近代中国农村社会之政治经济生态环境（危机日益加剧、农村濒临崩溃）中的农村合作运动，其发展的客观趋势似乎只能是"国家化"，即合作运动的"自上而下"。这不仅是华北农村合作运动区别于国内其他地区的典型特征，也是中国近代农村合作运动区别于西方纯粹"自下而上"合作运动的最根本之处。

一 民间社会的"合作防灾"实验

近代中国的农村合作运动发端于民间社会在华北地区的"合作防灾"实验。1920年，华北大旱，赤地千里，中外人士纷纷成立各种救助性机构。为统一领导、加强联络，经反复磋商，各地华洋义赈会代表于1921年11月16日在上海集会，成立了一个全国性的民间社会救助团体——中国华洋义赈救灾总会（以下简称"华洋义赈会"），下设执行委员会，华、洋委员各半，由总干事（首任为美籍传教士，后一直由章元善担任）直接负责日常事务，并颁布《中国华洋义赈救灾总会章程》；规定在各地设立分会，分会拥有相对独立的财权和用人权，但须接受总会的计划和安排。该会因机构广布，又汇聚中外民间力量，遂成为民国时期中国最大的专门赈济天灾的民间性国际赈灾机构。[1]

华洋义赈会从反复的救灾实践中深刻认识到，"救灾不如防灾"，只有防患于未然，才能事半功倍。在经过周密的农村调查和研究后，决定在农村倡导德国赖夫艾森式农村信用合作社，首先以河北省为实验区，推行"合作防灾"新理念。1922年4月，华洋义赈会执委会下设农利分委办会。[2] 1923年5

---

[1] 有关中国华洋义赈救灾总会的详情，参阅刘招成《中国华洋义赈救灾总会述论》，《社会科学》2003年第5期；薛毅《华洋义赈会与民国合作事业略论》，《武汉大学学报》（人文科学版）2003年第6期。

[2] 华洋义赈会下设若干负责具体事务的分委办会。农村信用合作社最初由农利分委办会具体负责。

月，农利分委办会制定了《农村信用合作社空白章程》，开始试办农村信用合作社；同年6月，在河北省香河县城内福音堂倡设"香河县第一信用合作社"，该合作社成为中国农村历史上第一个赖夫艾森式的无限责任信用合作社；[1] 同年8月，农利分委办会议决设立合作委办会，专门负责农村合作社的设计与规划，由总会拨款5000元，作为设立农民借本处的试办费；11月初聘请于树德为合作指导员，华北农村合作运动从此开始。

华洋义赈会以"为协助农民促进农业建设，提倡合作事业"作为办理农村合作事业的动机和目的，并从一开始就制定了合作事业发展的具体步骤和方针，即《处理农村合作事业方针》，明确了办理合作事业的具体步骤是"三先原则"，即"先从信用合作社入手，逐渐提倡他种合作及联合会；先河北再逐渐推及全国；先办预备社，后转正式社"。在办社方针中，尤为突出的是对合作教育的规定："相机办理合作教育，如讲习会及巡回书库等，并将关于各种合作、农村经济、农村改良及农村副业等事项之材料尽量汇集，编印定期刊物和专刊等借供参考"，以增益社员的合作意识及合作精神，养成合作人才，奠定合作事业的坚实基础。[2]

华洋义赈会对农村合作社采取"承认制"。即先由各地依据章程组织合作社，规定一定的观察期，经该会派员调查、确认合作社为组织健全者，始才予以正式承认，并提供贷款之便利。1924年初，河北省内有两个信用合作社经调查后获得承认，是为该会承认信用合作社之始。1925年7月，执行委员会决议拨款22000元给农利分委办会，指明以20000元扩充为合作社的借款基金，以2000元作为组织、宣传及经营合作事业之用，开始印行半月刊《合作讯》（仅有5期）。1925年10月，华洋义赈会设立农利股，作为合作运动的正式执行机关；该股的职责为调查、组织和承认合作社，并区分合作社之等级与放款金额，以及负责其他有关信用合作社之事务。为培养农民自助自立的能力，农利股采取的组社办法可谓"别具一格"：首先，农民必须有自发组社的动机；其次，要等该社提出协助要求，农利股

---

[1] 关于中国第一个农村合作社最早出现时间的提法不一。香河县城内的"第一信用合作社"成立虽早，却并未取得华洋义赈会的最早承认及合作放款。可参阅刘纪荣、王先明《二十世纪前期农村合作医疗制度的历史变迁》，《浙江社会科学》2005年第2期，第159页第6条注释。

[2] 中国华洋义赈救灾总会编《十年合作事业大事记》，1933。

适时寄给空白章程及各种表格，一般以通信方式而不是以直接下乡方式来指导、协助农民组社。这样既可以激发农民的主动性，又可以训练农民组织合作社的能力。1926 年 1 月，《合作讯》恢复刊行。随着合作社日渐增多，为提高社务经营效率，确定合作社的经营效果，华洋义赈会实行"社务考成制"；1926 年 4 月，合作委办会议定《社务成绩分等办法》，开始对合作社进行社务考核分等。至此，华洋义赈会倡导农村合作事业的制度建设告一段落。

由于形成了一套相当严格的经营管理制度，华洋义赈会的农村合作事业得以稳步发展；到 1929 年，共有合作社 818 个（246 个承认社、572 个未承认社[①]），社员总人数达 21934 人，股款达 35688.25 元，已承认社的存款、储金和公积金共计 6882.52 元，资本总额达 45277.27 元（见表 1）。

表 1 1923—1929 年河北省合作事业历年发展情况一览

年份	社数（个）	社员数（人）	社股（元）	股款（元）	资本总额（元）	县数（个）
1923	8	256	176	286	286	8
1924	11	450	462	735	3739	10
1925	100	2332	2100	3523	10281.82	24
1926	317	8032	6682	11703	31453.47	43
1927	561	13190	11954	20697.96	39349.32	56
1928	604	15031	16373	23930.8	34597.89	58
1929	818	21934	22324	35688.25	45277.27	61

资料来源：巫宝山《华洋义赈救灾总会办理河北省农村信用合作社放款之考察》，《社会科学杂志》第 5 卷第 1 号，1936 年；中国华洋义赈救灾总会编《十年合作事业大事记》，1933；李文伯《华洋义赈会与中国合作运动》，《南大半月刊》第 109 期，1936 年。

面对农村合作社当时较为可喜的发展局面，华洋义赈会为进一步将同一地区的合作社组织起来，加强合作社之间的合作，提出在条件成熟的地方组织区合作社联合会或联合社，得到了不少合作社的响应。1927 年，安平县西南区、涞水县西北区、深泽县西区的农村信用合作社组织了三处联

---

① 由于华洋义赈会对农民自发组织的合作社采取"承认制"，即对考察合格的信用合作社加以"承认"，并给予一定数额的合作社放款，这种合作社为"承认社"；否则为"未承认社"，但给予相应的资信支持等。

合社。

1930 年以前，华洋义赈会在河北省创设的合作社组织并没有相关的法律依据，也无所谓的"登记限制"。该会为使合作社取得合法地位，一面呈请农商部通令河北省各县对于合作社组织准予设立登记，一面印就呈文表格寄给各社填呈县政府登记。尽管如此，由于军阀混战及政权分割，当时的国家政权对华北农村合作事业缺乏应有的关注。事实上，不仅当时的北洋政府曾下令"查禁合作社"，就连 30 年代前的河北地方政府对华洋义赈会的农村合作社也是持消极或限制的态度。[1] 这充分表明，民间社会实验形态的农村合作运动，最初几乎未得到国家政权力量的积极支持。笔者认为，或许正是由于乡村社会急需救治，而在当时弱势的国家政权——北洋政府无力顾及乡村社会救治的情况下，才有了像华洋义赈会这种民间社会性质的团体力量在乡村救治中的产生和崛起，从而弥补了政府行为在相关领域的缺失或不足。应该说，这也是华洋义赈会这种民间社会实验型农村合作组织得以存在和发展的真正历史缘由。

当然，华洋义赈会这种民间力量对于偌大的中国农村的贫困现实来说，是十分有限且难以满足广大农民尤其是贫苦农民真正需要的。农村合作运动虽然取得了一定程度的成效，但在总体上却只能是一种"中农化"趋势。[2] 此后，江浙两省在南京国民政府的直接推动下，从 1928 年开始由地方政府力量主导农村合作运动的实验，在华北，河北省政府也自 1929 年始，由农矿厅将农村合作列为政务之一，并于 1930 年初颁发了《河北省合作社暂行条例》。由此，近代中国的农村合作运动进入了一个新阶段，即民间社会与国家政权联合主导的农村合作运动时期。虽然在之后的一段时间内，华洋义赈会作为一支重要的民间社会力量，依然在积极推进河北、山东、陕西等省的农村合作事业的开展，并发挥了十分重要的历史作用，但就全国农村合作事业的整体形势来说，其作用及地位已不再属农村合作运动的主流了。

---

[1] 张镜予：《中国农村信用合作运动》，商务印书馆，1930，第 71—72 页。
[2] 陈意新：《农村合作运动与中国现代农业金融的困窘——以华洋义赈会为中心的研究》，《南京大学学报》（哲学社会科学版）2005 年第 3 期。

二 社会团体与地方政权联合实验

20 世纪 20—30 年代，紧随华洋义赈会在华北倡导农村合作运动之后，中国社会已有相当部分知识分子，在全国各地纷纷组织乡村建设团体，举办平民教育、乡村教育等各种有建设性的实验活动，掀起了乡村建设运动的潮流，并与国民政府的"农村复兴运动"及"县政建设实验"有局部性合流，均将举办农村合作事业纳入其中，企图以此达到"复兴农村、恢复经济"的社会建设目标。据不完全统计，到 1935 年，有关的社会团体、机构有 1000 余个。① 其中，在华北乃至全国，规模最大、影响最著者，当数晏阳初主持的河北定县平民教育实验和梁漱溟主持的山东邹平乡村建设实验。这两个实验区除了各自倡导的实验内容之外，其共同的内容就是组织、创建合作社，从而成为推动当地合作社事业发展的重要力量。尤为突出的是，定县平民教育实验、邹平乡村建设实验转向与国家政权相结合的"县政建设实验"后，开创了由民间社会团体与国家政权有机结合、共同推行农村合作运动的新模式或新形态。这表明，华北农村合作运动在发展形态上可谓进入了"社会与国家"联合实验的新阶段。这种新模式或新阶段以中华平民教育促进会（以下简称"平教会"）最早于 1929 年提倡合作社为起点，至抗日战争全面爆发后无可奈何地终止了，却仍然为近代中国农村合作运动增添了崭新的内容。

（一）晏阳初与定县平民教育实验

晏阳初是平教会的创始人和定县平民教育实验区的主持者。他认为，农民有"愚、穷、弱、私"四大缺点，首先需要采取"除文盲、作新民"的方针，对之进行四大教育，即文艺教育以救愚，生计教育以救穷，卫生教育以救弱，公民教育以救私。实施四大教育的具体途径是三大方式，即学校式、社会式和家庭式。其中生计教育主要从三个方面入手：在农业生产上，"应用农业科学，提高生产"；在农村工艺上，"除改良农民手工业外，并提倡其它副业，以充裕其经济生产能力"；在农村经济上，"利用合

---

① 陈序经：《乡村建设运动》，大东书局，1946，第 1 页。

作方式教育农民，组织合作社、自助社等"。① 可见，组织合作社是平教会进行生计教育、挽救农民于贫困的重要措施之一。

平教会于1926年确定以河北省定县翟城村为实验基地。虽然定县早有农村合作社创立，但在平教会设立之初，因以平民教育为中心，并未注重农村合作。1927年后，平教会开始计划调查各种借贷组合及农家记账，制成各种农业经济统计表，以作为创办合作社及各种农业经济组织之依据。1929年，平教会将实验区范围扩大为整个定县，开展以县为单位的大规模实验，至此，合作事业开始被提上议事日程。② 最初，由于一般农民缺乏基本的合作事业认识与必要的组织训练，因此，仅有少量为研究实验而设的合作社。1932年1月，平教会在定县指导成立了第一个合作社——高头村消费合作社；同年，平教会派人考察江、浙、鲁、冀各地及定县本地华洋义赈会所办的合作社，着手县单位合作组织的设计与准备；1933年10月，定县被划为河北省县政实验县，并成立河北省县政建设研究院，晏阳初任院长。自此，平教以"政教合一"③ 的力量推广合作社。为此，该会借鉴华洋义赈会的经验，先指导农民组设自助社，以为合作社的预备组织；同时定期举办讲习班宣传合作大意，并对自助社职员进行专门训练，还与中国银行、金城银行等银行接洽，在定县办理仓库抵押业务，设法谋求合作社的资金流通等工作，由此奠定了定县农村合作事业的基础。到1934年底，定县全县共有自助社276处，覆盖全县3/5的村庄。④ 由于农民已能逐渐体会到合作社的必要，请求成立及改组者日渐增多，1934年底成立了50个合作社，至1935年6月，仅半年就增加到95个，社员3000多人，到1935年

① 章元善、许士廉编《乡村建设实验》第1集，中华书局，1934，第59—60、145页。
② 定县有华洋义赈会第一批成立的农村信用合作社如悟村、大尧头等，因遭北洋政府农商部的"查禁"而解散，其合作事业原来分为两部分，即最早由华洋义赈会倡导和后来平教会组设；1924年，定县旱蝗成灾，华洋义赈会赴定县放赈救灾，提倡农村合作事业，先后成立了16个信用合作社；1935年1月，华洋义赈会认为定县各合作社进展顺利，为尊重平教会实验区域的完整起见，将其在定县指导成立的信用合作社，全部移交平教会指导协助。参阅《定县合作社移请平教会处理》，《合作讯》第115期，1935年，第5页；冯锐《平教总会兴办乡村平民生计教育之理由方法及现状》，《教育杂志》第19卷第9号，1935年，第12页。
③ 因平教会乃一教育机构，与地方政府机构通力合作，故俗称为"政教合一"。
④ 定县共有427个村庄。参阅李景汉《定县社会概况调查》，中国人民大学出版社，1986；晏阳初、陈筑山《定县实验区工作概略》，江问渔、梁漱溟编《乡村建设实验》第3集，中华书局，1936，第252—253页。

底，合作社增至 130 个，仅一年时间就翻了一番多。① 这些合作社除了少数单营的信用合作社之外，多为兼营合作社；农村合作社业务以"兼营"为主，可谓定县"县单位"合作事业最为突出的特点。

此外，平教会还于 1933 年 9 月成立了县联合社，1936 年 3 月成立了县联合总会，作为更高一级合作社的联络和经营组织。② 定县自创办合作社之后，三年之内，县里取息特重的印子房全部关闭；而合作社除发挥经济上的效用外，还取代了平民学校的毕业同学会，成为改良农业、技术推广的有效媒介。③ 借着合作社组织，将散漫的农民组合到一起，形成了乡村社会一股新力量，并用以推展各项乡建工作。难怪章元善在参观定县实验后指出，平教会"从办平教而办合作，将来更会以经济的组织——合作社——为中心发展村治"。④ 平教会创办的合作事业，已有力地说明了农村合作运动对改善农村社会经济的正面效能。

（二）梁漱溟与邹平乡村建设实验

梁漱溟为山东乡村建设研究院和邹平实验区的主持人。他认为，中国的基本问题是文化失调，文化属性的破坏力是乡村破坏的最大力量；因此，晏阳初所论之"愚、穷、弱、私"并不妥当；乡村建设的重要意义除了消极的救济旧乡村之外，更紧要的是积极的创造新文化。这个新文化就是以中国传统的儒家文化精神为主，并融会西洋思想的某些精华。梁氏建设乡村的具体方案，是继承和改造中国古老乡约，建立乡农学校，培养乡村组织，走由农业引发工业的经济建设之路。实现此方案的手段，一是教育，二是合作。梁认为，中国社会是以家庭为社会组织细胞的"伦理本位、职业分殊"的特殊社会，提倡从农民组织入手，通过合作社把农民组织起来；

---

① 晏阳初：《中华平民教育促进会定县实验工作报告》，章元善、许仕廉编《乡村建设实验》第 2 集，中华书局，1935，第 64 页；吴半农《河北乡村视察印象记》，千家驹编《中国农村经济论文集》，黎明书局，1935，第 410 页。
② 姚石庵：《定县农村合作组织之发展》，《民间》半月刊第 3 卷第 3 期，1936 年；又《定县农村合作社县联合社民国二十四年度报告书》（油印本），1936 年印行，现藏南开大学图书馆特藏部（为原南开大学经济研究所书目）。
③ 许孟瀛：《谈平教运动》，商务印书馆，1937，第 59 页。
④ 章元善：《从定县回来》，《独立评论》第 95 号，1934 年；《大公报·乡村建设》第 7 期，1934 年；《合作讯》第 106 期，1934 年，第 9—10 页；等等。

合作合乎中国人的精神，无论是发展农业，还是抵抗外国的侵略和压迫，都必须走合作之路，以自觉自动自发原则建设合作社。① 可见，组织合作社是梁漱溟进行乡村建设的一项非常重要的内容。

山东省乡村建设研究院（以下简称"研究院"）是 1931 年 6 月在省主席韩复榘的支持下成立的，梁漱溟任研究部主任；研究院将邹平划为乡村建设实验区后，梁任实验区主任，这使邹平实验一开始就兼具官民的双重性质。在梁漱溟"乡建"思想的指导下，研究院特别重视合作社的实验。邹平县的合作事业，始于 1931 年研究院农场之推广美棉，提倡造林，指导养蚕等。1932 年秋，研究院将最初推广试种脱子美棉的 219 户农民组成 15 个美棉运销合作社，成为研究院在邹平组织的第一批合作社。1933 年 7 月，邹平、菏泽两县被山东省政府确定为"县政建设"实验县，均受研究院的领导。1935 年，梁漱溟又相继担任了邹平实验县县长和邹平实验县合作事业指导委员会委员长，这些都为邹平合作社的发展创造了条件。据统计，到 1936 年底，邹平已有棉花运销、蚕业、林业、购买、信用、庄仓②等多种合作社，共计 307 个，社员 8828 户。在邹平所有农村合作事业中，庄仓合作社与信用合作社最受农民的欢迎，获得了较快的发展。鉴于邹平合作事业发展较快，急需金融机构资助，1934 年 10 月，原县属农村金融流通处改组扩充，以调剂农村金融，资助各种合作社，减少高利贷剥削。当年底，就贷放合作社 7000 元。信用合作社由农村金融流通处支持，以供农民贷款和储蓄为主，1933 年入社者仅 15 人，1935 年增至 589 人，贷款被控制在少数人手中，直到 1936 年情况方逐渐好转。③ 由此可知，要防止富农、地主垄断合作社是一个难题，而农民普遍不懂农村合作的真谛，是邹平农村合作运动的困难之一；然而，山东邹平的合作事业始终在持续开展之中，直到中国全面抗战爆发，方遭受严重顿挫。

---

① 中国文化书院学术委员会编《梁漱溟全集》第 1 卷，山东人民出版社，1989，第 611 页；朱汉国：《梁漱溟乡村建设研究》，山西教育出版社，1996（该书对梁氏的乡村经济理论有深刻论述）。

② 庄仓合作社为邹平合作事业所特有，是一个类似于仓库性质的粮食调剂、借贷机构。农民（社员）将平时结余的粮食等物直接存入庄仓作为储蓄；庄仓以低利放贷，相互调剂缺用。

③ 山东乡村建设研究院编《邹平农村金融工作实验报告》，1935，第 9 页；罗子为：《邹平实验县二十五年度各种合作社概况报告专号·绪言》，《乡村建设》第 6 卷第 17—18 期合刊，1937 年。

（三）小结

定县和邹平之合作事业的事实说明，乡村建设团体在与"县政建设实验"结合的过程中，有效利用了自身及地方政府的多种资源，对于促进当地合作社的建立和发展起了不小的作用。尽管社会团体与国家机构相互融合的程度难以估量，但在同等比较的意义上说，"县政建设"实验县取得了超越其他合作运动指导机关的非凡成绩，这一点是应充分肯定的。同时，这种结合也回应了单独的民间组织如前期的华洋义赈会在"孤力奋战"中所发出的呼声，即希望"有更多的社会团体——尤其是政府——能拿雄厚的力量来扶持这方在萌芽的合作运动"，① 真正打开了社会团体与政府组织积极互动、共同推进农村合作事业的新局面。尽管这种实验的范围有限，相对于整个华北地区乃至全国来说，其所建合作社的数量也显得微乎其微；但它们所产生的示范和辐射作用，应当充分估计。

应当说，定县与邹平两实验县开创的社会与地方政权"联合实验"农村合作运动的新模式，对于中国农村的合作事业，或许更具有非同一般的创新意义和启示作用。倘若假以必要的时日和条件，或能开辟近代农村合作事业的另一番局面。然而，历史总难遂人意，更不容假设；与全国各地合作运动一样，包括定县与邹平在内的华北农村合作运动最终进入了由国家主导的统一模式形态。

三 国家权力的规范发展

华北地方政府作为国家权力机构正式提倡农村合作事业，始于1929年河北省农矿厅将"农村合作"列为政务之一，比南方的江浙地区稍晚。进入30年代，随着南京国民政府的日渐稳固，合作事业已成一种国家政策，由政府"自上而下"严令推行。至此，南北农村合作社在数量上均快速增长，当时评价农村合作的流行话语是"突飞猛进""一泻千里"。然而，快速催长下的农村合作社的质量确实堪忧，其业务经营与组织管理等弊窦丛生，"整理""规范"之声不绝于耳。合作界人士正视现实，于1934年值国

---

① 章元善：《我的合作经验及感想》，见《大公报·社会问题双周刊》（天津）第6期，1933年；另见《合作文存》（上），中国合作图书出版社，1940，第15页。

民政府商定宪法之时，纷纷要求将合作事业列入宪法，纳入法规体系，终获通过。同年又相继颁布《中华民国合作社法》与《合作社法施行细则》。这一系列措施的出台，确立了合作社的法律地位，并在国人并不熟识合作社的背景下设计了一个自上而下发展合作社的统一模式，为合作社的规范化发展并掀起全国范围内的合作运动奠定了基础。1934 年，具体负责华北事务的政府机构华北农业合作委员会正式成立。于是，以 1934 年为分界点，华北农村合作运动进入了第三阶段，即国家权力规范发展时期，直到被全面抗日战争的爆发打断。

国民政府规范发展农村合作运动，主要围绕合作行政（包括合作指导）、合作教育及合作金融等实施机制，与合作立法机制一起，共同构建成一个初具形态的合作运行体系。

首先，政府确立"自上而下"的合作行政体系。在合作运动初期，国民党对合作社只是原则性提倡，并未设置统一的行政机构，只是各地方政府出于自身的需要，在相关部门设置了合作行政机构。为加强合作事业的统一管理，1935 年 9 月，国民政府实业部内正式设立合作司，作为全国负责合作事业的最高行政机构，并聘请华洋义赈会总干事章元善任司长。合作司的成立，标志着全国合作行政系统的基本完成。在中央，实业部合作司为主管机关，遵循"自上而下"原则设置地方各级合作行政管理机构：各省为建设厅，各县为县政府，直属行政院之市为社会局。全国各省市、各团体组建的合作社均被纳入统一的管理体系，且规定各类合作社必须在所属县政府进行甄别并重新登记。这样，每个合作社只有一个主管机关，只有一处可以取得合法之登记，且不得越级申请。[①]

其次，特别强调合作教育。合作教育是推展、健全合作事业的基础。当时国民政府从中央到地方，对各级合作教育给予了应有的重视，初步形成初、中、高三个层级的合作教育体系，为合作社建设提供了多层次人才。初级合作教育主要借鉴了华洋义赈会经验，有合作讲习会、职员或社员训练班等形式；中级和高级合作教育为政府根据需要加以创办，例如中级有合作指导人员养成所、特种合作人员训练班以及中等学校开设之合作课程

---

① 寿勉成、郑厚博编著《中国合作运动史》，中国合作学社，1937，第 262—292 页；章元善：《合作与经济建设》，商务印书馆，1938，第 66—67 页。

等，高级合作教育有中央合作人员训练所、中国合作学社之合作研究班以及各高校设置的合作院系等。南开大学经济研究所招收合作类研究生，为中国高级合作教育的最早成果。河北省农村信用合作事业迭有进展，主要得益于合作教育的兴办。华北农业合作事业委员会为加强社员的合作基本常识的学习、促进合作事业的发展，于1935年至1936年2月共举办两期初级性质的合作传习会，参加人数多达三四千人。同时，为培养传习会讲员及地方合作领导人才，该委员会还于1935年11月招考社员，从事训练。此外，河北省建设厅不定期地办理合作指导员养成所，培养指导员以辅助知识薄弱的农民认识合作组织。至于学校机关，则以专门培养推展合作运动之行政人才为主，均设有合作课程供学生选修。①

再次，注重合作金融。合作金融为合作组织之"血液"。正统的合作金融系统（在最高级之中央为中央合作金库，省为省金库，县有县金库；合作金库应以同级之信用合作社为主干，与同级之信用合作社联合会相辅而行，或合而为一）应由合作社本身组织所产生，以独立自主之姿态，主持合作社全部业务资金之周转与流通。然而，由于合作社本身自中央到地方之完整的体系尚未建立（当时最高级别仅为县合作社联合会，省级和全国性的合作组织尚未发育），这种正统的合作金融系统并未真正确立。政府用以取而代之的，在中央有专为农业金融特设的中国农民银行和农本局，在省、县为省银行或分行；1936年，农本局开始在县级设立合作金库，但效果欠佳。② 之后，虽曾多次尝试建立"合作金库"，但最终成为国有银行性质的金融机构，而非真正的合作金融体系。③

1936年4月，在国民政府的命令下，华洋义赈会把各地所有的合作事业全部移交实业部合作司，至此，全国合作行政权力已基本集中。全面抗战前夕，全国合作社的系统建设业已初步规范化和系统化。华北农业合作委员会在1934年成立之初，仅接收战区④各县的农赈工作，协办战区各县

---

① 《合作讯》第123期，1936年，第5页；实业部中国经济年鉴编纂委员会编纂《中国经济年鉴》第3编，商务印书馆，1936，第117—119页。

② 寿勉成：《我国合作运动之重要及今后应有之改进》，《合作事业》第1卷第1期，1939年。

③ 张达：《我国合作金融制度发展史论》，《合作界》（台湾）第1卷第2期，1978年。

④ 1933年日本关东军入侵冀东、察哈尔，制造"华北事变"，经《塘沽协定》而停战；华北农业合作委员会因此而成立，负责战区"农赈"，创办宣传杂志《农赈》，最初系借助华洋义赈会经验模式，共襄合作。

农村合作事业，直到 1936 年春，华洋义赈会始将大兴等 23 县所属的合作社之指导考核工作，移交该会继续办理。① 统一规范后的华北各地合作社普遍发展良好，1936 年，河北省信用合作社分布的县数达 122 个，几乎遍及全省；总社数为 5646 社，社员数达 118641 人，社员股金计 507464 元。山东省自推行合作事业之后，由 1931—1933 年合作社总数居全国第四位，仅次于苏、冀、浙，到 1934—1936 年跃居全国第二位，仅次于河北。② 直到抗战全面爆发，华北农村合作运动始终居全国领先地位。然而，农村合作运动整体均非处于一个健康的发展态势之中，当时社会各界对包括华北在内的农村合作运动诸多激烈的批评就是最好的证明。既有来自合作理论界的深刻反思，又有来自合作实践层面具体的问题探讨。众多涉农报刊，例如《东方杂志》《中国农村》《合作月刊》《民间》《教育与民众》《独立评论》，以及《大公报》《益世报》等，都给予了及时关注；涉及农村合作的时著，例如郑厚博的《中国合作运动之研究》一书，其中"中国合作运动之批评"单独成篇，几乎占了 1/3 的篇幅（第三篇共六章），综合当时各种有关合作运动的批评言论，就合作社组织、合作行政、合作指导、合作教育、合作金融等层面进行了全面批判并提出了建设性意见，堪称一时。由此可见，国民政府力图就合作运动做规范统一的国家化趋势，并未取得富有成效的发展，尚亟须全面改进。③

至此，近代农村合作运动并未完成"国家化"的整个过程，尚处在演进之中。1937 年华北沦陷，日伪政府虽未取消农村合作组织，然华北原农村合作运动被迫进入一种非常态下的生存环境中。就全国而言，全面抗战前国民政府已有"纳合作于保甲之途，使经济得循政治而发展"的政治经济考量，指出合作运动与目前之保甲运动，"如车之两轮，鸟之两翼，尤有联系作用，盖保甲之于农民为救死，合作之于农民为求生，保甲在使之安居，合作则使之乐业也"，④ 明确强调农村合作的社会控制功能。1939 年 9 月 19 日，国民政府行政院颁布实行《县各级组织纲要》，时人称之为"新县制"，农村合作运动又进一步与"新县制"结合，服务于抗战建国的战时

① 《合作讯》第 128 期，1936 年，第 6 页。
② 寿勉成、郑厚博编著《中国合作运动史》，第 127—131 页。
③ 郑厚博：《中国合作运动之研究》，农村经济月刊社，1936，第 614—734 页。
④ 秦孝仪主编《革命文献》（85），中国国民党党史会，1983，第 320 页。

经济环境。特别是 1940 年 8 月 9 日《县各级合作社组织大纲》的颁布，规定"以乡镇为单位，并按保组织分社，户户皆为社员，一律采用保证责任兼营制"，农村合作运动的社会控制功能被不断强化，经济功能反而弱化，合作运动与地方自治密切联系起来，标志着农村合作运动的转型与发展路向的偏移。农村合作运动至此已不再是孤立的社会经济运动，而是与国家决策、基层政权建设密切相关、由国家行政力量推动的农村社会变革运动。① 国民政府农村合作运动的"国家化"态势最终得以完成。

诚如陈意新指出，中国合作思想界（包括国、共两党在内）早有"国家化"的认知。② 为探明近代合作运动"国家化"的历史渊源，笔者③曾追寻陈意新先生揭示的路径，就享有"中国合作导师"之誉的薛仙舟先生的毕生成果——《全国合作化方案》做了简要论析，揭示并肯定了该方案实为一个"民生主义的合作计划"，国民政府的农村合作运动及其"国家化"在一定程度上反映了薛氏"方案"的意图和旨趣。1927 年，薛氏已经认识到华北农村合作运动的兴起及中国社会革命的现状，特倡导"合作主义"来谋求"社会革命"，这实际上反映出了一种维持现实社会稳定需要的"社会理想"。他认为，实现民生主义（节制资本、平均地权）、使革命成功者"固不专在合作"，但最根本、最彻底而于民众本身做起的"则舍合作莫属"。鉴于中国民间力量的弱小及社会革命的急迫性，他大声疾呼"应以国家的权力，用大规模的计划，去促成全国的合作化，实现全国合作共和，以为世界倡"。

人是社会一切的中心。从事经济制度的改革，须改造实行制度的人。用教育的手段，从根本上改造人性中的"恶"，即自私自利以及由此而生的种种不良习性，养成"善"，即互助合作的美德，实行人的自身革命，彻底改造广大民众，由此奠定合作共和的基础和前提。薛氏设计了以"合作训练院"为核心，加上全国合作社和全国合作银行共三大"组织大纲"组成

---

① 魏本权：《农村合作运动与小农经济变迁——以长江中下游地区为中心（1928—1949）》，博士学位论文，南开大学，2007。
② 陈意新：《二十世纪早期西方合作主义在中国的传播和影响》，《历史研究》2001 年第 6 期。
③ 刘纪荣：《"乌托邦"还是"理想"：〈全国合作化方案〉论析——兼与赖建诚先生商榷》，《历史教学》2005 年第 2 期；《"民生主义的合作计划"——论薛仙舟〈全国合作化方案〉》，《贵州社会科学》2006 年第 1 期。

《全国合作化方案》的主体内容，强调首要任务是培养"具有许身于民众决心"的合作人才，并"借密布全国的合作机关，做社会事业的中心"，并"投之于民众中间，与民众共同生活、共同尝甘苦，去服务民众、教导民众、组织民众、辅助民众，使民众与之同化"。他坚信，"必如此然后民生主义始能真正实现，革命才算是成功"。①

以今人后见之明，薛氏《全国合作化方案》所表达出来的这种"社会理想"或因超越现实而难以被接受。一旦国民党在政权逐步稳固后"欲有所作为"，该方案无疑是一个难得的备选。全面抗战前，农村合作运动在短时期内快速地"规范化"，似乎为此给出了一个很好的注脚。然而，全面抗战爆发，薛氏原定为"社会事业"属性的"合作化"运动，被迫转型为更具"社会控制"性质的"合作化"，这样，近代以来的农村合作运动完全"国家化"了。站在"国家利益"的高度，战时这种合作运动的"国家化"无疑是必要的。然而，近代农村合作运动为之付出的代价极为沉重，且影响深远。

结　语

总之，通过考察华北农村合作运动的发展过程及其形态，可以发现：全面抗战前的华北农村合作运动整体上在逐步发展、壮大，运行也基本良好；作为先后倡导与推行农村合作运动的两种外在的主导力量，即民间社会团体与国家政权，在"国家与社会"的框架下交相更替，民间社会团体从最初的倡导者地位逐步淡出，而象征国家权力的政府机构却几乎沿着一条与民间社会团体相反的路径深入；在"此消彼长"间，虽一度"相携合作"，然而，农村合作运动最终为国家政府所控制，在总体上可以说完成了一种"国家化"的转型，国家力量在整个农村合作运动发展中起绝对的主导作用，民间社会团体的力量几乎完全退出。农村合作运动的健康发展应该建立在国家与社会互动的基础上，双方在力量上的角逐、相互掣肘，最终达到平衡。毋庸置疑，单一的"国家化"发展模式并不是一个理想的

① 以上引文均参见薛仙舟《全国合作化方案》，秦孝仪主编《革命文献》（84），中国国民党党史会，1982，第239—241页。

选择。

目前，国家为提高农民组织化程度，加快农业产业化进程，增加农民收入，相继出台、实施了《中华人民共和国农民专业合作社法》，确立了农民专业合作社的合法地位，大力发展农村新型合作社。在这种大好形势下，如何定位国家与社会在发展农民新型合作社过程中的作用，应充分吸取历史上的经验和教训。人类社会在漫长的历史演进中，经历了国家与社会等各种关系之间长期的合作与竞争，才迈进了全面现代化之新的发展阶段。起源于西欧的世界近代合作运动是人类社会现代化进程中的一个重要组成部分，它蕴含国家与社会两种力量的共同作用，这两种力量一直存在不同程度和范围的合作与竞争，正因为如此，才促进了世界现代合作事业的全面发展。从本质意义上说，合作运动更应是一场社会经济运动，是一种具有社会经济性质，即促使社会进步和经济发展的现代化运动。人类历史在有了一定程度和质量的社会进步与经济发展后，往往出现新的社会转型，进入新的发展阶段。国家作为人类社会发展的一个阶段性产物，在社会（经济）现代化运动中应负有相应的使命和责任；同样，社会作为人类现代化的一种参与主体，其作用也不可忽视。这是历史的结论，无论中西，概莫能外。

作为现代社会经济运动重要组成部分的农村合作运动，东西方的发展历程、特征等或有各自不同之处，而社会力量在农村合作运动中的积极作用和成效是显而易见的，在不同时期的个别地区甚至发挥了主导作用。20世纪二三十年代中国华北地区农村合作运动的发展历史表明，社会力量例如华洋义赈会等在中国农村合作运动进程中最初处于主导地位，且效果显著。国家与社会之间也有过阶段性合作，例如代表定县和邹平在"县政建设实验"时期的平教会和研究院，就是国家与社会共同合作的历史产物，它们因各自特定的历史条件，也产生了较为积极有效的历史作用，在南京国民政府农村合作运动发展的整个历程中，可谓取得了令人瞩目的成就。在完全由代表国家力量的各级政府所主导的农村合作运动中，虽然政府颁布了相关的法律制度，也建立了必需的配套运行机制，例如合作教育、合作金融、合作行政等机构体系，但由于法律不健全、机制不完善、农村不稳定等内外因素，并未能就此取得如期的效果。作为国家力量在农村合作运动中一个有代表性的具体实施机构，华北农业合作委员会通过组织农民互助社和各种合作社,在战后赈济和恢复生产等方面虽然取得了一些可喜的成效,然而合作社"即立即消",寿命短暂;分布完全不平衡,仅限于灾区或铁路沿线;内部结构不合理,有的合作社完全为地方势力所控制,真正的贫困农民难得实惠。这些弊端,无疑如同南方地区的农村合作社组织,也受到了社会各界更多的批评和指责。

或许是鉴于中国近代农村合作运动进程中的种种异化现象,赵泉民在他最新的研究中指出,这种体现国家意志价值取向的合作运动,是一种强制性制度安排,很难植根于中国乡村社会,必然发生变异而陷入自身难以消解的困境。[①] 就单纯由国家主导的农村合作运动,即合作运动"国家化"来说,例如本文所考察的华北地区农村合作运动中后期以及三四十年代江浙地区的农村合作运动,笔者完全赞同这种观点和分析。在华北农村合作运动的中前期,由不同的社会力量所倡导组织的农村合作社,似乎更迎合了当时大多数农民的迫切需要,而为乡村社会普遍接受。虽然这些社会团体在组织乡村合作社的过程中遇到方方面面的阻碍和困难,却为解决当时乡村社会经济的发展困境指出了一条可行之路。南京国民政府建立后,正是有鉴于华北农村合作运动的良好发展态势,最终确立了旨在"复兴农村、恢复经济"的合作政策。只不过合作政策确立后,政府或有急功近利之图,为维护和确保政府意图的实现,欲单纯凭借自身力量,尽量排挤或消解社会力量,终于走上了农村合作运动的"国家化"之途,从而导致了合作运动的变异。由此可见,国家或政府良好的初衷,未必一定能解决所有问题。中国广袤的农村和众多的农民,非政府独力所能承担,须有社会力量的共同参与和积极合作,以及国家与社会的良性互动,才能更有效发展中国农村合作等各种事业,解决困扰中国社会经济现代化发展迫在眉睫的"三农"问题。历史上如此,现实中也是这样。

(原刊《中国农村观察》2008 年第 2 期)

---

① 赵泉民:《政府·合作社·乡村社会——国民政府农村合作运动研究》。

个人困境与公共论题：乡村移民城市犯罪的社会分析（1928—1937）

柳　敏*

　　鸦片战争以来，在中国逐渐走向近代化的过程中，各阶层、各群体均面临新时代的机遇和挑战，尤其对于离乡进城的农民而言，他们的生产方式从农业耕作转向工商活动，社会生活从乡村到城市，组织形式从家庭家族到科层组织，社会关系从熟人圈到兼及陌生人交际圈，无论是生活情境还是生存方式均发生深刻转变。对进城农民生活的探寻，有助于从城与乡、中与西的碰撞中反思近代社会变迁中的城乡关系问题。社会史研究兴起以来，有关乡村移民城市生活的研究成果日益丰富，一是从区域历史角度对移民过程的宏观审视（如移民原因、移民规模和流向、移民职业、迁移影响等），二是从社会生活史角度对移民处境的微观聚焦（如经济收入、生活状况以及移民与社会的互动等）。① 本文以 1928—1937 年移民城市天津、青岛的犯罪问题为切入点，从犯罪社会学角度分析乡村移民的个体境遇，反思近代中国在社会转型过程中城市管理规章对整个乡村移民群体形成的制

---

* 　柳敏（1974— ），湖北武汉人，历史学博士，青岛农业大学马克思主义学院教授，主要从事近代城市史和乡村史研究。

① 　如韩起澜对上海苏北人，卢汉超对上海里弄生活，贺萧对天津工人，池子华对农民工，张利民、熊月之、忻平、胡俊修等对天津、上海、武汉等城市史研究，均不同程度论述了都市中乡村移民的生活状况。从社会学角度解读民国犯罪的研究成果较为丰富，严景耀揭示了犯罪问题与城乡文化冲突和社会变迁的密切关系（《中国的犯罪问题与社会变迁的关系》，吴桢译，北京大学出版社，1986）；冯客论述了近代中国惩罚制度和监狱体系的演变，分析了犯罪结构、罪犯生活和教育改造（《近代中国的犯罪、惩罚与监狱》，徐有威等译，江苏人民出版社，2008）；侯庆斌从城市管理视角分析了违警罪在法租界的移植与实践对华人居民生活习惯改造和城市治理的效果 [《晚清上海法租界城市治理中的法律移植与司法实践——以违警罪为例》，《复旦学报》（社会科学版）2018 年第 3 期]。

度性压力，以及近代司法移植与实践的两难困境带给移民生活困扰的同时，加剧了社会治理成本。天津和青岛是典型的移民城市，在引进近代市政管理制度、强化城市治安管理等方面是华北城市近代化的先行者，全国警政统计中两市也是华北城市犯罪率偏高的地区。青岛相对完整的城市档案与天津丰富的报刊文献和社会调查为探究城市犯罪提供了丰富的资料，以天津与青岛为例，不仅便于了解华北城市犯罪的基本面相，更有助于探究乡村移民的城市犯罪概况与特征。

一　1928—1937 年天津和青岛的犯罪概况

一般认为，犯罪是具有一定社会危害性、违反相关法律并应当受到法律处罚的行为。违警罪系指违反《违警罚法》[1] 的轻微危害社会行为，虽然与违犯刑法规定的刑事罪危害他人和社会的程度小，但是违犯人数众多。结合南京国民政府时期的法律实践和调查统计，本文所指犯罪包括违警罪与刑事罪两类，[2] 所引犯罪文献主要以政府相关部门的行政统计、公安局或警察厅的档案记录及主流媒体的新闻报道为主，虽犯罪统计被认为是最不可靠的社会数据之一，[3] 且有时互相冲突，但依然在一定程度上呈现了当时的犯罪面相，反映了部分移民的城市境遇。

从警政统计案件数量来看（见表 1），天津和青岛的违警犯多为刑事犯的两倍以上，两地居民违警率在 1% 左右，是华北违警比例最高的城市，如

---

① 《违警罚法》是北洋政府和国民政府颁布的一种治安管理处罚法规，1928 年 7 月国民政府对 1915 年北洋政府违警罚法进行了修订公布。共有 9 章 53 条，规定对妨害安宁、秩序、风化、交通、卫生、他人身体财产等活动但未达到刑事处罚程度的行为进行处罚，是国民政府强化社会治安管理的重要手段。

② 关于近代违警罪与犯罪的关系，学者对此识见不一。一种观点认为违警与犯罪性质无异，只是对社会危害程度不同；一种观点认为两者不仅程度有别且性质不同。本文旨在探究城市规范对乡村移民的影响，不是从法理角度而是从生活角度分析城市犯罪现象，无论是社会危害较大的刑事犯罪，还是违犯社会治安的违警罪，均不同程度影响到移民的城市生活，尤其是那些看似轻微的妨害社会秩序的违警行为，均与民众在公共场所中的日常言行攸关，故将违警罪列入犯罪行为。另外，从青岛市"行政纪要"和"统计汇编"等政府编纂的内部资料来看，将违警罪与刑事罪并列入犯罪案件统计栏中，对违警事件的关注和处理不仅出于整饬警政之考虑，更有借此规训民众行为之用意。

③ 〔美〕理查德·谢弗：《社会学与生活》（插图第 9 版），刘鹤群、房智慧译，世界图书出版公司北京公司，2006，第 236 页。

1933 年天津和青岛违警比例分别为 1.6% 和 1.57%，远远高于北平的 0.64% 和济南的 0.01%。① 从天津来看，1928—1930 年刑事罪总数统计中，伤害案最多，有 6815 件，窃盗案第二，有 4323 件；② 1929 年后，窃盗案明显增加，引起媒体关注；③ 自 1933 年起赌博案最多，1934—1935 年以赌博案、盗窃案为主。④ 青岛刑事案件在 1929 年前以窃盗案为主，但 1929 年后，鸦片案逐渐上升为最主要的刑事案件。⑤ 总体上，两地刑事犯均以赌博案、鸦片案、窃盗案、杀伤案为主，占全部刑事案件的 2/3 左右。⑥ 天津女性刑事犯以杀伤、妨害婚姻家庭及赌博最多，青岛以鸦片、伤害和妨害婚姻家庭最多。⑦

违警类别中，两市以妨害秩序和妨害风俗犯最多。天津违警案以妨害秩序中的不顾公益为主，1932 年共 5385 人，占 40.90%；1933 年不顾公益类共 6073 人，占 28.11%。青岛的违警犯以妨害风俗中的类似赌博为主，1932 年计 2922 件，占 36.98%，1933 年计 2235 件，占 31.92%。⑧ 女性违警以妨害风俗类的事涉淫乱最多，男性以类似赌博、不顾公益、妨害交通居多。⑨

---

① 内政部编《民国二十二年份全国警政统计报告》，1935，第 37 页。

② 《最近三年天津市刑事案件比较》，吴瓯主编《天津市社会局统计汇刊》，天津市社会局，1931。

③ 《犯罪的统计：天寒风紧鼠窃横行》，《大公报》（天津）1929 年 11 月 28 日，第 9 版；《犯罪的统计：绺窃最多毒物次之》，《大公报》（天津）1929 年 12 月 11 日，第 9 版；《犯罪统计：绺窃最多赌博次之盗窃鸦片相差无几》，《大公报》（天津）1930 年 3 月 7 日，第 9 版。

④ 以男性犯人为例，1933 年天津赌博犯 1123 人，其次是伤害犯 595 人，窃盗犯 505 人（《民国二十二年份全国警政统计报告》，第 39 页）。1934 年天津赌博犯最多达 1944 人，其次是窃盗犯 917 人、鸦片犯 570 人（内政部编《民国二十三年份全国警政统计报告》，1936，第 22 页）。1935 年上半年窃盗犯 1344 人，鸦片犯 1024 人，赌博犯 814 人（内政部编《民国二十四年上半年份全国警政统计报告》，1937，第 46 页）。

⑤ 民国《胶澳志》卷 3《民社志·犯罪》，台北：成文出版社，1968，第 449—456 页；1929 年数据见《青岛市公安局办理罪犯统计表》，青岛市政府秘书处编印《青岛市行政统计汇编（十八年度下期）》，1933，第 32 页；1931 年下半年和 1932 年上半年数据见《青岛市公安局破获案件统计图表（二十年度）》，青岛市政府秘书处编印《青岛市行政统计汇编（二十年度）》，1933，第 24 页。

⑥ 《民国二十二年份全国警政统计报告》，第 38、39 页。

⑦ 1932 年数据见《民国二十一年度全国警政统计报告》，1934，第 46、48 页；1933 年数据见《民国二十二年份全国警政统计报告》，第 38、39 页。

⑧ 《民国二十一年度全国警政统计报告》，第 31、32 页；《民国二十二年份全国警政统计报告》，第 33、35 页。

⑨ 《民国二十一年度全国警政统计报告》，第 31—34 页。

表1　1930 年至 1935 年上半年天津、青岛犯罪情况统计

单位：人，%

年份	天津			青岛		
	违警犯数	违警比例	刑事犯数	违警犯数	违警比例	刑事犯数
1930	不明	不明	5802	5192	1.34	4878
1931	不明	不明	不明	7201	1.81	5399
1932	13167	0.99	4862	7901	1.96	4716
1933	21606	1.6	4331	7001	1.57	3832
1934	18620	1.81	6174	10118	2.24	约4242
1935 年上半年	12423	1.22	约5200	4348	0.96	约2056

资料来源：《公安局十八年度办理预审案件统计》，《益世报》1930 年 7 月 22 日，第 10 版；《天津市十九年份各种罪犯人数按月比较》，吴瓯主编《天津市社会局统计汇刊》，天津市社会局，1931；青岛市政府秘书处编《青岛市行政统计汇编（十九年度）》，1933，第 24、30 页，根据中国居民人口数 387668 计算违警率；青岛市政府秘书处《青岛市行政统计汇编（二十年度）》，1933，第 22、26 页，根据中国居民人口数 397593 计算违警率；《民国二十一年度全国警政统计报告》，第 14、16、45 页；《民国二十二年份全国警政统计报告》，第 31、32、37 页；《民国二十三年份全国警政统计报告》，第 18、22 页；《民国二十四年上半年份全国警政统计报告》，第 46、41 页，1935 年的刑事犯数据字迹模糊不清，此数为约数；另，1934 年度刑事案件见《津市上年度刑事案件达六千余起》，《大公报》（天津）1935 年 10 月 16 日，第 8 版。

关于犯罪者籍贯的统计数据相对缺乏且零散，现有资料显示出违警犯和刑事犯主要来自城市周边各县。从青岛市档案馆藏 1931 年的 70 件盗窃案卷来看，窃犯全是外地人，主要来自青岛周边的即墨县和胶县。[①] 另外，青岛市 1936 年 1—6 月羁押的 707 名刑事被告籍贯显示，来自本市者 87 人，其余 620 名刑事被告来自山东其他的 58 个县市和外地的 11 个省市，邻近青岛的三个县人数最多，其中，即墨 170 人，胶县 75 人，平度 60 人。[②] 天津 1929 年刑事罪犯共 5058 人，其中河北籍 3814 人，河南籍 216 人，山东籍 394 人，山西籍 256 人，来自其余省份的均不足 60 人。[③] 近代津、青人口以乡村移民为主，城市犯罪主要表现为乡村移民的犯罪。

从违警犯和刑事犯的年龄、性别和职业结构来看，刑事犯和违警犯均以 21—40 岁的青壮年男子最多（见表2、表3），女性犯违警罪比例较低，

① 《盗窃案》（1931 年），青岛市档案馆藏，档案号：A17-3-769—775。
② 《民国二十四年度刑事被告羁押一览表（下卷）》（1936 年 1—6 月），青岛市档案馆藏，档案号：A68-4-152。
③ 《公安局十八年度办理预审案件统计》，《益世报》（天津）1930 年 7 月 22 日，第 10 版。

犯罪者多数是普通劳工和贫民。1930 年天津刑事犯中务工者占 40.02%，商贩占 21.16%，无业者占 26.02%。[①] 1936 年上半年青岛羁押的刑事犯 707 人，除职业未详者 12 人外，无业者 170 人，务工者 130 人，商贩 113 人，拉车夫和苦力共 89 人，地位稍高的刑事犯中仅有一名医生、两名警士和一名翻译。[②] 1932 年，天津违警犯职业中务工者占 44.92%，商贩占 38.05%，无业者占 10.19%；青岛的违警犯中，务工者占 48.72%，商贩占 27.38%，无业者占 17.67%。[③] 1933 年，天津违警犯中务工者占 38.5%，商贩占 34.07%，无业者占 16.81%；青岛违警犯中务工者占 42.17%，商贩占 29.15%，无业者占 21.81%。[④]

表 2　1932—1933 年天津和青岛刑事犯年龄段、性别比例

单位：%

年份	天津			青岛		
	21—30 岁	31—40 岁	男性	21—30 岁	31—40 岁	男性
1932	38.87	27.97	88.93	37.81	32.53	87.98
1933	36.44	30.29	88.57	37.38	32.36	85.74

资料来源：《民国二十一年度全国警政统计报告》，第 50、52 页；《民国二十二年份全国警政统计报告》，第 41、42 页。

表 3　1932—1933 年天津和青岛违警犯年龄段、性别比例

单位：%

年份	天津			青岛		
	21—30 岁	31—40 岁	男性	21—30 岁	31—40 岁	男性
1932	38.00	27.55	94.90	40.65	30.10	94.20
1933	36.77	25.07	91.10	40.97	28.87	93.70

资料来源：《民国二十一年度全国警政统计报告》，第 37、39 页；《民国二十二年份全国警政统计报告》，第 33、34 页。

---

① 《天津市十九年份罪犯职业比较》，吴瓯主编《天津市社会局统计汇刊》，天津市社会局，1931。
② 《民国二十四年年度刑事被告羁押一览表（下卷）》（1936 年 1—6 月），青岛市档案馆藏，档案号：A68-4-152。
③ 《民国二十一年度全国警政统计报告》，第 39、37 页。
④ 《民国二十二年份全国警政统计报告》，第 33、34 页。

总体而言，1928—1937 年，两市刑事罪以鸦片、赌博、窃盗和杀伤罪为主，违警罪中以类似赌博、妨害秩序、妨害交通、妨害风俗为主，占各类刑事罪或违警罪的六成以上。青岛刑事犯以鸦片罪最多，天津则以赌博罪最多，两者占刑事犯罪的 1/4 —1/3。违警罪中，天津以不顾公益最多，青岛则以类似赌博最多，天津和青岛的违犯法规者主要是非重罪的年轻男性，很少有直接受害对象，多与罪犯自身行为不合时代要求有关。羁押的刑事犯基本是社会的普通劳动者，尤其是处于社会中下层的游民、小贩和务工者。故两市犯罪行为主要表现为违法违规者的生活习惯问题，穷人和乡村移民更易于成为各类法规的违犯者。

二　个人困境：规则差异与城市司法处罚

对于城市犯罪的社会成因，一般多认为与生活贫困有关。孙本文关注家庭、伴侣及一般社会风习等社会环境的影响。[①] 严景耀认为犯罪与环境（如气候、灾荒和政治）相关，而"政治纷乱实为犯罪之最大原因"，同时，初来城市的乡民因生活艰难或交友不慎容易犯禁，此外，家庭贫困、缺乏教育、个人性格极端、社会制裁力薄弱亦可使犯罪增加。[②] 林广等认为中外移民犯罪之直接原因，一是生活状况恶化，二是强烈的城市异质性，三是社会贫富悬殊。[③] 学者们对移民犯罪的社会原因分析均不同程度指向生活状况和社会环境。犯罪社会学者关于法律生成的文化语境和国际移民群体因文化规范冲突导致犯罪行为，对近代乡城移民的犯罪行为提供新的解释视角，从 1928—1937 年津、青两地犯罪案卷来看，除了有少数团伙性质的抢劫强盗罪、由警备司令部和反省院处置的政治犯外，罪犯中最多的违警犯和烟赌犯多系日常行为不合城市新型管理规范。

南京国民政府时期承继晚清北洋政府时期的社会控制体系，修订颁布各项法律法规，强化城市管理，不断扩展对城市基层社会的控制力量。从两个城市的犯罪类型统计表可以看出，近代城市加强了对烟赌现象的查禁

---

① 《公民·社会问题》，《孙本文文集》第 5 卷，社会科学文献出版社，2012，第 303 页。
② 严景耀：《北京犯罪之社会分析》，《社会学界》第 2 卷，1928 年，第 64—67 页。
③ 林广、张鸿雁：《成功与代价——中外城市化比较新论》，东南大学出版社，2000，第 119—126 页。

和对居民日常生活行为的干预。综观民国法律体系，《违警罚法》是与社会生活和民众行为联系最为密切的一种法规。为维护公共秩序，加强社会控制，《违警罚法》对个体在公共场合的言语、行为、饮食、服装等进行规范，居民出行、生活、从业受到相应限制。从青岛市 1933 年下半年的违警案卷看，受罚原因主要与不熟悉城市公共生活规则有关，包括游荡街头、行迹不检、无照骑车、不报户口、夜间拉车不燃灯、无照为娼、聚赌纸牌、街头口角、道路设摊、因细故殴人、骑车碰伤行人、采折他人菜果、随意倾倒秽土、酗酒喧嚣、不加注意致生火警、无照行商等。发生口角妨害秩序者拘留 3 天，秘密卖淫者拘留 15 日或罚款 10 元，行迹不检者拘留 2—15 日不等，或者罚款 5 元、10 元、15 元不等，违章营业者因妨害秩序拘留 10 日或罚款 3 元，不小心造成大火的以妨害安宁罪处 5—15 元罚金，类似赌博者拘留 3 日。① 甚至夫妻纷争也会受到处罚，如张栋凯（29 岁，宝坻县人），以唱戏为生，常与妻（29 岁，任邱县人）打架。一天，张醉酒后与其妻在法租界打闹，因张带有小刀，其妻害怕报警，结果按《违警罚法》处罚洋 15 元。② 初到城市的农民很容易违警，在近代乡村，随地便溺、扔弃废物、赤膊行走、大声喧哗、口角纷争、醉酒卧地等均为常见行为，除非伤人，否则不会受到处罚。他们进城后，"临池便溺，卫生方面，太不讲究"。③ 在衣着方面，"一般劳工及平民，因多来自田间，习惯未改，一到天热时期，往往赤身露体"，④ 这些行为均会触犯城市管理规范而受到罚款或拘役。鉴于民众生活类违规较多，青岛在 1932 年成立各市乡建设办事处后，市区办事处承担着社会风俗教化、卫生消防宣传等职能，社会、公安股人员巡查各区，查拿露天聚赌、视察道路清洁、⑤ 取缔袒胸赤臂在人行道纳凉，传知各户切实奉行以维风化。⑥ 但习惯难改，移民不断增加，违警犯也与日俱增，当然这与公安局的罚金提成规定也有关系，这一规定可能刺激

---

① 《警政统计》（1933 年），青岛市档案馆藏，档案号：A17‐3‐1080—1083。
② 《市上琐闻：犯罪登记》，《益世报》（天津）1930 年 1 月 21 日，第 17 版。
③ 《团岛二路一带》，《青岛时报》1933 年 1 月 9 日，《自治周刊》第 23 期。
④ 《青岛市区社会问题最近施政方针》，编者及出版者不详，1934 年 6 月，第 15 页。
⑤ 《青岛市市区第三区联合办事处工作报告表》（1933 年 11 月下半月），青岛市档案馆藏，档案号：B32‐1‐768。
⑥ 《大港区建设办事处工作报告表》（1935 年 8 月上半月），青岛市档案馆藏，档案号：B32‐1‐766。

了岗警巡查的积极性，助推违警案件的增加。青岛公安局每月会将违警罚金用于警士奖励或作为科、局公费进行分配，如 1934 年 5 月公安一分局共收罚金 145 元，四成（58 元）用于提成奖励，科提二成（29 元），原送案机关和总局公费各提取一成（14.5 元）。①

鸦片犯和赌博犯在刑事犯中高居榜首，亦与民众生活习惯的内在需求相关，并在各大贩毒纵赌力量的助推下难以禁绝。鸦片犯包括携带、收藏、吸食、售卖、贩运烟土、烟具和其他毒品者，而以吸食者为最。如 1931 年1—6 月，青岛公安局缉获烟案共 603 起，吸食者有 446 人，贩运者 99 人，携带者 113 人。② 虽然 1928 年后国民政府厉行禁烟，尤其是从 1933 年起青岛设立毒品戒验所后，搜捕更严，强制禁绝，但吸食者依然众多。农村"黑化澎湃、毒品蔓延"。③ 天津因有租界关系，列强公然挂牌营业或秘密吸卖，多数轮船都有运贩烟土及麻醉品。④ 青岛则有朝鲜人和日本人暗设机构，制造贩卖，全市毒品店不下 400 家。⑤ 在青岛小港区，行栈集中，拉大车的苦力众多，"其有嗜毒之工人，则多以日韩人所设之吗啡馆为日常住宿之处。据目见者云，工人仅以一角之代价，即可同时解决一夜住宿及一次吸毒之需"。⑥ 嗜毒者在烟馆也多有债务，只要工人不戒烟，债主也不追讨积欠，成为一种烟馆的羁縻方法。⑦ 据 1934 年的调查，青岛市区售卖毒品的日、韩烟馆多达 158 家，仅苦力集中的大小港一带就有 42 家。⑧ 东镇一隅，即有 30 家之多（朝鲜人 11 家，日人 19 家）。⑨ 故"官府虽欲禁止国人

---

① 《二十三年五月份本局处罚违警罚金及提成充实数目清单》，青岛市档案馆藏，档案号：A17 - 3 - 1229。
② 《青岛市公安局缉获烟案统计表》（二十年度下期），《青岛市行政统计汇编》（二十年度），1933，"公安"类，第 32 页。
③ 王镜铭：《中国农村问题研究之一：游民与农村社会地痞流氓为害甚烈》，《大公报》（天津）1931 年 4 月 21 日，第 1 张第 3 版。
④ 《几个禁烟办法》，《大公报》（天津）1931 年 6 月 10 日，第 11 版。
⑤ 《一年来各省市禁烟概况》，内政部禁烟委员会编《禁烟纪念特刊》，1935，第 135 页。
⑥ 《小港办事处调查小港区工人种类及车辆数量改良办法》（1935 年），青岛市档案馆藏，档案号：B22 - 1 - 153。
⑦ 《呈为拟具邻间编制草案备文》（1936 年 2 月），青岛市档案馆藏，档案号：B21 - 2 - 34。
⑧ 《青岛市公安局调查各分局辖境售卖毒品日韩人数一览表》（1934 年），青岛市档案馆藏，档案号：B22 - 1 - 15。
⑨ 《都市的急性社会病：毒品商店的发达和嗜毒者的增加》，《青岛时报》1934 年 2 月 9 日，第 6 版。

不良嗜好，因领判权之阻梗，逮捕诸多不便，奏效甚尠"。① 按照 1929 年颁行的《禁烟法》，"吸食鸦片、施打吗啡或使用鸦片之代用品者，处一年以下有期徒刑，并得科一千元以下罚金。有瘾者，并应限期令其戒绝"。屡次吸毒者可能处以死刑。青岛第一次枪决的吸毒犯是一名来自掖县的鞋店伙计，年仅 26 岁，曾两次吸食被拘，却未能改正，于 1936 年被处以枪决。② 鸦片犯虽徒刑、罚金并处，但毒品戒验所容量有限，戒绝不易，在司法捕房和监视当局眼中，刑满烟民 "彼仍吸烟如故也"。③ 可见积极的禁烟政策收效甚微，只是增加了全国刑事犯中鸦片犯的比例（占 30% 左右），也大大增加了监犯人数和相关部门罚金。

史密斯在研究美国东方移民的违法问题时，认为 "赌博对中国佬来说就像婴儿喝牛奶一样自然"，赌博的高度组织性成为社区商业的重要部分。④ 各类繁多的赌博活动是中国乡村重要的娱乐方式。青岛市长沈鸿烈谈到青岛社会问题时，指出 "目下我国市乡习惯之最坏者，厥为鸦片、赌博二种"。⑤ 从天津《益世报》《大公报》20 世纪 30 年代对抓捕赌犯的报道可知，天津赌窟众多，大型赌场附设于中外娱乐社、太阳食堂、光明戏院等公共场所，能容纳 200 余人，或者五六十人，赌资数万。小型的多散布于各民宅院落，四五人居多，赌博已达专业化和大众化的程度。青岛 1931 年 18 个赌博卷宗中，共 132 名赌犯，除一名为青岛沧口商人外，其余皆来自外县，职业以车夫、苦力居多，参与者多为同乡或同业中人。他们的赌博方式有纸牌、麻将、牌九、骨牌、押宝等，赌博行为一般发生在商栈和杂院里，实际上成为民众的一种日常娱乐方式。赌博开局者一般罚 10—22 元，参与赌博者没收赌资和赌具，每人罚 2—5 元不等，⑥ 无力缴纳 3 元者则拘留 3 天。⑦ 处罚的轻微与精神的需要并不能真正使他们断然禁赌，因此，赌

① 《小评：嗜毒者可以回头矣》，《青岛时报》1934 年 4 月 14 日，第 6 版。
② 《青市第一次枪决吸食毒品犯》，《青岛时报》1936 年 2 月 19 日，第 6 版。
③ 宝道：《关于鸦片罪之刍议》，《中华法学杂志》第 3 卷第 11—12 期，1932 年，第 43 页。
④ 〔英〕布罗尼斯拉夫·马林诺夫斯基、〔美〕索尔斯坦·塞林：《犯罪：社会与文化》，许章润、么志龙译，广西师范大学出版社，2003，第 153—154 页。
⑤ 《沈市长对乡老宣布施政方针》，《青岛时报》1932 年 12 月 12 日，第 3 版。
⑥ 《赌博卷》（1931 年），青岛市档案馆藏，档案号：A17－3－890—894。
⑦ 《二分局送赌犯迟锡林等五名一案》（1931 年 7 月 30 日），青岛市档案馆藏，档案号：A－17－3－890。

风炽烈，丝毫未减。

三 公共论题：制度排斥与司法实践困境

近代城市犯罪现象显示了社会急剧变迁时期个体的经济困窘、心理刺激与秩序紊乱中的失常应对，更折射出社会结构变迁对移民群体形成的公共困扰，如城市管理规范的城乡冲突、半殖民地城市社会生活的功利与混杂特质，从乡村政治纷乱与经济崩溃中挤压出来的村民在基本没有物质支撑和文化习得的情形下进入一个陌生空间——与传统乡村社会在经济结构、生活方式、交往范围和组织形式等方面均有巨大差异的生存环境，这无疑会构成乡村移民的生活障碍。特定类型的城市犯罪记录，使我们从两个方面反思进城乡民的群体性困境：一是近代城市在社会转型时期移植现代管理规章对整个乡村移民群体形成的制度性压力，乡村生活习惯与城市公共生活规范冲突构成对农民群体社会排斥的隐性力量；二是近代司法移植与实践脱离民众具体生活情境，民众缺乏常规的法则习得途径，司法制度的顿变性及其实践的政治社会困境，带给移民生活困扰的同时，增加了社会治理成本。

无论是鸦片犯、类似赌博犯，还是大量因言行不合时宜的违警犯，究其缘由，多与农民传统生活方式和习惯有关。移民之行为规范是长期以来农村社会生活的产物，但与志在彰显统治权威、建立现代生活的行政法规相悖。"无论在哪儿，只要统治集团的规范与从属或被统治集团的规范不同，其国家法律与国民中不同社会集团的道德观念之间就必然同样缺乏和谐一致性。"[1]这样，乡村移民进城生活首先面临的困扰便是城乡规范的差异，造成塞林所说的行为规范冲突引致的犯罪。[2] 天津、青岛两市刑事犯和违警犯之最多数为烟赌犯、妨害秩序犯和妨害风俗犯，可以想见，不是无意或故意的伤害与盗窃，而是个人行为、习惯方面的不合时宜，构成此时期城市犯罪的主要原因。而习惯的更改势必是一个漫长而艰巨的过程，更

---

① 〔英〕布罗尼斯拉夫·马林诺夫斯基、〔美〕索尔斯坦·塞林：《犯罪：社会与文化》，第100—101页。
② 〔英〕布罗尼斯拉夫·马林诺夫斯基、〔美〕索尔斯坦·塞林：《犯罪：社会与文化》，第133页。

何况执法者的禁决措施以罚金为主，导致即使城市管理者厉行禁令，也只是增加了政府合法收入，烟赌之风并未根本改观。梅汝璈感慨道："盖在我国城市社会，中等以上之家庭常以斗麻雀牌为唯一之消遣品或应酬品，大有禁不胜禁，罚不胜罚之概。"①在天津，"烟赌人犯，均以苦力为多，故鲜有能缴罚金者",②而监狱严苛，对待犯人如仇人，亦未能使其禁绝，故论者认为犯罪与社会环境和政治影响相关，根本在于社会安宁、政治安定。③一方面改善社会制度，另一方面把监狱改组成感化院。④

　　法律作为社会生活的规范，对民众日常行为起到示范和约束作用，但"司法不是一个取得所有社会成员一致同意的普世行为标准",⑤违警犯罪事件的繁多以及因琐事或习惯而违规，折射出民国时期城市管理法规某种程度的不合世事或民情。民国时期法学家孙晓楼即针对中国法律的全盘欧化现象，认为建立中华法系要立足于民族性和社会性，"谋如何适应时代的需要，与夫社会的风俗习惯经济状况及人民之知识程度"。⑥而法律要适应社会，则以中国幅员之广大、人口之众多、交通之不便、各省风俗民情之差异而难有可能。"以划一无二的法律适用于大不统一的社会，这样决不能使法律适应社会。"⑦法律欧化而不适于民情，阮毅成称之为法律"看不见中国"。⑧正如曾任司法部长的居正所指出的，定都南京以来，各项重要法典次第颁行，"惟以旧习与新制不能相应，良法虽颁，美意未著"。⑨中国近代法律制度多因袭西方成文法，法规烦琐且多次修订，缺乏稳定性。另一方面，传统社会崇尚礼治，村民不重视法律，这些因素形成了法律信息的传播障碍，民众不容易知晓相关的法律规则。乡村移民昧于城市生活规范，

① 梅汝璈：《对于刑法修正案初稿之意见》，《中华法学杂志》第4卷第9—10期，1933年，第9页。
② 《全年收案万六千起》，《大公报》（天津）1933年10月23日，第10版。
③ 《读〈参观第三监狱感言〉》，《大公报》（天津）1931年6月14日，第11版。
④ 《罪！罚?》，《大公报》（天津）1932年6月18日，第9版。
⑤ 〔美〕理查德·谢弗：《社会学与生活》（插图第9版），第231页。
⑥ 孙晓楼：《法律民族化的检讨》，《东方杂志》第34卷第7号，1937年，第43页。
⑦ 孙晓楼：《法律民族化的检讨》，《东方杂志》第34卷第7号，1937年，第44页。
⑧ 阮毅成：《怎样建设中国本位的法律》，文化建设月刊社编《中国本位文化建设讨论集》，文化建设月刊社，1936，第367页。
⑨ 居正：《告全国司法界同仁书》（1940年1月），罗福惠、萧怡编《居正文集》下册，华中师范大学出版社，1989，第665页。

且城市中交通、卫生、营业、求职、工作等均有特定的规则，与其原有生活模式相扦格。同时，现行法律虽通用于都市，但乡村百姓不接受，"结果就发生法律与社会分离的现象"。① 故对于乡村移民而言，城市生活的考验不仅来自于是否有稳定的工作和固定的住所这些外在物质层面的保障，也来自于其传统生活和交往方式与城市管理规则的差异而形成的观念及行为层面的冲突，在此意义上，近代城市管理规范构成对异质文化移民的制度性排斥。

《违警罚法》是南京国民政府进行城市治安管理主要的法律依据，它将官方的愿望诉之于文字，"使我们了解到在新城市形成过程中官方对市民一些公共行为的排斥"，② 但民众缺乏前期系统的法规学习途径，违警处分常常成为民众知晓并实践城市规范的一种社会化方式。如冯客所说，民国时期刑罚是作为社会职责的培养手段，"通过监狱规则建立了一套秩序来校正犯人的恶习和惰容，因为犯人大部分是一些不守纪律之人，他们过着一种漂泊且引导犯罪的生活方式"。③ 监狱严格的时间规定、行为规范、严厉督促，会产生一种现代社会生活所要求的日常行为方式。青岛将嗜吸毒品者及无业游民收容进感化院和习艺所等，"不但令其戒绝嗜好，并使其身体强壮，习得各种手艺，以为谋生之道"。④ 收容、改造、处罚也是促进移民在城市知晓管理法规、获得新的技能和改变旧式生活习惯的重要途径。一度负责警察教育的余秀豪认为："警察之作用，即在增进人民之福利，辅助各种政务之推进，当国家政治未上轨道，尤其是在今日一般民众程度低下之中国，警察负有社会先导之责。"⑤ 警察限制民众违法、维护社会安宁、行使日常职责的过程，亦可谓对居民实行城市生活规章教育的重要途径，也成为乡村移民融入城市生活的一种手段，而以警政等强制性力量维护社会风气无形增加了城市的治理成本，青岛财政支出中公安费用常居于首位。⑥

---

① 陆季蕃：《法律之中国本位化》，《今日评论》第 2 卷第 25 期，1939 年，第 390 页。
② 〔美〕周锡瑞：《华北城市的近代化——对近年来国外研究的思考》，孟宪科译，《城市史研究》第 21 辑，天津社会科学院出版社，2002，第 5 页。
③ 〔荷〕冯客：《近代中国的犯罪、惩罚与监狱》，第 157 页。
④ 《沈市长宴各方记者时之演词》，《青岛时报》1933 年 7 月 18 日，第 6 页。
⑤ 余秀豪：《警察行政》，上海商务印书馆，1936，第 8 页。
⑥ 1932 年数据见张锐《青岛市政实况》，《清华周刊》第 38 卷第 9 期，1932 年，第 56 页；1933 年数据见青岛市政府秘书处编印《青岛市政府行政纪要》（1933 年），1933，"财政编"，第 1—14 页；1935 年数据见《青岛的市政》，《中国建设》第 14 卷第 4 期，1936 年，第 34 页。

　　尤其需要注意的是，在大量有关妇女的犯罪中，我们常常能觉察到女性群体的两难困境。传统法律注意家庭伦理的维护，近代法律强调个体的权利，女性往往夹在两种价值规范中左右为难。如果不能忍受公婆和丈夫的虐待，为维护个人权益而离家出走，常会被冠以潜逃之罪名，如果继续维持传统生活伦理，则只有隐忍不发，即使要离婚，也多因取证困难而作罢。① 乡村妇女不仅难以利用现代法律申诉与维护个人权益，在困难时期，她们往往成为家庭摆脱危机的租卖物。如苏成捷指出的，对普通民众和边缘人群来说，性不仅是一种生理需要，更是一种生存策略；那些经济破产又不务正业的农民，仅有的"生意"可能只是出卖自己对妻子的性垄断。② 更多时候，被丈夫出卖的妻子或被父母出卖的女儿，基于传统家庭道德，不同程度默许了他们的行为。虽然如黄宗智所指出的清代法典体现了小农社会中的父系家庭秩序和生存经济的逻辑，民国法律中渗透的却是资产阶级社会的个人权利和契约经济的逻辑。③ 但实际上，法规所宣称的社会公正、个人权利原则往往只是一种理想化的追求，大量进城女性依然处在他们旧日家庭的道德和伦理绑架中无法追求自由独立的生活。清朝时期因为贫困而出卖女儿或妻子将不受惩处的伦理与实践，在民国时期依然存在。乡村社会交往范围的扩大、女性经济自主性的提高、城乡社会舆论对个人权利的宣扬，虽然激发了一些年轻及富裕家庭女性追求独立与自由的觉悟力与行动力，但在实践中依然受到传统社会伦理及家庭困境的制约，从案例来看，进入城市成功自立或成家的一些乡村女性，比起依然在家乡的妇女更有可能从法律中获得较多保护。

　　晚清虽在刑法中颁布鸦片罪，但难以实践推行。这一纸具文成为后世维护城市社会治安之嚆矢与圭臬。1928 年国民政府成立"禁烟委员会"，制定《禁烟法》和《禁烟法施行条例》，召开第一次全国禁烟会议，意图大力

---

① 《王王氏与王孝浦离婚案》、《侯祥云与李龙离异案》（1934 年），《毕王氏与毕元顺离异一案》（1932 年），《山东青岛地方法院关于人、民事案件报部判词表册》，青岛市档案馆藏，档案号：A68-4-234。

② 杨柳：《历史研究与法律的现代性问题——评"中国的法律、社会与文化"丛书》，黄宗智主编《中国乡村研究》第 4 辑，社会科学文献出版社，2006，第 413 页。

③ 黄宗智：《法典、习俗与司法实践：清代与民国的比较》，上海书店出版社，2003，第 46页。第 50 页讲国民党民法编纂者"执意要使中国法律达到他们认为的当时最先进的国际标准"。

禁止鸦片和毒品。南京国民政府统治时期，津、青两地鸦片罪占各类犯罪之首，显示出政府集中禁止鸦片的决心。但鸦片吸食问题百年迁延，积弊难清，不少人以此为当然的生活常态，更有地方军阀、政客、商人赖以谋利。鸦片种植、制造、贩运、售卖等相关产业链盘根错节，并有外国势力插手其中，走私吗啡、海洛因、金丹、白丸等烈性毒品，尤其是日本人利用外交特权开设烟馆，地方政府无力制衡，售卖环节难于清算，故下层吸食者虽罚办者众，也只是舍本之法，不能根治。对于一些乡村移民而言，吸食鸦片增加了经济负担，他们或者冻毙街头，[①] 或者铤而走险入室盗窃。如媒体所说："'盗贼'这是最不名誉的事体，他们为什么要去做窃盗偷人家呢？我们不用问他，请到公安局拘留所和法院看守所，或是感化所参观参观那些窃盗罪犯，哪一个不是皮包着骨头面黄肌瘦的些嗜毒犯呢！"[②] 外国人的毒品制造与贩卖加剧了城市的社会问题，也使地方政府的禁烟举措最终失效。半殖民地城市在治安管理中的尴尬处境和地方军阀势力的分立局面，是近代烟赌等犯罪问题不能禁绝的重要原因，也构成普通民众在城市生活具有时代特征的共通性难题：弱主权的畸形的政治环境无法实施真正有效的社会管理，反而恶化了民众生存条件。

近代城乡之间除生产方式、工作组织和社群关系的差异外，民众日常生活规范，尤其是在公共空间的言行亦宽严有别。居住、工作和生活环境的不同构成乡村移民城市生活的隐性障碍。如果说居住环境可以移植乡村情境，工人、商贩、苦力等可以熟能生巧，而与传统乡村生活习惯有别的城市生活规范则需要较长时间了解、熟悉进而适应。对于没有城市生活规范的传播与学习渠道的乡村移民来说，在缺乏再次社会化过程的情况下进入异质生活空间，势必增加城市生活的困难，而犯罪往往成为知法的必要途径，相关的城市管理规定某种程度上成为乡村民众进入城市谋生的排斥力量，也为面临权利受损或生存困境的民众提供必要的帮助和支持。

综上，个人行为、习惯方面的不合时宜，构成此期乡村移民赌博、吸食鸦片、违警的主要缘由。在这个社会秩序重组的历史变迁中，因琐事或

---

① 《津市上月冻毙尸体共三百二十具　大部为吸毒乞丐余为失业平民》，《大公报》（天津）1935 年 12 月 1 日，第 6 版。

② 《都市的急性社会病：毒品商店的发达和嗜毒者的增加》，《青岛时报》1934 年 2 月 9 日，第 6 版。

习惯而违规的个人困扰，折射出民国时期城市管理法规对移民生活的制度性压力与司法实践脱离农民生活情境并在弱主权环境下难以顺利推行的公共论题，近代中国将司法改革与实践置于有意识的现代化追寻的时空格局下，置于国民政府统一全国后中国强制性推进政治改革的历程中，这样的公共使命与中国社会对接时产生诸多实践与伦理层面的困境，城乡分治的行政体系与均等琐碎的城市司法实践给乡村移民带来现代化语境下的生活困扰。

（原刊《城市史研究》第 44 辑，社会科学文献出版社，2021）

20 世纪二三十年代的租佃制度与农业互助合作[*]

魏本权[**]

租佃制度是关涉农业生产经营、土地流转、劳力与资本配置的重要制度，目前学界关于民国时期租佃制度的认识主要在两个维度上展开。其一，在农业经营层面上，租佃关系是一个经济学命题，涉及租佃契约的订立、租佃双方权利与义务关系、租额租率、纳租形式、租佃行为习惯等。例如，制度学派认为租佃制能发挥重要的作用，无论过去还是现在都是如此，它主要的作用是使产权与经营权（或使用权）在必要的时候分离，人为取消租佃制度的国家都不得不恢复这一制度；[①] 租佃制度"是对近世中国技术不发展和生产资本不足的适应方式，代表着对人力和土地资本更充分的利用和解放"。[②] 其二，在革命话语中，租佃关系是一个政治学命题，或曰政治问题，体现了地主对农民的经济剥削，因长期存在的主佃纠纷、佃农风潮、抗租运动而显得愈发严重。"繁重的租佃是农村中吮吸农民膏血的魔鬼"，"这种苛重的田租负担（尤其是在荒年）是农民贫困的第一原因"。[③] 显然，这样的认识突出了租佃制度的剥削性而忽略了租佃制度的"互助性"。可以说，上述两个维度的认识在一定程度上都忽视或遮蔽了主佃之间的多维关

---

* 本文为教育部人文社会科学研究青年基金项目"革命策略与合作运动：革命动员视角下中共农业互助合作运动研究（1927—1949）"（项目批准号：10YJC770094）阶段性成果。
** 魏本权（1976— ），山东莒南人，历史学博士，临沂大学历史文化学院教授，主要从事中共党史、乡村社会史研究。
① 赵冈：《从制度学派的角度看租佃制》，《中国农史》1997 年第 2 期。
② 彭波：《国家、制度、要素市场与发展——中国近世租佃制度研究》，《中国经济史研究》2011 年第 4 期。
③ 冯和法编《中国农村经济资料续编》上编，黎明书局，1935，第 62、6 页。

系，即租佃双方在剥削与被剥削关系、土地租让与经营关系之外，还存在着一种事实上的互助与合作关系。目前，学界从"租佃与互助的关系"角度对租佃制度变迁的研究尚不多见，唯有张玮在晋西北租佃制度的研究中述及其中存在的互助关系，但未展开述论。① 本文依据民国时期国统区的经济社会调查资料，探讨民国时期租佃制度中的互助合作关系，以深化对民国时期租佃关系的认识。

一 租佃双方的互助合作需求

从原初意义上来说，租佃是关于土地出租—经营的基本方式，体现出租人与承租者之间的契约关系。在土地私有制度下，土地渐次集中于少数人之手，"地主不能亲耕，乃分租于无地之贫农，或贷以资本，或假以农具，助其耕作，而取其收获物之一部，或不假以资本农具而坐收其利"，②地主在坐收承租者其利的同时，也包含着"助其耕作"之意。

之所以存在业佃之间的类似互助需求，土地的无力耕种与不敷耕种自不待言，二者在生产资本投入及生产资料占有上也存在巨大差距。20世纪二三十年代的农村经济调查显示，耕畜与农具匮乏是非常普遍的现象，是制约农村经济发展的重要因素。湖北省枣阳县"佃户若无相当资本，且无种田希望"。③ 江苏省铜山县八里屯村所有耕畜平均起来，"要三户合用一牛，两户合用一驴，九户合用一辆大车，五户合用一付犁耙"，④ 该村"通常无耕畜无农具的农民，先去帮助有耕畜有农具的农民耕种，不受工资；到人家田地耕种完毕，然后借用人家的耕畜和农具来耕种自己的田地"，⑤此即所谓"用人力换牛力"。萧县长安村没有耕畜的农户也是"用人力去换牛力"，大致上借用耕畜耕地一亩，应当替人家工作三天。⑥ 湖北省黄安县

---

① 张玮：《晋西北租佃制度与借贷关系之研究——战争·革命与乡村社会》，中国社会科学出版社，2008，第224—225页。
② 国民政府主计处统计局编《中国租佃制度之统计分析》，正中书局，1942，第1页。
③ 冯和法编《中国农村经济资料续编》上编，第107页。
④ 冯和法编《中国农村经济资料续编》上编，第8页。
⑤ 冯和法编《中国农村经济资料续编》上编，第10页。
⑥ 冯和法编《中国农村经济资料续编》上编，第19页。

"凡种田近二十亩之农家，则多两家共饲一牛"。① 在如此匮缺农具、牲畜的状态下，如若没有劳力、资本的调剂机制，农业生产显然是难以为继的。

另据薛暮桥对广西农村农业经营的调查，出租耕牛在广西非常普遍，永福县龙岩井和崇山两村 12 户地主，共有耕牛 38 头，自己只用 6 头，还有 32 头完全出租；31 户贫农只有 15 头耕牛，租入耕牛 27 头。② 1934—1935 年，金陵大学农学院对豫鄂皖赣 4 省 53 县的租佃调查显示，4 省平均约有 36% 的佃农无良好完备农具，34% 的佃农无牲畜（见表 1）。

表 1　豫鄂皖赣 4 省佃农与自耕农之农具及牲畜占比

单位：%

省别	有良好完备农具者占比		有牲畜者占比	
	佃农	自耕农	佃农	自耕农
总平均	64	81	66	87
河南	67	79	92	95
安徽	48	69	60	83
湖北	77	90	59	84
江西	64	89	58	90

资料来源：《豫鄂皖赣四省之租佃制度》，《统计月报》第 31 号，1937 年 5 月，统计摘录第 15 页。

与土地、劳力一样，耕畜、农具、种子、肥料等农本投入是农业经营不可或缺的要素。据对河北省深泽县梨元村与南营村农业经营成本的调查，梨元村 78 家农场每亩经营成本中工资费用约占 67.7%，其他约占 32.3%；南营村 106 家农场每亩经营成本中工资费用约占 73.4%，其他约占 26.6%。③ 对无锡农村调查显示，在 55% 的其他农业资本中，种子、肥料占 33%，机械工、畜工占 10%，耕畜、机械、农具占 12%。④ 由此可见，对于尚处前近代农业经营模式的近代中国而言，包括种子、肥料、农具、耕畜等在内的农业资本是除土地、劳力之外最为重要的生产支出，因此佃农不得不在农本及耕畜利用上求助或借助于地主，依靠人力换牛力，地主提

① 冯和法编《中国农村经济资料续编》上编，第 94 页。
② 参见冯和法编《中国农村经济资料续编》下编，黎明书局，1935，第 673 页。
③ 冯和法编《中国农村经济资料续编》下编，第 634—636 页。
④ 冯和法编《中国农村经济资料续编》下编，第 690—691 页。

供农本，佃农以劳力补偿甚至提供劳役等方式维持农业经营与主佃关系的相对平衡。

二　租佃制度中的互助合作因素

农业生产领域的互助与合作并不仅仅局限于自耕者、佃农之间。在租佃制度中，租佃双方实际上也处于互惠互利、互助合作的关系链中，在土地与劳力的交换、人力换畜力、农本支出与收益分成、耕种模式、租佃方式上，体现出业佃之间的互助、互惠与互利关系，只不过由于社会经济地位及生产资料占有的差异，地主与佃农之间的互助合作具有非对称性特征，佃农处于明显劣势。

第一，在民国时期业佃之间的耕种互助中，"伙种"与"分种"仍较普遍，较能体现出业佃之间的合作互助关系。"伙种制下地主与佃户间常存在着较密切的关系，他对佃户常常要加以选择，挑那些劳动能力强，为他所信赖的农民或亲戚朋友之类"，① 既能成伙，主佃关系自应相当和谐。河北深泽县梨元村与南营村"实行分种的业主与种户，多系有亲友的关系……梨元村的分种，业主不供给任何资本，收成由业主与种户双方按对半分取，租物包括粮柴两部分。……在南营村较为通行的分种，由业主供给肥料与种籽的一半，分收时业主、种户两方粮柴平分"。② 当时的调查者就指出，梨元村与南营村的分种"实含有合作经营的意义。实际上，客种的业主与种主，在社会生活的关系上，彼此尚没有地佃阶级观念，应酬来往类同邻友"。③ "满铁调查"中沙井村有 4 对采取"伙种"形式的租佃关系，李注源与刘万祥"二者的租佃关系乃是一种互惠之作"。④ 这种社会关系较为紧密的耕种合作，说明租佃制度颇有互助合作的意味。

第二，地主提供部分或全部生产资本、佃农投入全部或部分劳动力、作物收益按比分成的分租制，也体现出地主与佃农之间的合作关系。"所谓

① 高王凌：《租佃关系新论——地主、农民和地租》，上海书店出版社，2005，第 140 页。
② 冯和法编《中国农村经济资料续编》下编，第 655 页。
③ 冯和法编《中国农村经济资料续编》下编，第 656 页。
④ 转引自安宝《"不在地主"与城乡关系——以租佃关系为视角的个案分析》，《东北师大学报》2011 年第 1 期。

分租，是由地主和佃农按照一定的比例分收农产品，比例的大小看所投成本分配的多少而定。"① 分租制被视为较为落后的租佃制度，佃农往往需要担负租佃之外的义务乃至劳役，并且"各地所纳租额，似以钱租为最轻，谷租次之，分租最高"。② 豫鄂皖赣 4 省 53 县的抽样调查显示，分租包括粮食分租法与帮工分租法。粮食分租法是指"地主除供给佃农以耕地及房屋外，尚须供给种子、肥料、牲畜及农具。但佃农所栽种之各种作物，亦须与地主摊分"。③ 帮工分租法只有河南省采行，"举凡田场上一切需用者，均由地主供给，佃农仅供劳力而已"。④ 河北省南和县按地主供给生产资料之多少而有"大庄家""小庄家"之分。所谓"大庄家"，是佃农耕种地主土地，地主供给佃农牲口、车等一切耕种用具，赋税完全由佃农负担，此种佃农不给地主固定数额的租金或租粮，每季收获后双方互分，各得若干，草类归佃农所得；与"大庄家"相比，"小庄家"所得更少，一切耕种用具完全由地主供给，佃农只管出劳力按时下种、按时收获，一切赋税也由地主负担，贫农多半一方面耕种自己的土地，同时另外再租地主的一部分土地。⑤ 广西恭城、平乐一带"还有一种变相的雇农，耕畜、农具、种子、肥料全由地主供给，农民只是提供劳力，分得收获物底一小部份，很像北方通行的'二八分租'制度"。⑥ "皖省佃农，大都寄住于业主供给之庄屋，此外农具种子，间亦有由业主供给者。"⑦ 出租者向佃户提供种子、农具、肥料甚至房屋等必需的生产资本与生活用具，是租佃制度中非常普遍的现象，这在一定程度上是有利于佃农耕种土地和生活稳定的，当然这也是租佃分成的主要依据。分租一定程度上体现出业佃之间的合作互助关系，地主提供生产资本之一部分或全部，缓解了佃农生产资本不足的困境；佃农以劳力投入，双方参与收益分成，也解决了剩余劳动力的出路问题。

第三，20 世纪前期最受非议与诟病的"力租制"是典型的土地—劳力

---

① 冯和法编《中国农村经济资料续编》下编，第 583 页。

② 中国农民银行委托金陵大学农学院农业经济系调查编纂《豫鄂皖赣四省之租佃制度》，金陵大学农业经济系印行，1936，第 60 页。

③ 《豫鄂皖赣四省之租佃制度》，《统计月报》第 31 号，1937 年 5 月，统计摘录第 12 页。

④ 《豫鄂皖赣四省之租佃制度》，《统计月报》第 31 号，1937 年 5 月，第 56 页。

⑤ 参见冯和法编《中国农村经济资料续编》上编，第 159—160 页。

⑥ 冯和法编《中国农村经济资料续编》上编，第 320 页。

⑦ 洪瑞坚：《安徽之租佃制度》，《地政月刊》第 4 卷第 6 期，1936 年 6 月，第 928 页。

互换关系。据薛暮桥的研究，力租制是用劳力来抵偿地租，这在中国已经很少存在。① 如江苏宝山流行的"脚塞"制度与河南的"送工"习惯就是典型的力租制。"'脚塞'（即佃农）每向地主租田一亩，每年要缴纳30天的力租——即替地主工作30日。这种租佃方式也可称为雇役制度。河南等省流行着的'送工'也是一种力租。它是佃农缴纳物租以外的额外负担。"②在江西，"代耕"也属此类租佃，"在代耕制中，地主对佃户尚供给农具、种子、肥料、住房、耕牛或饮食等。佃农如遇经济困难时，地主间有贷予银钱，以资周转。此种制度，系为最原始之形态。佃农仅出劳力，为地主作工。至生产物收获后，按成分配，大约二八或三七分，即佃农得二成或三成，地主得八成或七成，此虽名为佃种，事实上等于包工制"。③ 就近代中国乡村经济发展程度来看，力租被视为较为落后的租佃制度，将地主和佃户间的资本与劳力合作理解为劳役制的残余，是从乡村资本主义经济发育程度和农业现代化程度来判定的结果，以主佃之间依附关系的强弱评判租佃制度的先进抑或落后。民国时期租佃调查及研究学者建构了一套对租佃制度的评判标准，认为"钱租是最进步的田租形态"，④ 而力租则是佃农以劳力为承租条件，以劳力、力役为代价偿还地租，完全依靠劳力获取收益，类似于雇佣制度。但从业佃互助合作角度来看，力租属于典型的以"劳力换佃权"的形式，是乡村农业劳力短缺—剩余矛盾的化解机制。

第四，在租佃制度的历史演变中还形成了若干保护佃农、维护佃农利益的习惯与行为。荒歉之年，业佃相互议定减租是较为通行的做法，花租、折租、浮租等即是可以酌减、折让之租，这是具有救济性质的助佃行为。浙西地区"凡在荒年能允让酌减的称为花租。在少数农村，米租的花租租额每较一般标准略高，在平年亦与佃户少许折让以示优异"。⑤ 此类减租办法虽未形成定制，但反映出主佃之间关系并非全然不可调和，毫无通融的余地。此外，永佃制是保障佃权的形式之一，对佃农的佃权颇有保护意义，

① 薛暮桥：《中国现阶段的租佃关系》，《中国农村》第2卷第4期，1936年8月，第61—64页。
② 薛暮桥：《中国现阶段的租佃关系》，《中国农村》第2卷第4期，1936年8月，第64页。
③ 冯和法编《中国农村经济资料续编》下编，第545页。
④ 冯和法编《中国农村经济资料续编》下编，第582页。
⑤ 冯和法编《中国农村经济资料续编》下编，第534页。

"在盛行永佃制的地方，除佃户欠租外，地主没有权力撤佃"。① "永佃制对于佃农，的确很有利益，因为他可使佃户安心耕作，不受田主的牵制"，② "有永佃权者，利多在佃农而不在地主"。③ 例如浙江义乌租佃中的"客佃"关系就是一种永佃关系，"客佃"拥有"田皮"的所有权，它能世代相传，也可互相授受，除非地主把"田骨"出卖给佃农，或佃农把"田皮"让渡给地主，否则这种关系就永远存在。客佃是义乌农村中最占优势的租佃形式，约有 2/3 的土地具有"客佃"关系。④

通过以上考察，可以得出以下几点结论。第一，上述以伙种、分种、换工、帮工、分租、力租、永佃、减租等形式形成的业佃合作与互助关系，在市场化、货币化的租佃关系尚未完全形成之前，一直伴随着租佃制度的变化而变化。在土地与劳力的契约交换中，种子、肥料、农具、耕畜等也借助上述机制进行流动。第二，力租制度、分租制度被视为落后的租佃制度，这是佃农对地主仍存在着较强的依附关系、农业现代化程度不高所致，但其中的业佃互助和合作也最明显，因为佃农需部分或全部依赖于地主的资本供给才能进行生产。第三，业佃关系的非对称性、不公平性也所在多有。尤其是力租、分租制度下，佃农收益几乎完全取决于劳力资本，收益微薄无以糊口，于是佃农抗租风潮迭起，租佃纠纷不断。

三 租佃制度的两难：剥削与互助并存

全面解读业佃之间的互助与合作关系，无法回避其中的剥削及不公因素，但如果将业佃关系都理解为剥削与被剥削关系也是有失公允的。在租佃制度中，业佃双方的互助合作具有非对称性特征，地主具有土地占有、生产资本占有的绝对优势，佃农则仅以付出劳力为代价，寻求租佃关系的脆弱平衡。剥削与互助并存是租佃关系的基本特征。

首先，20 世纪二三十年代的中国乡村租佃制度极为普遍，高额地租负

---

① 薛暮桥：《中国现阶段的租佃关系》，《中国农村》第 2 卷第 4 期，1936 年 8 月，第 61 页。

② 马寅初：《中国的租佃制度》，《东三省官银号经济月刊》第 2 卷第 1 号，1930 年 1 月 15 日，第 5 页。

③ 《豫鄂皖赣四省之租佃制度》，《统计月报》第 31 号，1937 年 5 月，第 112 页。

④ 参见冯和法编《中国农村经济资料续编》上编，第 59 页。

担及租佃中的额外剥削极大地增加了佃农负担，业佃之间的互惠互利关系往往被高额地租、附租、帮工、送工、送礼等剥削形式所遮蔽。

高额地租、附租、帮工、送工、送礼等剥削形式也是租佃制度饱受诟病之处。安徽省天长县南乡"附租如下：一、租鸡——种10石种的佃农应缴租鸡2斤。二、山芋等——每担缴20斤。佃农在农闲时间不但要替地主修墙、补屋、打杂，就是在农忙时，如果地主家中有婚丧大事，也要把工作停下来去替地主服务"。① 河南省南阳县"农闲时在建造或修理房屋，遇喜事或丧事，或其他工作的时候，佃户须在地主家里义务工作几天（供膳但不给工资）"。② 山东省鲁南临沂、峄县、滕县一带有大佃、小佃、揽田三种租佃制度，其中大佃租田为100—300亩，耕牛至少有二三犋，大车一辆，耕具全备，并雇有"大领"，肥料完全自备，种子与地主分出，不为地主服役，但遇婚丧除外；小佃佃地为10—20亩，耕牛、耕具胥仰给于大佃，然非无条件地使用，小佃须为大佃服农役，做完大佃的农事方能做自己的工作，以这样的方式取得耕畜使用权，俗称"以人力换牛力"，至于肥料种子则与大佃相同，但地主无论何事均可任意驱使小佃，名为"出差"；揽田系揽田者向地主揽来若干佃地，分给佃农耕种，揽田者从中不无微利可图。③ 河北省阜平县"佃农对地主还得白尽些义务，例如地主家里遇有婚丧事项，佃农便趋前去伺候，看地主用不用他们；如果遇有兵变匪乱，替东家搬东挪西，背箱掣笼，也是分内的事，好使地主欢喜，以固其耕地"。④

此类剥削成为否定和推翻租佃制度的主要依据。20世纪二三十年代的社会调查，几乎都以"先进/落后"思维模式将租佃制度视为封建制度的表征，力图加以改良或革除，这也反映了民国时期租佃问题的严重性。租佃制度成为革命者、社会改革者、自诩为革命者的各种社会力量的讨伐对象，将租佃制度理解为地主与佃户之间的残酷剥削关系，也是对租佃关系的主流认识。土地出租者与承租者之间的关系既不能简单地等同于地主与农民之间的经济剥削与被剥削关系，也不能否认两者之间事实上的合作互助关

① 冯和法编《中国农村经济资料续编》上编，第82—83页。
② 冯和法编《中国农村经济资料续编》上编，第204页。
③ 黄鲁珍：《鲁南临峄滕三县的租佃制度》，《东方杂志》第32卷第4号，1935年2月16日，第88页。
④ 冯和法编《中国农村经济资料续编》上编，第170页。

系。主佃双方离开任何一方，租佃关系即无法成立，造成农业耕作难以持续或劳力资源浪费的局面，这在"糊口经济"状态下对双方都是无益的。从近代以来租佃关系的演变可以看出，租佃关系首先是土地—劳力的交换关系，互惠与互利是维系租佃关系的纽带，互助与合作是租佃双方的最优选择，良性的租佃互动关系可以有效化解生产力水平低下造成的土地闲置与人力浪费，提高农业生产效率。

其次，从理性经济人的角度分析，地主往往愿意选择劳动力强、经营有方、资本相对丰裕的佃户，佃户也往往会选择长期租佃、稍有感情、有亲情血缘、合作顺畅的东家。租佃关系的成立意味着业佃之间土地—劳力互惠互利关系的形成。

从民国时期的乡村社会经济调查可以看出，主佃关系存在着相互依存而又彼此纠纷不断的两难境地。豫鄂皖赣4省"据一般情形而言，地主对待佃农态度，尚称公允，过分苛刻及借势欺凌之事较属少见。佃农倘能按时缴租，不事拖欠，则地主对于佃农，恒存好感"。① "感情方面，亦以居乡地主与佃农较为密切。盖接触既多，了解自深，有无相助，情感自能友好。居外地主平时与佃农来往绝少，故感情亦极疏淡。"② 如若分省而论，"豫省地主与佃农间之感情较好，故佃农送租至地主家中，或地主下乡分租时，均互相供给酒食。在年节时，佃农亦每携鸡、肉、果品等馈赠地主。鄂省情形，各地略不同，例如枣阳县，每逢年节，地主与佃农，互相馈赠礼物，且有地主于佃农送租时，特设席张宴者，凡佃农之最忠实及勤劳者，每列首席，借资鼓励"。③ 在江苏萧县长安村，"农村地主和农村债主虽然同样剥削农民，但他们彼此之间还能保存若干温情关系；而且同住一村，利害关系也比较密切一点，在施肥下种等等农民需款十分迫切时候，他们常能慷慨解囊；网罗投资的大部利益，留一点残余给农民享受"。④ 湖北省黄安县"佃农与地主，感情融洽，抗阻勒取之事甚少"。⑤ 上述调查材料或来自受马克思主义影响的学者，或来自国民政府地方当局，但反映的问题基本一致，

① 《豫鄂皖赣四省之租佃制度》，《统计月报》第31号，1937年5月，第82页。
② 《豫鄂皖赣四省之租佃制度》，《统计月报》第31号，1937年5月，第77页。
③ 《豫鄂皖赣四省之租佃制度》，《统计月报》第31号，1937年5月，第70页。
④ 冯和法编《中国农村经济资料续编》上编，第22—23页。
⑤ 冯和法编《中国农村经济资料续编》上编，第95页。

即主佃之间关系并非极度紧张，合作与互助的可能性是存在的。

此外与"从前所谓'东佃如父子'"①长期并存的是："伙子不偷五谷不收"②等"逆袭"行为。业佃纠纷从来都是主佃之间的尖锐矛盾，"业佃间之争执，大部由地主或其代理收租人之勒索苛求而起。惟因地主之权势浩大，且官厅常予地主以特殊之护卫，故结果，佃农往往失败"。③江苏"近年来租风嚣张，佃农抗租，已成普遍之现象"。④凡此种种，皆因业佃之间经济地位的巨大差别而起。此外，调查所见佃农欺骗地主现象也不在少数，"据调查所得，每于年岁荒歉，佃农请求地主临场踏勘减租时，代理收租人往往利用机会，向佃农勒索，佃农亦乐意为之。盖代理收租人既受佃农之贿赂，每将收成短报，蒙蔽地主，故此项损失，影响地主较多，而于佃农较少也"；"收租时，地主欺骗佃农者，鲜有其事。……佃农欺骗地主者，在豫省颇多"。⑤种种相反相成的现象说明，业佃之间的互利互惠关系受制于非对等的社会地位和经济条件，业佃双方都想在租佃较量中赢得收益的最大化。

再次，从道义经济学的角度来看，互助是道义经济学的应有之义，但租佃制中的剥削亦无处不在，然其主要原因或不在租佃制度本身。实际上，民国时期的地主经济与佃农经济都处于极不稳定状态，发展形势严峻。例如句容县"佃户固然很苦，地主也不算好。按租钱与地价的比例论，地主投资买地每年所得的利息，不到八厘。完粮纳税须得费去二厘，收入净数不过六厘，有些时候连这点微利也收不到。假如这些地主能把田卖去，把所得的钱存入银行，至少年息可得一分"。⑥陶希圣强调，"官僚组织是榨压民众的铁钟"，⑦中国传统社会长期存在的具有官僚、地主双重身份的士大夫，才是宗法封建社会构造的基础。所以专制条件下的"地主权贵二位一

---

① 马寅初：《中国的租佃制度》，《东三省官银号经济月刊》第 2 卷第 1 期，1930 年 1 月 15 日，第 5 页。
② 高王凌：《租佃关系新论——地主、农民和地租》，第 138 页。
③ 《豫鄂皖赣四省之租佃制度》，《统计月报》第 31 号，1937 年 5 月，第 87 页。
④ 赵棣华：《租佃问题研究报告》，《地政月刊》第 4 卷第 4—5 期合刊，1936 年 5 月，第 46 页。
⑤ 《豫鄂皖赣四省之租佃制度》，《统计月报》第 31 号，1937 年 5 月，第 69—70 页。
⑥ 冯和法编《中国农村经济资料续编》上编，第 37—38 页。
⑦ 陶希圣：《太原见闻记》，《独立评论》第 72 号，1933 年，第 13 页。

体"方为土地问题之真正根源。①

应该说，放大或忽略租佃制度、主佃关系的紧张与缓和程度，都是矫枉过正的识见，② 全面认识租佃制度在近代农业中的地位是非常有必要的。租佃制度攸关土地、劳力、生产资本的配置与调剂，如何全面认识租佃制度尤其是业佃之间的人际关系、生产关系，是一个和土地占有与经营、革命与改良、剥削与被剥削、互助与合作等相关联的复杂问题。事实证明，租佃制度中业佃之间存在着土地、劳力、资本、生产工具方面的互助需求和既成关系，"两者是互助的，而且可以调和的。因为生产的要素有三——土地，资本，劳力——缺一不可，帮工佃种法中，地主是有土地和资本而无劳力的；佃农却是有劳力而无土地及资本的。两者间假若不发生农佃的关系，则佃农虽有劳力，也不能生产；地主虽有土地及资本，也不能有收入"。③ 一方面，租佃制度是一种走向规模化经营的农业经营方式，是解决家庭农场面积狭小、土地数量不敷使用问题的可行手段。另一方面，租佃关系是一种契约关系，并非仅仅是剥削与被剥削关系那么简单，而是体现了地主与佃农之间的依存与依赖、合作与斗争、互助与对抗等复杂关系，并往往与宗族血缘、亲情友朋等伦理关系纠葛在一起。

考察租佃制度中主佃之间的互助与合作关系，并非是要否认近代以来佃农问题的严峻。佃农终年劳作而无以温饱，沉重的地租负担制约了扩大农场经营的可能性，加之部分恶霸地主依靠经济势力和政治地位对佃农的无情剥夺，信贷市场与农产交易市场的不完善，都造成了日益严峻的佃农问题。"佃户是乡村中一个被压迫的阶级"，④ 唯有"耕者有其田"方能革除租佃制度之弊端。为此，南京国民政府力推二五减租、保护佃农与扶植自耕农等政策，但收效甚微，盖因站在地主阶级立场上过多地维护地主阶层的利益而造成了对佃农生产的挤压和限制。在市场经济条件下，租佃是无法人为消灭的经营方式，唯有"基于公允互惠原则而妥为策划，则农佃

---

① 秦晖：《关于传统租佃制若干问题的商榷》，《学术月刊》2006 年第 9 期。

② 李金铮：《矫枉不可过正：从冀中定县看近代华北平原租佃关系的复杂本相》，《近代史研究》2011 年第 6 期。

③ 杨蔚：《农佃问题之研究（续）》，《新农村》第 1 卷第 11 期，1934 年 4 月 15 日，第 26 页。

④ 吴景超：《从佃户到自耕农》，《史地社会论文摘要》第 1 卷第 2 期，1934 年 11 月 20 日，第 27 页。

问题自不成为问题矣"。[①] 抗日战争时期与国共内战前期，中国共产党在抗日根据地和解放区的减租实践，不仅改变了传统的租佃制度，租佃关系也因之发生深刻变化，业佃之间的互助与合作也以新的样态呈现出来。对此，笔者将另文专论。

（原刊《江西社会科学》2015 年第 4 期）

---

① 《豫鄂皖赣四省之租佃制度》，《统计月报》第 31 号，1937 年 5 月，第 128 页。

图书在版编目（CIP）数据

区域实践：时代诉求与近代中国乡村建设／魏本权
主编. -- 北京：社会科学文献出版社，2022.12
（近代中国乡村建设研究丛书）
ISBN 978 - 7 - 5228 - 0811 - 6

Ⅰ.①区… Ⅱ.①魏… Ⅲ.①城乡建设－研究－中国
－近代 Ⅳ.①F299.29

中国版本图书馆 CIP 数据核字（2022）第 179152 号

近代中国乡村建设研究丛书
区域实践：时代诉求与近代中国乡村建设

主　　编／魏本权

出 版 人／王利民
责任编辑／李期耀
文稿编辑／李蓉蓉 等
责任印制／王京美

出　　版／社会科学文献出版社·历史学分社（010）59367256
　　　　　　地址：北京市北三环中路甲29号院华龙大厦　邮编：100029
　　　　　　网址：www.ssap.com.cn
发　　行／社会科学文献出版社（010）59367028
印　　装／三河市龙林印务有限公司

规　　格／开 本：787mm×1092mm　1/16
　　　　　　印 张：16.5　字 数：271 千字
版　　次／2022 年 12 月第 1 版　2022 年 12 月第 1 次印刷
书　　号／ISBN 978 - 7 - 5228 - 0811 - 6
定　　价／98.00 元

读者服务电话：4008918866